清国人日本留学生の言語文化接触

相互誤解の日中教育文化交流

酒井順一郎

ひつじ書房

目次

序章

1. はじめに

現在でこそ留学は身近なものであり、珍しくはない。それこそ高等教育機関への留学から語学留学、スポーツ留学、はたまたおけいこを学ぶ趣味留学まであり、[1] 多種多様というより、何でも留学という言葉を使用すればいいという風潮なのであろう。これは留学そのものが安易なものになってしまったといえる。かつて古代の隋・唐や宋・明の各時代に日本人留学僧等のように命がけで荒海を渡った時代は今や遠い昔のことである。とはいえこの後、留学が特に注目された時は確かにあった。世界の留学生が増加した近代国家勃興期である一九世紀末といってよいだろう。[2] アジアでは幕末から明治にかけて日本が留学の先駆けとなったわけであるが、それは欧米文明の摂取が目的であり、その背景には欧米の侵略と植民地化を防御する意図があったのはいうまでもない。その後のアジア諸国で次々に送り出された留学もその意図とほぼ同様であった。特に中国は清朝末期、国家規模で世界史上稀に見る留学生数を送り出した。その中でも特に日本留学は大いに重要視された。青柳篤恒は、当時の清国

人日本留学熱に対し以下のように述べている。(3)

無數學生は互ひに約束したらむが如く。「右向け右へ」の歩調正しく學堂門前を辭し、針路直ちに東を指し、千里の遠きも何かあらん、潮の如く北は天津、南は上海、日本通ひの便船ある毎に、乗込まむとしては他人に機先を制せられ、滿員となりては斷わられ、便船二三杯目にヤツトコサにて船室の一隅に跼蹐するを厭ふ餘裕もなく、(中略)見よ支那學生の東渡せんとするに急なる、東京各學校の學期學年にも一向お搆ひなく、學年の中途にて入學拒絶に遇ふも顧みず、一時一刻も早く東京に乗り込まむと熱中するの實状を。

清国人学生がこぞって来日しようとする当時の日本留学ブームの様子がわかる。日本から多くの遣隋使、遣唐使、留学生、留学僧が大陸に渡って以来、今度は逆に大量の清国人留学生が来日し、ここに日中人的交流の第二次のピークを迎えることとなったのである。そして、留学生を介し日本文化が中国に伝播されるという文化現象が生じていく。しかし、それは単純に直接的な文化伝播ではない。彼等の日本体験を母国文化のフィルターを通したものが伝播したのである。一方その逆現象、留学生を介し中国文化が日本に伝播されることもあった。当然、異文化交流であるから、日中双方、お互いの文化に対し理解、誤解、反発、受容、再認識があったことを無視できない。

明治期に於ける清国人留学生について見落としてはならないことは、短期間に留学を修了し帰国しなければならなかったことである。そして同文同種という考えがあり地理的に近づきやすかったにもかかわらず、悠久の歴史と文化を誇る中華文明の彼等にとって、維新後間もない新興国日本の全てを素直に受け入れるには容易に承服できなかったことである。このような特異な条件の下、どんな教育を求め、日本社会とどう係わり合い、どのような留学生活を送っていたか、また、日本人は彼等をどのように見ていたのかを分析・考察することは意義がある。もちろん日中関係、教育機関との関係、つまり日中両国の留学政策に対する思惑、国際情勢、受け入れ教育機関の留学生教育理念、留学生と教育機関の関係、留学を監督する機関等も見落とすことはできない。詳細は後述するがこれまでの中国人日本留学生研究は上述した観点からの研究が乏しく、偏った視点からがほとんどであった。したがって国際情勢、政策・制度というマクロ的視点と、日本社会・教育機関・留学生個人というミクロ的視点から分析し考察することによって、明治期に於ける中国人日本留学生に対する高い水準の研究ができるのである。

本書は以上の観点に立脚し、明治期に於ける清国人日本留学生の教育文化交流史を分析・考察するものである。特に当時の中国人留学生教育機関の大本山である宏文学院を中心に、明治期日本留学の成立・展開・終焉の一連の流れを、留学政策、彼等の教育実態、教室外での生活を通しての日本社会との関係、つまり内・外的事項から分析し、当時の全体像を再検討し総括するものである。尚、本研究が利用した主な史料は外務省外交史料館所蔵史料、講道館所蔵史料、留学生の使用教材、当時の新聞・雑誌、留学生の日記である。

2. さねとう研究

これまでの中国人日本留学生に関する先行研究をみてみよう。中国人研究者である舒新城が一九二七年に著わした『近代中国留学史』（中華書局、一九二七年）が最初であろう。これは留学運動を回顧しながら政策の問題点を指摘したものである。その後、中国人研究者による主だった研究は一九七〇年以降まで待たなければならない。

日本では宏文学院時代から留学生教育の現場教師として貢献した松本亀次郎が自身の留学生教育に基いて著わした『中華留学生教育小史』（東亜書房、一九三一年）が最初であろう。

その後、さねとうけいしゅうが受け継ぎ、日華学会等の豊富な史料を駆使し一八九六年から一九三七年までの基礎的な研究『中国人日本留学史稿』（日華学会、一九三九年）や『中国人日本留学史』（くろしお出版、一九六〇年）等を著した。現在もさねとう研究の影響は大きく、中国人日本留学生研究の権威的存在といってよい。しかし、さねとう研究も問題点はある。それは以下のように大きく四点が挙げられる。

（一）概論的であり基本的事項の間違いがある
（二）明治期に於ける留学生の定義づけが行われていない
（三）留学生教育の実態研究が十分ではない
（四）留学生と日本文化・社会との関係を十分に論じているとはいえない

まず、第一点目であるが、さねとう研究は豊富な史料の駆使やインタビュー等を行っていることは評価できるものの、あくまでも概論的である。全体像を掴むことは重要であるが、史料の提示が主である。その割には基本的な間違いが多く十分な検証・分析までに至っているとはいえない。例えば、一八九六年の所謂初の留学生に関して、最終的に派遣された学生数が一四名にもかかわらず一三名としており、留学生の名前等の基本的な間違いがある。当時留学生であった唐寶鍔に直接聞き取り調査を行っていることは評価できるが、記憶の問題もありこのような基本事項の間違いがあっても不思議ではない。

第二点目であるが、研究を行う際に決めなければならない「留学の定義」を一切論じていないことである。

詳細は後述するが、明治期に於ける留学生の様相は、留学目的、教育機関、教育内容、教育期間などが、複雑に絡んでいる。特に宋教仁、陳天華などの所謂「革命亡命客型」のような者が留学生と位置づけられているが、彼らはとりあえず教育機関に所属はしているものの、来日目的が亡命、あるいは革命運動・活動である。これこそが明治期の清国人日本留学生の特徴であるかもしれないが、あくまでも少数であり学業第一で来日したとは言い難い。このことを無視してはならないであろう。したがってこのような者達も全て安易に「留学生」と称してよいのであろうか。教育文化交流を論じる上では、やはり明確に「留学の定義付け」をしないことには甚だ疑問であるといえよう。

第三点目であるが、さねとうは明治期の留学生教育について留学生と受け入れ教育機関の質の問題を指摘し、「これではせいぜい中上級生ぐらいのところ、速成科は推して知るべし、である。これがはたして「留学」というねうちがあるのであろうか?」等と論じている。(4) 前述した通り、さねとうにとって留学がどういうものであるか、はっきりとした定義づけがされていない。早くもここに矛盾が生じるのである。さらに、教育実態まで詳細に把握していないことも問題である。史料不足から論じるのは困難であるが、それにしても教育実態についての考察が余りにも少ない。以上から、さねとうが、明治期に於いて中国人が日本で受けた教育に対し上述のように結論を出していることは疑問である。

そもそも清国人留学生教育の特色は普通教育を中心とする速成教育である。当時の清国はようやく学校教育改革が始まったばかりであり、普通教育はもとより専門教育に至るまで全てを自国で行なうことは困難であった。清国にとって明治期の留学は謂わば委託教育的側面が強く、その教育内容は上述した通りになることは何等不思議ではない。さねとうは、受け入れ教育機関の質の問題、それと同時にあたかも教育内容のレベルの低さを質の問題とする印象を与える旨を述べているが、教育内容は清国側からの要望であり、日本側はそれに応えたに過ぎないことを忘れてはならない。論じるべきものは彼等に対する教育方法とその効果であるはずだ。さねとうはこれらの状況を分析して考察していないのである。

留学生の質に関していえば、四書五経の暗記を主流とする教育を受けてきた多くの留学生にとって近代教育は未知なものである。それ故、来日直後に初等教育レベルすら理解できなかった者の存在も事実である。しかし、これを以って質の問題とするのは早急であろう。再度述べるが、やはり問題は清国の教育状況を考慮し、近代教育に初めて触れる彼等に対しどのように教育をし、どのような効果があったかを論じなければならないのである。

ただ、さねとうが述べているように風紀上好ましくない留学生の存在があったことも事実である。この側面からの質の問題を論じる必要はあるが、さねとうはこれに関して、触れている程度であり十分に考察しているとはいえない。さらに、問題を抱えた学生を派遣し、監督する清国側の対応についても十分に検証し、考察していない。

最後の第四点目であるが、さねとうは、留学生と日本文化・社会との関係に関しては、全体像ではネガティブに捉えている。日本社会からの差別の問題を指摘しこれが要因で抗日・反日思考になると論じている。しかし、周作人は侮辱から抗日になる留学生はいないという旨を述べている。(5) 明治期に於ける留学生達は日本社会との交流は皆無に等しい。その状況下で抗日・反日まで至るとは考えにくい。また、忘れてはならないのは留学生側も日本文化・社会に対し蔑視の姿勢もあったことである。これについてさねとうは、触れている程度で十分に論じておらず、短絡的な結論に至っている。特に戦後のさねとうは、留学生側の日本蔑視の態度を言及することを避けている観がある。留学生の日本観と日本社会の留学生観の両者を比較し検証しないまま結論付けていることは問題である。

さらに、留学生の生活に欠かせないのは日本語教育との関係も検証しなければならないだろう。特に日本語教育の実態について欠落している。もちろん留学生が教室内で受けた日本語学習と同様に教室外で習得した日本語も着目しなければならない。

3．さねとうの研究以降

さて、その後の先行研究をみてみよう。残念ながらさねとうけいしゅう以外は永井算巳ぐらいしかみられず、一九七〇年代まで待たなければならない。(6) 尚、永井に関しても基本的にはさねとうけいしゅうの研究方法と同様である。

一九七〇年代以降、外務省外交史料館による留学生に関する記録史料等の公開が契機となり阿部洋を中心とした国立教育研究所グループは日本留学の興起の原因や発展動態、モノグラフ研究等がされ、注目を集めた(阿部洋「中国近代に於ける海外留学の展開—日本留学とアメリカ留学—」、斉藤秋男「澎湃—中国人日本留学生の一典型—」、二見剛史「戦前日本における中国人留学生予備教育の成立と展開」、細野浩二「清末留日極盛期の形成とその論理」、いずれも『国立教育研究所紀要』第九四集(一九七八年三月)所収)。史料を増やしたことは評価ができるが、基本的にはさねとうの研究方法と同様であり、その問題点も踏襲している。

同時期、台湾でも留学生研究が盛んになった。民国教育部に保存されていた史料研究であるが、特に黄福慶はその代表格である(「清末に於ける留日学生派遣政策の成立とその展開」(『史学雑誌』第八一編第七号、東京大学史学会編、一九七二年)、「清末に於ける留日学生の特質と派遣政策の問題点」(『東洋学報』第五四巻第四号東洋協会調査部、一九七二年)、『清末留日学生』(中央研究院近代史研究所専刊、一九八三年))。これらも史料的に詳しくなったが、さねとうの研究方法と同じである。

一九七九年、中国本土でも改革開放政策実施から海外留学生派遣が再開され留学が注目された。一九八〇年代後半以降は、厳安生「日本留学と『中体西用』」(『比較文学研究』第四八号、一九八五年一〇月、第五一号、一九八七年)、そして彼の研究集大成といえる『日本留学精神史—近代中国知識人の軌跡—』(岩波書店、一九八一年)は、日本文化・社会の中で留学生の心の揺れ等の精神面での、生身の人間像が描かれており、日本では高い評価であった。比較文化もしくは文学的手法によるものだが、留学生の本分である教育実態が十分に論じられておらず、体系的にまとまっているとはいえない。全てではないが一部の留学生の特殊な環境や現象ばかりを取り上げ、恰も留学生界全体を普遍化した観がある。

これらの他にも、田正平『留学生与中国教育近代化』(広東教育出版社、一九九六年)、沈殿成主編『中国人留学日本百年史』上・下冊(遼寧教育出版、一九九七年)、呂順長「清末「五校特約」留学と浙江省の対応」(『中国研究月報』第一九九八年二月号中国研究所、一九九八年)、二千年以降、日中韓の研究者が発表した大里浩秋・孫安石編『中国人日本留学史研究の現段階』(御茶の水書房、二〇〇二年)、そして佐藤尚子「明治婦人界と中国女子教育」(『教育科学』広島大学教育学部、二〇〇〇年)等の女子留学生、王嵐『戦前日本高等商業学校に於ける中国人日本留学生に関する研究』(学文社、二〇〇四年)の官立高等商業学校に於ける留学生教育史、さらには留学教育の最も重要な科目である日本語教育について、吉岡英幸「松本亀次郎編纂の日本語教材—語法型教材を中心に—」(『早稲田大学日本語教育研究』第六号、二〇〇五年三月)等がある。

さねとう以降の一連の研究を振り返ってみたが、研究発展は確実にあるものの、多くは以下の問題点が挙げられる。

(一)「概論的」である

（二）「留学の定義づけ」がされていない
（三）「留学政策と留学協定・制度の研究」に偏っている
（四）「留学生教育の実態研究」を十分に論じていない
（五）「留学生と日本文化・社会との関係」を十分に論じていない

第一点目、第二点目はさねとうの研究問題と重なる。

第三点目であるが、周知の通り近代に於ける留学は国家的事業であったことからも、これらを分析し研究することは意義がある。しかし、上からの決定と教育現場での温度差は必ずしもないとはいえない。教育現場の実態を解明し、留学政策と留学協定・制度、これら両者を分析することにより、より高い水準の研究ができるのである。つまり、多角的視野から分析し考察しなければ当時の留学生界を解明することはできないのである。

第四点目も、さねとうの研究問題と重なる。史料不足がその要因であるので仕方がない部分もある。例えば二見剛や蔭山雅博や老松信一が行っているが、(7) 概論的であり、留学生教育機関・教師と留学生の関係、留学生活までには十分論じているとはいえない。

留学生教育の中でも日本語教育は重要な位置付けであったにもかかわらずこの点についての分析・考察も十分にされていない。日本語教育史の研究分野に於いて僅かにされているが、これもせいぜい使用教材の分析に留まっている。(8) 日清戦争後、本格的に日本人が主体となって日本語教育が始まったが、所謂「普く言葉」である標準語が定められていなかった。つまり日本人は自分達の言語がどのようなものであるのか明確になっていないまま留学生に日本語を教授しなければならなかったのである。逆にいえば留学生から日本語は一体何であるかを突きつけられたといってよい。したがって、どの日本語を選択し、どのように教授され、その効果はどの程度のものであったのか、そして後の国文法にどのような影響があったのか等を分析・考察することは重要であり、これらの点が十分に指摘されておらず欠落しているのである。さらに付け加えるならば留学生の日本語学習観との関係まで論じることも重要である。

第五点目であるが、留学生にとって留学生活は何も教室内だけではない。むしろ教室外で過ごす時間のほうが長い。前述したが、留学生を介し両国に於いて文化交流の現象が生じた。当然、異文化交流であるから、日中双方、お互いの文化に対し理解、誤解、反発、受容、再認識があり悩みや葛藤や衝撃に包まれていたと容易に想像できよう。したがって、これらを解明することは、教室外の留学生活を見なければならないのである。残念ながら多くの先行研究はさねとうけいしゅうの手法を踏襲し、総論的なものか、留学生政策や留学協定・制度に偏っている。たとえ教室外の実態を取り上げたとしても、その多くは対象を革命・亡命組の憂国の志士や留学エリートとし、夢とロマン、喜びと苦悩に満ち溢れ、彼等に共鳴した日本人との美しい交流が描かれているに過ぎない(9)。よって、これら以外にも目を向けなければ当時の清国人留学生界の全体像を描くことはできない。

以上から、多くの先行研究は中国人留学生に関する事実に対する蓄積が増大したがその留学というところの実態は体系的に論じられていない。また、史料的に詳しくなっただけで、基本的枠組みは、さねとう研究であり、その問題点をも踏襲しているのである。

以上のことを踏まえ本書では主に「留学生教育の実態」と「留学生と日本文化・社会との関係」の二点を重点的に補足し明らかにしていくものである。

4．明治期に於ける清国人日本留学生とは

一．留学の定義

では、本論に入る前に解決しようとする対象である「留学」とは一体何であるかを明確にしなければならない。従来の研究ではこの「留学」の明確な定義がはっきりしておらず、輪郭が明確でないことは問題である。

まず、「留学」という語彙について確認する。『大言海』に於いては「外國ニ在留シテ學問スルコト」と述べ、その語源を「寶龜六年十月・吉備朝臣眞備、從使入唐、留學受業」の『續日本紀』としている。[10]古の時代から意味は現代とほぼ同じであるといってよい。つまり発展途上国から先進国へ学びに行くために作られた語彙といえよう。今でこそ日中双方で「留学」は同義であり、使用されている。しかし、当時、世界屈指の文明大国である唐の人々にとっては、学びに来る外国人はおれども、唐人自らが外国に学びに行くことは考えられなかったはずである。したがって「留学」は日本に於いて遣唐使時代に作られた和製漢語であるといえないこともない。もちろん当時、同じく漢字文明圏であった、朝鮮、ベトナム等も留学生を派遣していた。よって、そこでも「留学」という語彙が使われていた可能性がある。しかし、アジアで最初に近代化に成功した日本発の語彙「留学」は、近代史に於いて重要な意味を持つ。

遣唐使時代「留学生」と対になっている語彙もあった。「還学生（げんがくしょう）」、つまり「還ってくる学生」という意味である。「留学生」は遣唐使が帰国しても二〇年〜三〇年留まり、『天平の甍』[11]に登場する業行のように自ら学問することを諦め大陸に残った者もいれば、例え学問を修め帰国を試みようとしても当時の渡航は大きな危険を伴うため荒海の藻屑となった者が多かった。つまり語源としての「留学」は必ずしも帰国しなくてもよく、かの地に留まって学ぶという意味に限定されるといってもいいだろう。それが幕末から明治にかけ日本

から欧米諸国へ留学した者が帰国しなくてもよいとは許されなくなってくる。「還学生」の意味も含めた「留学生」となり、帰国が条件となってくるのだ。つまり「帰国」し祖国発展に寄与するという面が強くなるのだ。よって、明治期に於ける「留学」は修学後、帰国という条件が必要であろう。

日本側は明治期に来日した彼等を「留学生」と称していたが、清国側は日本留学生も欧米留学生に対しても主に「游学生」と称していた。清国側が「留学」を用いなかった理由は一体何であろうか。これを考察する前に「游学」という語彙についても確認してみよう。

諸橋轍次が著わした『大漢和辭典』によれば「他郷に行つて學問すること」とし、その語源を『史記』に記されている「荀卿游学於齊」としている。[12]この他にも同じく『史記』を語源とする「學問をした人」、『魏志』を語源とする「来て學ぶ」、『韓非子』を語源とする「游俠を事とすることと學問をすること」等がある。[13]「游」の意味が「他郷に行く」という意味があることからも、[14]今日的な遊びながら学ぶというよりも、「学ぶ」意味合いが強く、「外国で学術・技芸を研究・習得する」と同義といってよいだろう。

本題に戻し清国側が「留学」を用いなかった理由を考察してみる。清国は積極的に留学政策を取っていた。それに伴って重要な留学規定を定めるのであるが、これらには「留学」という語彙を用いなかった。[15]そのほとんどは「游学」を使用している。おそらく、彼らから見れば「留学」は外来の漢語であり、まだ定着していなかったことが考えられよう。

この後、決定された重要規定を見てみると、民国以降に「留学」が定着したといえる。[16]辛亥革命前後に、帰国した日本留学生が活躍をし始め、「留学」を定着させたのであろう。さらに考えられることは、留学そのものが近代化を促進させるためのものである。したがって、近代化と留学は深い関係がある。本来の中国語である「游学」を変え、「留学」という和製漢語を使用することは、近代化のため留学の重要性が認知されたとも推測できる。つまり、明治期はある意味、「游学」から近代の意味合いが強い「留学」への過渡期であり試用期間であったともいえよう。

ここまで見るならば、「日本で学術・技芸を研究・習得すること」であり、最終的に「帰国」した者が留学生と称してよいだろう。

次に考えなければならないのは、教育機関の教員が日本人ではなく、清国人でもいいかどうかということである。当時の清国人留学生教育機関の大本山である宏文学院では、卒業生を教員として雇っていた。しかし、その数は一人であり、残りは全員日本人である。もし、全員が清国人ならば、国内で学問することと同様である。したがって、日本式の教育内容、方法を行う日本人教員が適当であろう。

従来の研究で留学生と称している者を検証しなければならない。さねとうけいしゅうを始めとする先行研究によれば、日清・日露戦争に勝利し目覚しい勢いで西洋化に成功した日本から学び帰国し国家再建をしなければならない必要性から日本留学が始まったとしている。詳しくは後述するが、一八九六年の初の清国人留学生派遣の理由を除けば、明確にされているので異論をはさむ気はない。しかし、従来の研究は全ての者を「留学生」と括っていることが問題であるのだ。宋教仁、陳天華などの所謂「革命亡命客型」は、はたして「留学生」なのだろうか。前述したが彼等はとりあえず教育機関に所属しているものの、来日目的が亡命、あるいは革命運動である。例えば宋教仁の日記を検証すると、とても真面目に勉学をしていたとは思えないほど革命活動に従事していた形跡があるといってよい(17)。したがって「学術・技芸を研究・習得する」観点からいえば逸脱するので、これらの者は「留学生」とはいえないだろう。

最後に留学期間であるが、残念ながら前述の辞書には書かれていない。それならば、当時のパイオニア的存在であった宏文学院の例をみてみよう。表1は、一九〇六年五月から留学生数のピークを迎える一九〇六年一〇月

表１　在学年月と学生数

＊講道館所蔵史料『宏文学院一覧』1906年10月調査より酒井作成

在学年月	学生数
1ヶ月	106
4ヶ月	3
6ヶ月	158
7ヶ月	331
8ヶ月	74
9ヶ月	163
10ヶ月	192
11ヶ月	105
1年	105
1年1ヶ月	375
1年2ヶ月	49
1年6ヶ月	27
1年10ヶ月	19
1年11ヶ月	7
2年3ヶ月	36
2年4ヶ月	23

までの在学年月とその学生数である。留学期間一ヶ月の者達が一〇六名も存在している。六ヶ月から一年が一一二八名、そして一年一ヶ月以上がその半数にも満たない五三六名である。当時の清国の事情から考えても速成教育は必然である。例え一ヶ月でも貴重な学問を修める機会となったであろう。宏文学院に於ける留学期間の記録は一ヶ月以上からであることから、留学期間は「一ヶ月以上」とするべきであろう。

　ただ、当時の留学生教育機関の中には拝金主義的なものもあった。通訳付きで数日間の講義で、卒業証書を授け、「学店」「学商」と呼ばれている。[18] 従来はこれらも留学生教育機関としていたが、数日で卒業できるような教育は疑問である。よって、このような教育機関に在籍した者達を「留学生」と称するのは無理があるだろう。

　以上のことから本書では「来日し、日本

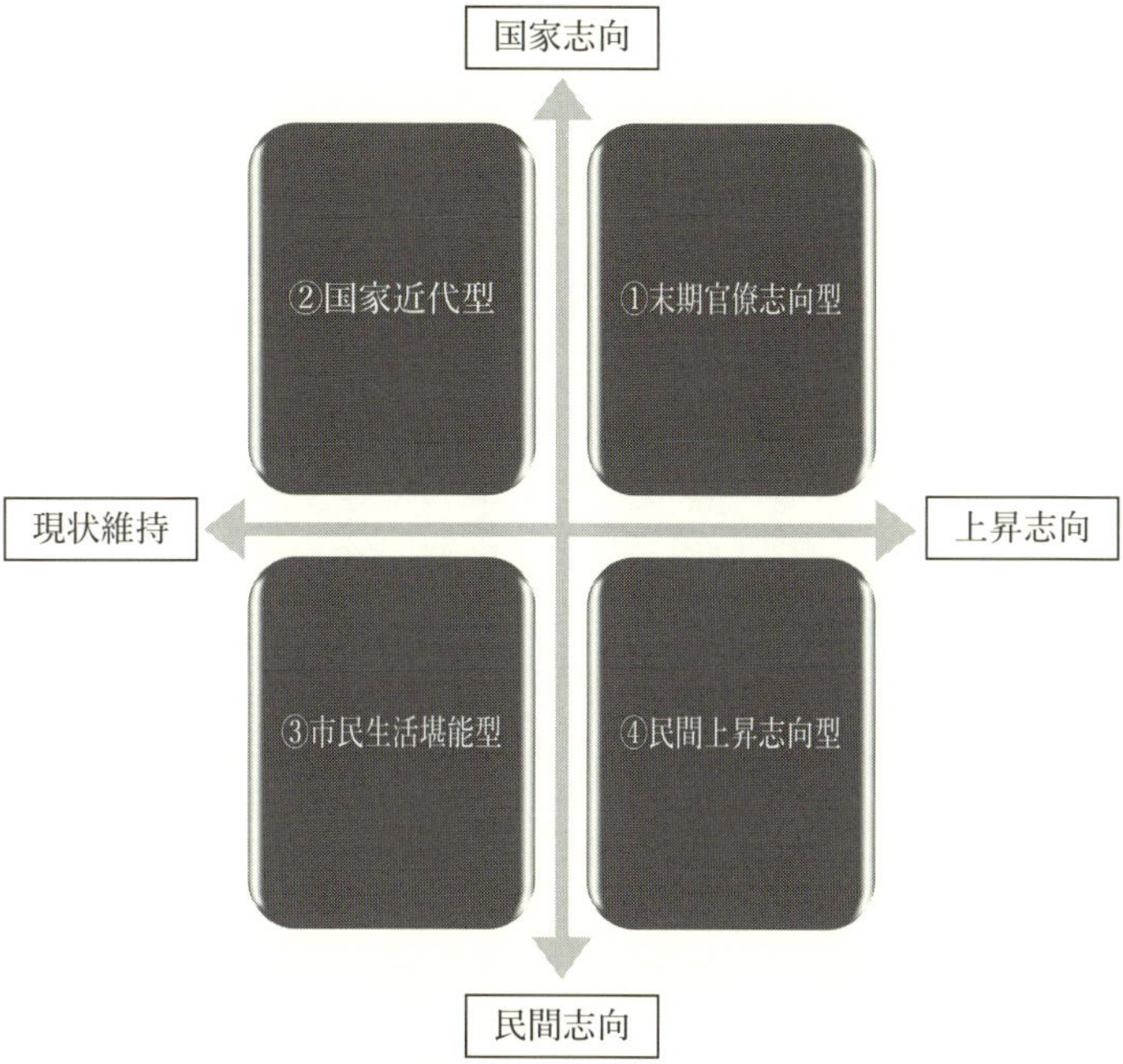

図１　清国人日本留学生のフレームワーク

式教育内容・方法を行う日本人教員が多数の教育機関に於いて学術・技芸を研究・習得している者。但し留学期間は一ヶ月以上。」を明治期清国人留学生の「留学」と定義付けることにする。

二　清国人日本留学生のフレームワーク

前項で「留学」の定義を明確にしたわけだが、さらに留学生をより絞り有効にするため本書が立脚する点を分析しフレームワークを作ることによって論を進める。

今まで論じてきた観点に立ち考察した結果、「①末期官僚志向型」、「②国家近代化型」、「③市民生活堪能型」、「④民間上昇志向型」、と四つに大別でき、その関係は図１のようになる。

まず「①末期官僚志向型」であるが、遅れてきた官僚志向の者達である。『遊学訳編』第六号で某留日学生が寄稿したものによれば「われわれ日本にいる留学生は役人になろうと思わないものはありません。（中略）あの、国内で革命にねっしんなひとが、うわさをきいて、こちらにやってきてみると、すっかりあてがはずれましょう。役人になるつもりでやってくると、おたがいおなじかんがえで、だれもかれもです。[19]」ということからも、留学生の大半は清朝官僚志望者だといえる。科挙廃止前後の新式科挙の経緯で留学した者であったのだ。一九〇五年の科挙完全廃止のときには、来日した留学生や留学生もどきの数は八千人以上に達し、一九〇六年にはピークを迎え、その数は一万人とも二万人ともいわれている。

科挙に関する評価は様々であるが、公平性という点からすれば優れた制度であったといえよう。身分や家柄、財産、年齢等にかかわりなく、受験者個人の能力のみに基いた厳正且公正な官僚機構登用システムであった。たとえ貧困農民の下で生まれ落ちても、自らの能力で這い上がることができる。つまり、科挙制度は「成功の階梯」であった。だからこそ自らの能力に自信がある者、親・一族の期待に応えようとする者等、これらの多くの者達が幼い頃から受験勉強をし、家庭の経済事情の許す限り、たとえ老年になっても科挙受験に挑戦したのである。前述したが老年留学生が存在していたのも不思議ではない。これに合格したならば富・地位・名声・権力を一度に手に入れることができ。一族郎党全てを養える。たとえ科挙最終合格者のみならず童子だけ合格しても、郷紳として地域社会の権威ある指導者とふるまうことができたのである。科挙制度は千年以上持続していた権威配分システムであり、社会の内部まで深く浸透していた。それが科挙廃止によって、立身出世を目指す者はもちろんのこと社会全体に動揺が起きるだけでなく、清朝の権威にも問題が生じてくる。この時代の負の産物「科挙」に変わるものを構築しなければならなかった。そこで登場したのが「考験出洋畢業生章程」であり、翌年一九〇五年、試験を実施し特別に留学生から登用することになったのである。この登用試験受験者は一四名全員日本留学生であり、全員合格したのであった。多くの清朝官僚志望者はこの結果を見て、日本に留学してきたといってよいだろう。

留学期間であるが、「短期留学生」もそれ以上の期間の「留学生」も存在していた。ただ速成教育を受けていた者らは全留学生の六〇%であったことからも大方「短期留学」の者であったといってよい。[20]ましてや留学生の登用試験が科挙殿試のように三年ごとでなく、毎年実施されていたことからも、短時間で留学を修め帰国しようとするのは当然であろう。

ここで注目すべき点は、彼らは能動的に己の将来構築のために留学してきたのである。「留学」のさきがけであった日本について、園田英弘の論説を借りるならば「幕末開国以降の日本人の主たる関心は、日本より進んだ西洋の「文明」を学び、日本に持ち帰ることであった。[21]」というように、日本の近代化は留学生による貢献が高い。日本人留学生は帰国後に国家建設の強い使命感を持っていたのだ。それと同時に、政府命令で派遣された故、ある意味受身的な面もあったといえよう。夏目漱石の英国留学は、彼自身望まない留学であったことはよく知られている。何れにしろ進んだ文明を摂取し、帰国後、国家に寄与するというねらいの留学システムは近代アジア諸国全般に共通する留学目的といえよう。しかし、明治期に於ける清国人日本留学生らは必ずしもそうではなく、上述したように国家再建というよりは己の将来構築のために能動的に留学している者が多いのである。尚、この特徴は、後述する「③市民生活堪能型」、「④民間上昇志向型」にもいえる。

次に「②国家近代化型」であるが、「帰国」し祖国発展に寄与する者達である。園田英弘も指摘しているが、明治期以降の日本人留学生の多くはエリートが留学したのである。[22]つまり、軍隊や官庁や学校から派遣されたエリート留学生なのである。明治期に於ける清国人「国家近代型」留学生も、進士や挙人、さらに在職中の官吏も存在していた。[23]彼等は清朝の近代化建設のための再教育の意味での留学であるといってよい。彼等は国家を第一に考えると共に、自分の地位と清朝を維持させるという考えも強かったといえる。

「③市民生活堪能型」であるが、これは無目的かつ物見遊山である。日本留学生の黒幕小説『留東外史』の作者である向愷然などがこれに当たる。彼の自伝によれば、(24)一四歳のとき長沙高等実業学堂に入学するものの、一年後、革命の留日学生志士で自害した陳天華公葬に関する学生運動に参加したことから除籍処分され、そのため他校にも入学できないため、父親に田地を売ってもらい一九〇八年、宏文学院に留学したという。おそらく当時、まだ日本留学の利点があったためとりあえず来日したのであろう。彼自身も「無目的無計画地在日本混了幾年」と述べているように無為の日々を送っていたようだ。しかし、熱心でないにしろ一応は勉学をしていたので留学生と見なしてよい。無為な留学であったが、教室内では学べない様々な日本社会事情を学んでいる。その集大成といえる『留東外史』に書かれた内容は、さねとうけいしゅうも「東京の叙述の詳しさと正確さには驚嘆する(25)」と評価していることからも、教室外から得たものは、大変大きかったといえよう。この類の者達は「①末期官僚志向型」、「②国家近代化型」、「④民間上昇志向型」のように短期間で修了し帰国するという必要性に迫られていない。よって留学生活も日本社会と交流を断ち、ただ毎日を教室と下宿の往復だけではなかった。日本社会と接点を持つことができる数少ない留学生であったといえる。

表向き、「①末期官僚志向型」、「②国家近代化型」「④民間上昇志向型」であるが、とりあえず来日したという者達も「③市民生活堪能型」に分類してよいだろう。例えば後に民国大学教務長となる黄尊三などがそうである。湖南省は日本留学させるため高等学堂在籍中の者から選び出した。黄尊三はそれに選ばれた故、とりあえず来日した節がある。(26)一九〇一年の新政実行・留学奨励の上諭が出されてから、各省はまるで熱に浮かされたように日本留学の官費生を送り出した。官費生であるから、一応大義名分は「国家近代化型」である。しかし、前述した通り先の黄尊三らは来日し教育機関に入学したばかりのときは、はっきりとした将来の計画を持っていなかった。また、「遊學日記(27)」なるものを書いた老Yによれば、母国の親から多額の学資を出してもらっている者らがおり、彼等は帰国後いきなり官途に就き一門光栄とはいかないが、外国の大学を卒業という肩書きは田舎では幅が利くので親は周りの連中に今日の成功を獲得したと自慢をするであろうというのだが、現実は一日中ブラブラしている留学生も少なくないという。「立身出世」を隠れ蓑とし、親のすねをかじっていたというわけだ。つまり、彼等の大義名分は「①末期官僚志向型」、「④民間上昇志向型」であり、それ故、親は学資を出し日本へ留学させるのだが、肝心の本人がはっきりとした将来設計がないまま留学している類である。しかし、これらの留学生の中から黄尊三等のように、留学途中で、「②国家近代化型」の萌芽が垣間見ることができる留学生も出現する。[28]つまり、彼等は勉学をしながら自分の将来設計を考えていくのである。

最後に「④民間上昇志向型」であるが、当時「成功への階梯」は多元化の現象となっており、銀行・商業・実業・マスコミ・鉄道・炭鉱・通信界で成功を収める者も出てくる。官僚とは別の出世コースが出現したのである。留学生らもこれらの分野へ志願していた者らもいたことは事実である。「①末期官僚志向型」や「④民間上昇志向型」の者達は特にそうであり、言うまでもなく立身出世という個人的志向が強く、自ら進んで留学したといえよう。日華学堂を設立した帝大教授高楠順次郎は「かれらはよく勉強したが、それはわれわれのように、国家のために勉強するのではない。『国へかえったら、どうするつもりか』とたずねたところが、『第二婦人や第三夫人をもつ人間になりたい』といったので、がっかりした。」と清国人留学生教育をやめた理由を述べているほどである。[29]ただ、人間なら誰しもこのような志向が少なからずあるといえる。したがって「②国家近代化型」や「③市民生活堪能型」の者達も上述のような考えがなかったとはいえないだろう。

三、留学生界の様相

次章以降の理解をより深めるためにも四つのフレームワークを生み出した当時の背景について簡単に論じるこ

とにしよう。

近代に於ける日中交流史を振り返ったとき、明治期に於ける中国人日本留学生の存在の大きさについて否定する者はいないだろう。留日学生の数は当時の清国総人口から見れば極めて少ない。知識層の中でも少数であったにもかかわらず、彼等の影響力はその比重をはるかに上回るものであり、あの孫文も「辛亥革命に最も貢献したのは在日華僑と留日学生である。」と語ったほどである。(30) 確かに蒋介石、汪兆銘、黄興、胡漢民、秋瑾等の錚々たる革命の志士達を輩出し、さらに教育分野では范源廉、陳實泉、經亭頤等、文芸分野では魯迅、周作人等を挙げることができ、清国人日本留学生は中国近代化に多大な影響を与えた人材の宝庫であったのも間違いない。それ故、中国人日本留学史研究に於いて彼等を対象にした先行研究が多いのも自然であろう。

しかし、当時の日本留学ブーム到来後、彼等のような留学生達はむしろ少数であったことを見落としてはならない。そもそも留学生数がピークを迎えたといわれている一九〇六年時点では、大多数は必ずしも満足に安定して勉強していなかった。厳安生の言説を借りるならば東洋遊学イコール新式科挙の「銀メッキ組」、物見遊山ひいてはお楽しみ目的の「視察組」(31) であった。これらに付け加えるならば「取りあえず日本体験組」もいたといえよう。そして、父子留学、夫婦留学、兄妹留学、一家留学、一族留学なども存在し、それこそ子供から七〇歳前後の老人までもが留学したのであった。(32) 教育内容は初等・中等教育程度の普通教育から高等教育レベルや速成コースなどであった。大学に於いて教育を受けることができた者は一%程度しかいなかったという。(33) 今日のように高等教育機関に多く在席している留学生に比べれば彼らの教育内容はけっして高いとはいえず、とにかく短時間で留学を修了することを第一とした。

実は日本留学は清国の代行教育的要素が強かったと考えられる。詳細は後述するので、当時の清国国内の教育事情に関しては触れる程度にする。中国に初めて近代学校、すなわち「学堂」が導入されたのはアヘン戦争以後である。洋務運動を契機に一八六二年の京師同文館が設立され、次々に「学堂」が設立された。しかし、「学堂」制度は一向に進展できなかったのである。戊戌政変や義和団事件も要因の一つであるが、一番大きなものは科挙制度である。新しい教育を授けるのであるから当然「学堂」は、科挙を頂点とする旧教育体系と相対する存在として確立しなければならない。このことが却って「学堂」制度の限界であり普及までには至らなかった。結局開明派の官僚によって散発的に設立されたものに過ぎなかったのである。

義和団事件後の一九〇四年、一月一三日、「奏定学堂章呈」が定められ、初等小学堂から大学堂まで全系統二一学年の近代学校制度が一応は成立する。一見学堂数は伸びているようにみえる。特に小学堂がかなり普及したと言われる一九〇八年の奉天省の就学率は学齢児童の一一%、学堂のみの就学率を厳密に見れば、わずか二〜三%に過ぎなかったという。(34)「学堂」制度が決して順調とはいえないといえる。おまけに教育方法は、依然と暗記、暗誦重視の伝統的科挙制度の尾を引いており、新教育が始まったばかりなのでそれに対応できる教師獲得が困難であった。礦路学堂を卒業した魯迅が「実際卒業してしまうと頼りない心地だった。(中略)天井高く二十丈も飛び上がり、地下深く二十丈ももぐったりはしたわけだが、結果はやはり全くの役立たずで、学んだ学問は「上窮碧落下黄泉、両處茫茫皆不見」ということになった。残された道は、ただ一つ、外国へいく事だった。(35)」と述べているように、頼りない教育であり、その効果も期待できるようなものでなかったといえる。したがって、教育の近代化が機能するまでは、「留学」で代行するしかなく、その留学先の教育内容もあまり高くなかったのは自然なことであったのだ。

注

1 http://www.ryugaku.co.jp/dictionary/01.php、http://www.ryugaku.co.jp/LESSON/

『留学ジャーナル』サイト(二〇〇六年六月五日閲覧)

2 横田雅弘・白土悟『留学生アドバイジング』ナカニシヤ出版、二〇〇四年、一七頁

3 青柳篤恒「支那人の子弟は何故に我邦に遊学せざる可からざる乎」『早稲田学報』第一四一号、一九〇六年一一月

4 『中国留学史談』第一書房、一九八一年、二〇八頁

5 周作人、木山英雄編訳『日本談義集』東洋文庫、二〇〇二年、三三二頁〜三三三頁

6 「所謂清国留学生取締規則事件の性格—清末留日学生の一動向—」『信州大学紀要』第二号、一九五二年、「光緒末年に於ける留日学生の趨勢」『歴史学研究』第二〇六号、歴史学研究会、一九五七年

7 二見剛史「戦前日本における中国人留学生教育—特設予科制度の成立と改編—」『日本大学教育制度研究所紀要』第七集、一九七八年、蔭山雅博「宏文学院における中国人留学生教育—清末期留日教育の一端—」『日本の教育史学』第二三集、教育史学会、一九八〇年、老松信一「嘉納治五郎と中国人留学生教育」『講道館柔道科学研究会紀要』第V輯、一九七八年

8 吉岡英幸「松本亀次郎編纂の日本語教材—語法型教材を中心に—」『早稲田大学日本語教育研究』第六号、二〇〇五年三月

9 例えば魯迅と藤野厳九郎先生、黄興、宋教仁と宮崎滔天等の関係は有名である。詳しくは阿部兼也『魯迅の仙台時代—魯迅の日本留学の研究』(東北大学出版会、一九九九年)、宋教仁著、松本英紀訳注『宋教仁の日記』(同朋舎出版、一九八九年)、王暁秋著、木田和生訳『中日文化交流史話』(日本エディタースクール出版部、二〇〇〇年)を参照。

10 大槻文彦『大言海』第四巻、富山書房、一九三五年、八〇二頁。尚、正式には「りゅうがく」ではなく「るがく」と発話しなければならない。さらに言及するならば「留学生」は「るがくしょう」と発話するのである。また、新村出編『広辞苑』第五版、岩波書店、一九九八年、二八〇一頁によれば、「よその土地、特に外国に在留して勉強すること」、そして「留学生」は「外国で学術・技芸を研究・習得すること」という。

11 井上靖『天平の甍』新潮社、一九六四年

12 諸橋轍次『大漢和辭典』巻七、大修館書店、一九五八年、一〇八頁

13 同上書、同頁

14 同上書、同頁

15 周一川『中国人女性の日本留学史研究』国書刊行会、二〇〇〇年、四四頁〜四五頁によれば、清朝の留学の重要規定は以

下の通りである。
約束遊學生章程　一九〇三年
獎勵遊學畢業生章程　一九〇三年
自行酌辦立案章程　一九〇三年
陸軍學生分班遊學章程　一九〇四年
考驗出洋畢業生章程　一九〇四年
通行各省選送遊學限制辦法　一九〇六年
考驗遊學畢業生章程　一九〇六年
管理日本遊學生章程　一九〇六年
中国留日學生教育協議会約款　一九〇七年
奏定日本官立高等學堂収容中國學生名額及各省按年分認經費章程　一九〇七年
酌擬遊學畢業生廷試験用章程　一九〇八年
改訂管理遊日學生監督處章程　一九一〇年
學部咨留日女生酌定補官費辦法札飭提學司遵照文　一九一〇年

16　同上書、一一一頁～一一二頁によれば、民国初期の重要規定は以下の通りである。
管理留學日本自費生暫行規定　一九一四年
經理留學日本學生事務暫行規定　一九一四年
管理留日學生事務規程　一九一四年
各省留學官費生缺額選補規定　一九一六年
教育部訂定選派留學外國學生規定　一九一六年
留日官自費生獎勵暫行章程　一九一八年
留日官費生實習暫行章則　一九一八年
修正管理留日學生事務規程　一九二〇年

管理自費留學生規定　一九二四年
17　宋教仁著、松本英紀訳注『宋教仁の日記』同朋舎出版、一九八九年
18　さねとうけいしゅう『増補中国人日本留学生史』くろしお出版、一九七〇年、八三頁
19　さねとうけいしゅう『中国留学生史談』第一書房、一九八一年、一八二頁
20　厳安生『日本留学精神史』岩波書店、一九九一年、三〇二頁
21　園田英弘「留学―文明摂取のための運動」『現代日本文化における伝統と変容　日本人にとっての外国』ドメス出版、一九九一年、二六頁
22　同上書、二五頁
23　王暁秋著、木田和生訳『中日文化交流史話』日本エディタースクール出版部、二〇〇〇年、一四六頁
24　崔暁紅「日本の壁―『留東外史』の日常世界―(上)」中国人文学会編『饕餮』第六号、一九九八年、三頁〜四頁。向愷然「自伝」『江湖奇侠伝』岳麗書社、一九八八年。
25　實藤恵秀「留東外史と其の日本觀」『中国文學月報』第一二號、一九三六年四月一七日、九頁
26　黄尊三著、さねとうけいしゅう・佐藤三郎訳『清国人日本留学日記　一九〇五〜一九一二年』東方書店、一九八六年、一五頁〜一六頁
27　老Y「遊學日記」信濃憂人譯編『支那人の見た日本人』青年書房、一九四〇年、二〇九頁
28　前掲注(26)書、八七頁
29　さねとうけいしゅう『中国留学史談』第一書房、一九八一年、四〇頁
30　段躍中『現代中国人の日本留学』明石書店、二〇〇三年、一九頁
31　厳安生『日本留学精神史』岩波書店、一九九一年、三〇二頁
32　前掲注(18)書、六一頁
33　前掲注(31)書、同頁
34　多仁安代「清国学生の役割を再評価する」『政治経済史学』第四四八号、政治経済史学会、二〇〇三年、七頁
35　魯迅「朝花夕拾・瑣記」『魯迅全集』第二巻、人民文学出版社、一九八一年、二九七頁

第1章　日本留学生誕生
―一三名の留学生と一名の補欠留学生―

1．はじめに

日露戦争後の一九〇六年、一万～二万名もの清国人留学生が来日し、帰国後は母国の近代化に貢献したのは周知の通りである。では、初の中国人日本留学生はいつ誕生したのであろうか。一般には一八九六年に来日した一三名の留学生とされているが、これはあくまでも日清両国の外交折衝による官費生としての組織的留学生派遣の起点であることを確認しておかなければならない(1)。

さて、中国人日本留学生に関する先行研究は多くの研究成果が発表されている。しかし、この分野の権威であるさねとうけいしゅうを始めとする先行研究は中国人日本留学の嚆矢に関しては触れられている程度である(2)。後述するが、筆者の調査によればそれらの先行研究は留学生の名前や年齢すら史実と違い、派遣人数に関しても疑問があり、その派遣・受け入れ経緯、教育実態も十分に論じられていない。以上から最初の中国人日本留学について全く研究されていなかったといっても過言ではない。これは中国人日本留学生史を論じる上で大きな問題である。また、彼等が留学する以前の一八八〇年代には駐日清国公使館が主導で清国から学生を募集し日本で学ばせている。日本の学校ではなく公使館内に設立した東文学堂で学ばせたのだが、これが後の最初の留学生派遣に繋がる要素を持っている。したがって、日本留学誕生を論じる際、東文学堂についても論じなければならない。

以上から、本章では東文学堂と一八九六年の清国人留学生の派遣・受け入れの経緯、さらにそれらの意義について蒐集した一次資料から分析・考察する。

2. 清国公使館と東文学堂

近代に於いて日清両国が本格的に交流を開始しようとしたのは一八七一年の日清修好条規締結後であるといってよい。この六年後の一八七七年、何如璋を公使とする最初の清国駐日公使団が来日した。東京芝増上寺の月界院に公使館を設置し、清国僑民の管理と保護に大きな役割を果たすこととなった。ここに着目すべき点は駐日公使館が日清戦争前に既に清国本土から組織的に学生を募集し日本で学ばせていたことである。

当時の清国では、「同文同種」の考えから、日本語教育が本格的に行われていなかった。一八七一年に結ばれた日中修好条約第六条では「此地両国往復する公文、大清は漢文を用い、大日本は日本文を用い漢訳文を副うべし。或いは只漢文のみを用い其便に従う」と規定されている(3)。日本側は漢文も日本語も必要としているのに対し清国側は日本文を用いる必要はなく漢文だけでいいというのである。なぜ、日本は勝利国にもかかわらずこれに同意したのであろうか。考えられることは清国側に日本語に通じている者がいなかったということである。当時の清国は日本に対し思い込みや誤解が多く、日本文化を真剣に研究しようとする者は極めて少なかった。当然、公使団は来日したものの日本語はもとより日本文化に対する認識が大きく違うことを思い知らされ職務にも弊害が生じることとなる。そこで、日本の外務省推薦で唐通事出身の鉅鹿赫太郎を通訳として雇うこととなったのである。しかし、重要な外交交渉となると筆談となることが多かったというから[4]、相当不便を感じたのは間違いない。このような状況に対し、清国公使館は日本語と日本文化・事情に通じた人材養成の必要性を痛感することとなる。参事官である黄遵憲の提案により公使館で日本語学校の設立を計画した。日本で学ばせることによって日本語だけでなく日本文化・事情を逸早く修めることができると睨んだのであろう。

これを受けて公使の何如璋はすぐに大久保利通と協議に入った。この計画に大久保も賛同し、それならば日清共同で行おうということになった。日清各二〇名ずつ日清交渉のための人材養成学校設立をも計画したのであった[5]。日清共同で計画したのであるから、単なる語学学校ではない。外交協議が滞りなく行われることと、相互理解を求める目的も働いていただろう。残念ながらこの計画は琉球問題や大久保の暗殺等によって頓挫した。

それでも清国公使館は諦めることはしなかった。一八八二年、遂に東文学堂を公使館内に設立した。勿論、公使館単独で行ったのである。それに伴なって清国本土から学生を募集した。学生の肩書きは公使館学生である。一八八二年という年は壬午事変で清国が数千の軍隊を朝鮮に派遣し干渉を強めている。また、一八八四年の甲申事変後には、朝鮮を巡り日清両国間に政治・軍事的緊張関係となった。日本との外交折衝あるいは日本側の朝鮮に対する政治・軍事的動向に関する諸情報の入手並びに解析のための人材が必要であったといえよう。この時期に設立したことは絶妙なタイミングであるといってよい。

東文学堂の教育は主に日本との外交交渉を担当する人材養成である。したがって、最初に行うべき教育は日本語である。一八八五年五月一三日の「東京日日新聞」は東文学堂について以下のように報道している[6]。

清國公使館の語學校にて英獨仏の三國の語學科を設け日本人數名と教師に雇入られしよし又近きうち本國よ

り十餘名の語學生の来着する筈なりと聞けり

日本語以外にも英・独・仏の各語の教育も行っており日本人教師が雇われていることがわかる。どの程度の規模の学堂かは不明であるが定期的に一〇数名を入学させていると推測すれば相当本格的なものであったであろう。

厳安生によれば、この東文学堂では学生に対し無菌状態で思想統制しつつ勉強させていたという(7)。よって、外部との接触を断ち東文学堂と公使館の中だけの生活をさせていたであろう。この背景には一八七二年に一二歳から一六歳までの学童三〇名を米国に留学させた教訓があったのであろう。この米国留学は清国初の留学とされている。彼等は米国に於いてホームステイ先の家族と一緒に教会へ行ったり、他人に注目・嘲笑されるのを嫌がり辮髪を切り洋服を着用し、さらには漢文を学ぶのを怠った(8)。その結果、清朝の保守派官僚の怒りに触れ一八七五年には米国留学は停止、一八八一年には帰国命令を出されてしまった。このようなことの再発防止のためにも東文学堂を無菌状態にしたといえる。

上述した通り東文学堂の学生は清国公使館が清国本土から募集したのである。しかし、従来の研究では彼等を留学生とは見なしていない。おそらく日本人が設立した学校ではなかったからであろう。この学堂の教育期間は三年制と定められている(9)。また、一八八二年から一八九四年まで一二人の卒業生を出し、実際には三年以上在籍の者もいれば、一年未満の学生もいたという(10)。これは序章で定めた留学の定義(日本に於いて一ヶ月以上、日本人教員が多数の教育機関に於いて学術・技芸を研究・習得している者)内であり留学生と称することは不可能ではないといえるかもしれない。最初の清国人日本留学生は通説となっている所謂一八九六年の留学生と細野浩二の一八八八年中村正直の同人社に留学した張文生説(11)等があるが、東文学堂はそれより前に開校している。したがって、組織的留学生の派遣の起点はもとより、留学の嚆矢の史実までもが書きかえられる可能性はあるだろう。

ただ、日本社会と全く交流が不可能な程の無菌状態で教育していたのか、日本人・清国人教師数の比率はどのくらいなのか、どのような教科を学んだのか等が明らかでない以上、彼等を留学生と称するかどうかの判断はできない。これについては詳細な教育実態の研究と共に今後の課題である。

東文学堂で養成された者達は日本人通訳に頼らなくてもいい程の高い日本語能力を修め日清間の外交交渉や公使館の公務に於いて活躍した。[12]李若柏が指摘した通り中国近代日本語教育は中日間外交の必要による通訳の養成から始まったことからも、[13]これは日本語教育史の視点からも大いに注目すべきことであろう。また、外交交渉は単なる語学を修めた者が簡単にできるようなものではない。相手国の文化や事情を理解しなければ交渉決裂や自国の権益も守れないことが生じる。したがって、語学教育だけでなく日本文化・事情教育の効果もあったとして評価してよい。

日清戦争後、公使として新しく着任する裕庚は自らの主導で一八九六年の留学生(所謂初の留学生)を誕生させることとなる。日清戦争前の時点で駐日公使館がわざわざ来日させ教育させる方法を取り教育効果を挙げていたことは裕庚も知っていたであろう。だからこそ裕庚はさらなる教育効果を上げるために直接日本人の学校に学ばせたといえよう。厳安生は裕庚の所謂初の留学生を「本番第一陣」と称している。[14]ならば東文学堂の存在は「本番第一陣」を生み出すための実験的なものであるといってよい。この文脈で論じるならば東文学堂の存在は清国人日本留学史の一頁に記されてもよいのではないだろうか。

3. 所謂一八九六年初の日本留学生

一八九四年、日清戦争開戦によって、公使館閉鎖と共に東文学堂も閉校となった。日清戦争後の一八九五年、公使となった裕庚は、東文学堂を再開させ公使館内で人材を養成する方法を取らなかった。裕庚は、翌年に清国本土から学生を募集するが、日本の教育機関で学ばせる方法を取ったのである。これが、所謂、初の中国人留学生といわれている。尚、「所謂」と書き留めた理由であるが、前述した通り初の留学生が正確にわかっていないからである。

日中両国の留学生政策については、多くの先行研究でも論じられているので、今さらここで述べることはしない。ただ、一八九六年初の留学生の受け入れ・派遣の経緯を見ていくと、従来では欠落しているものが見えてくるのである。

一八九六年「総理衙門奏派学生出洋片」によれば京師同文館の英文・法文・俄文・徳文各館から「各々学生四名を撥き、分往して語言・文字・算法を学習し、三年を以て期と為し、出使大臣に責成して厳に稽核を為さしむ。往来の資装・肄業の費は各々該出使大臣の出使経費の内に在って劃給するに由らしめ、即ち使館に在って寓し、以て旅費を節すべし」という。[15] 所謂、使館学生の派欧が奏請されており、清朝政府が資金を直接出すのではなく、それぞれの公使館費用で賄えということである。これだけを見ても、清朝政府は諸手を挙げて留学に賛同しておらず、消極的態度であるといえよう。

この派欧に先行し、総理各国事務衙門の奏請の中で、「東文学堂に至りては、已に出使大臣裕庚に飭して地に就いて設立せしめんことを奏せり」とあることから、[16] 再び東京に東文学堂設立しようとしていたことがわかる。結果的にこれが裁可された。しかし、裕庚は公使館内での教育を選ばず、日本の教育機関に託すこととなった。この理由を細野浩二は事半功倍を慮ったからだという。[17] つまり、半分の労力で倍の成果をあげようと狙ったのである。裕庚は、有能な者を公使館要員の採用条件としていた。それには、日本語、日本文化事情に通じたものを養成しなければならなかった。日清戦争前に東文学堂での教育が成功しているものの、時間をかけることはできない。また、公使館内だけの教育の限界も感じていたであろう。それならば一層のこと日本国内の教育機関で学ばせたほうが時間もかからず、教育効果も上がると考えるのも不思議ではない。

一八九六年、裕庚は、理事官の呂賢笙を上海・蘇州一帯に派遣し、学生の募集にかかった。その後、総理衙門での選抜試験を行った。(18) 外務省外交史料館所蔵記録によれば、同年五月二五日、駐日公使の裕庚は外務大臣の陸奥宗光に約一〇名の教育を依頼している。(19) 陸奥は文部大臣の西園寺公望にこれを照会した。しかし、西園寺は学生らの日本語能力問題から官立学校に於いてその教育はできないと回答した。(20) それにもかかわらず裕庚は、同年六月一六日、文部大臣兼外務大臣の西園寺に一三名の教育を依頼している。(21) 同年清国政府は欧米諸国へ三名ずつ留学生派遣を決定している。(22) おそらくこれは前年に総理衙門が露、英、仏、独、米それぞれに三名ずつ留学生派遣を決定したものと同様のプログラムだろう。(23) そして、裕庚も、これと並行して日本にも留学生の派遣決定し、学生の選抜も完了していた。したがって既に派遣決定したものをおいそれと中止することはできなかったのだろう。

何れにしろ彼等は使館学生という肩書きからも、清朝政府ではなく駐日公使館の主導のもと、実施されたものであるといってよい。この後、清朝政府は日本留学を奨励していくわけだが、駐日公使館はその先駆けとなり留学生誕生に大きく寄与したであった。

4. 戦略なき日清両国の留学生政策

裕庚から留学生教育を依頼された西園寺は東京高等師範学校長嘉納治五郎に相談をした。嘉納治五郎によればその相談内容は以下の通りである。(24)

これまで清國公使館では公使館の學生といふものがあつて、公使館内で教育をして居つたのであるが、之を日本の然るべき人に託したいから引うけてくれまいかといふ相談である。

留学生を日本の教育機関で学ばせる狙いは何であろうか。外務省外交史料館所蔵記録を確認してみる。それによれば、裕庚は日本語教育を中心に考えていたという[25]。一般に日清戦争後、日本勝利の要因として立憲制度と国民教育の普及と考えた清国は国家再建のため実用的な西洋学を学ぶために日本留学を開始したといわれている。しかし、最初の組織的中国人日本留学生の留学目的はあくまでも日本語の専門家、つまり通訳官養成に特化することからも、国家規模の戦略性は乏しいといえよう。

西園寺公望に相談された嘉納治五郎は、どのような受入れを考えていたのであろうか。嘉納治五郎は、当時のことを以下のように講述している[26]。

さしより自分に名案とてもなかつた。自分は迚も暇がないから直接世話は出來ないが、誰か人を選み、直接には其人に世話をさせ、自分は間接に指導・監督をするなら差支がないといふ答をした所が、それで宜しいからといふことになり、三崎町に塾舎を設けて、いよ〳〵支那人の教育を引き受けた。

当時の日本は、「脱亜入欧」のもと留学の主流は欧米への派遣であったため、留学生受け入れは予想外のものであり、戸惑ったに違いない。

この後、嘉納は「清国保全」と「唇歯輔車」を掲げ日中関係が東洋の平和に繋がるとし、その一端を担うための留学生教育が必要だと主張することとなるが[27]、当時はその考えに至っていなかった。また、留学生の日本語能力問題から官立学校での教育を拒否した日本政府も留学生教育の意義を見出すことはできていなかった。したがって、当初日清両国とも戦略的留学政策があったとはいえない。

5. 留学生受け入れ体制と留学生の反応

嘉納は学校長をしていた東京高等師範学校に受け入れず、塾程度の受け入れ施設(以下嘉納塾と称する)を用意した。急なこと故、十分な受け入れ態勢を整えることができないまま、留学生教育を始めることとなる。晴れて選ばれた一三名は、唐寶鍔(一九歳)、朱忠光(二二歳)、胡宗瀛(二〇歳)、戢翼翬(一九歳)、馮誾謨(二〇歳)、呂烈輝(一八歳)、韓壽南(二三歳)、王作哲(一九歳)、趙同頡(一九歳)、李宗澄(一八歳)、瞿世瑛(一八歳)、金維新(一八歳)、劉麟(一八歳)である。[28] 年齢として一八歳が五名と一番多いことがわかる。先行研究では瞿世瑛ではなく呂烈煌を一三名の留学生としているが、裕庚が西園寺に送った記録文書によれば瞿世瑛は、れっきとした最初の留学生である。[29]

彼等は一八九六年六月三〇日に嘉納治五郎が用意した神田三崎町一丁目二番地にある学校兼寄宿舎である嘉納塾に入れられた。同年一〇月、韓壽南、王作哲、趙同頡、李宗澄ら四名は留学を諦め帰国した。[30] その理由は「疾病ニ罹リ或ハ事故ニ由リ已ムコトヲ得ス半途帰國スルモノアリ」という。[31] しかし、唐寶鍔はその理由を、第一は日本の子供からチャンチャン坊主とひやかされたこと、第二は日本食が口に合わなかったことであると述べている。[32] 周知の通り当時の清国人の髪型は辮髪であった。子供達が冷やかしたことは髪型に対する珍しさ、日清戦争の勝利からの優越感によるものと考えられるが、国家の選抜試験に合格したエリートである彼らにとって屈辱だったに違いない。この後、留学生にとって辮髪は大きな問題となってくる。辮髪を切ることで留学生仲間に嫌われたり、監督官に官費を止められ帰国させられたものもいた。一般に辮髪を切ることは清朝を離脱する意思表示であったといわれている。しかし、魯迅の短編の登場人物は、「僕は留学すると辮髪を切った。別に深いわけがあったわけではなく、とにかく不便であったからだ」[33]と述べているように便宜的な理由で切った者もいたといえるだろう。また、一九一〇年に皇帝が剪髪令を下すべきだと意見が朝廷内に現れ、ジャーナリズムや資政院に於いても盛んに議論された。したがって、辮髪を切ることを単に打倒清朝の象徴と考えることはできない。これについては別の機会に論じる。

では、第二の理由の日本食である。これも後に大きな問題となる。宏文学院出身の黄尊三（早稲田大学清国留学生部高等予科中退、明治大学法学部卒業、帰国後は民国大学教務長）は日記に於いて「夕食は汁と卵、飯も小さな箱に盛り切り。初めて食べてみると、具合が悪い」と述べている。[34]また、宏文学院教授であった三矢の日記には留学生全員が朝飯を食べなかったと記されている。[35]さらに、日華学堂に於いては賄い方の解雇運動にまで発展したほどであるから、[36]多くの留学生は食生活に悩まされたに違いない。後に神田界隈で続々と中華料理店が現れる。断定はできないが、この背景には留学生の存在があったのではないだろうか。

中華料理についての詳細は後述するが、ここでは参考程度に留めておく。現在も神田にある「漢陽楼」の三代目店主顧定源によれば、「当時から中華丼、焼きそば、肉そばなどという日本風のメニューもあったようですが、名前は中華丼でも、臓物料理が載せてある丼で、やはり日本人の口にはなかなかあわなかったでしょう」という。[37]また、一八九九年に神田で開店し、今も神田で一番古い中華料理店といわれている維新號三代目主人の鄭東静の弟であり専務取締役の鄭東耀によれば、「当初は留学生相手の中華食堂であった」という。[38]したがって留学生専門の中華料理店が多かったといえる。

東京に続々と出現した中華料理店に対し、日本人はどう思ったのであろうか。維新號所蔵資料に、当時の常連客の文書がある。それによれば、その常連客の祖父は明治から維新號で食事をしに来ていたという[39]。当時の味は日本人の口には合わなかったが、おそらく少数ではあるが一応は日本人も中華料理を食べにきていた証左である。維新號の開祖である鄭餘生は大正末期から日本女子大で家庭料理としての支那料理教室を開いており、この時期から日本の上流層の家庭料理に中華料理が広まったという[40]。味は日本風にしており、日本化した中華料理がここに誕生したのである。また、その後の日本の食文化にも影響を与えたに違いない。やはり明治期に留学生の来日がなければ、中華料理の広まる時期は遅くなっていたのではないだろうか。

蔑視と食事という二点は後に多くの清国人留学生にとって大きな問題となるが、この時点で早くも生じていたのは注目に値すべきことである。

一八九六年一〇月、裕庚は帰国した四名の穴を埋めるために黄滌清（二三歳）と呂烈煌（一六歳）の両名を補欠留学生として派遣したいと外務大臣大隈重信に依頼、日本側はこれを承諾した[41]。しかし、黄滌清は病気のため来日できず、同年一二月、呂烈煌のみが嘉納治五郎の下に留学することになる[42]。呂烈煌は先に来日した呂烈輝の弟である。

一般には一三名の留学生だけが最初の留学生だといわれている。しかし、補欠留学生である呂烈煌も加えるべきだろう。したがって、本研究では組織的留学生派遣の起点は一三名の留学生と補欠留学生一名とする。

6. 留学生の思想変化と留学効果

一八九九年六月、約三年間に亘る留学教育が修了した。宏文学院の教育実態は後述するが、彼等の留学効果を検証しなければ宏文学院設立の理由がみえてこない。

残念ながら一〇名全員が卒業できたわけではない。正式記録としての卒業生数の史料は見つからなかったが、『國士』第二一号によればその数六名、(43)さねとうけいしゅうによれば七名である。(44)この卒業生数についてさねとうは一九二九年に唐寶鍔から直接聞いたという。おそらく遅れて入学した補欠留学生の呂烈煌が六名と一緒に卒業できなかったのであろう。まだ調査研究の余地があるが、本書では卒業生数七名とする。彼等の名前と進路は以下の通りである。(45)

唐寶鍔：主席で卒業、長崎領事館副領事事務取扱。一九〇一年、東京公使館詰めとなり宏文学院講師を務めるかたわら東京専門学校進学。卒業後早稲田大学政治経済学部進学。一九〇五年、同校卒業後帰国、科挙進士に及第。皇族載沢殿下が出洋政治視察大臣として来日の際、随行員に命じられ、明治天皇に謁見勲五等に叙せられる。一九一〇年に陸軍刑法起草、北京・天津に法律事務所開設、弁護士会長務める。

朱忠光：四川省の候補道台。その後、奉天鉄嶺の交渉員。

胡宗瀛：東京専門学校進学。科挙進士に及第。満州国財政部。満州国の鉱山会社理事。

戢翼翬：東京専門学校進学。科挙進士に及第。一九〇〇年、唐寶鍔と共著で日本語教科書『東語正規』を出版。日本書籍翻訳出版社設立。下田歌子と共同で上海に出洋学生編集所設立。同年、変法思想の唐才常の蜂起に参加。一九〇八年、西太后が光緒帝を廃する際、新聞記者を呼び批判会見しようとしたため湖北省に帰されたが湖北省官職に就く。

呂烈煌：外務部通訳官、後に課長。

馮誾謨：北京の師範学校の通訳。陸軍学校通訳助教、後に主事。

呂烈輝：高等判事、学校教授。

尚、上述の進路で若干史料によっては違う箇所がある。外務省政務局編纂『清國時報』第六号によれば胡宗瀛は東京農学校、戢翼翬は早稲田大学法科にそれぞれ進学しているという。[46]

当初の清国側の留学目的は日本語専門家養成であった。留学生全員がその職に就いたわけではなかったが、卒業生四名は日本語関係に携わっている。特に唐寶鍔と戢翼翬は、画期的な日本語教科書『東語正規』を出版し、[47]唐は、その後、宏文学院の教職に就き留学生の日本語教育に大きな貢献をした。

ほとんどの留学生が高い地位に就いている。唐寶鍔、胡宗瀛、戢翼翬は進士に及第している。暗記中心の科挙制度下に於ける試験制度であったにもかかわらず進士に及第したのはなぜだろうか。それは科挙制度の改革と関係がある。近代産業を興すためには、もはや官人登用＝科挙を改革し旧来の科挙制度そのものを全面廃止しなければ対応できなかったのである。一九〇一年に科挙試験の改革である所謂「八股取士の法」の廃止、一九〇三年に改革された科挙試験は、頭場試では博学を取るための中国政治史書、二場試では通才を取るための各国政治、地理、典工、算法の類、三場試では純正に帰せしむための四書五経の経議に関する論文を課した。[48]そして同年、張之洞の「鼓励遊学章程」、翌年には「考験出洋畢業生章程」で選考規則が定められ、帰国留学生に対し留学生登用試験を行い合格者に対しては在外年数と学校の程度を斟酌して進士・挙人号と官職が授与することとなった。この試験は一九〇五年から行われた。試験内容は、留学した国の言語文章と卒業証書を有する専門教科（政治憲法、哲学、計学、法学、商業、農学、蚕学、医学、歯科、機器、科学、電学、製糖の一三部門から選ぶ）であった。[49]詳細は後述するが、嘉納は初の留学生に対し日本語だけでなく普通教育も施している。唐寶鍔、胡宗瀛、戢翼翬は一九〇五年に進士に及第しているが、嘉納塾卒業後、日本の高等教育機関に進学している。つまり、日本でまじめに修学していれば十分に進士及第は可能であることになる。逆にいえば嘉納が普通教育を行わず日本語教育のみならば、この三名は日本の高等教育機関に入学できず、登用試験に合格した確率は極めて低いといえよう。

彼等の卒業直後である一八九九年一〇月一二日、嘉納は清国皇帝より第二等第三雙龍宝星を受領し佩用することを許された。これは清朝に彼等の留学生教育の効果が認められ、高く評価されたことを意味するといってよい(50)。そして、一九〇二年から清国各省は嘉納に行政・教育等の従事者に対する資質向上を目指すために速成教育を大量に依頼することとなる。ここに日本語専門家だけでなく近代化を図るための留学生を派遣することとなるのである。もちろん、そのきっかけとなったものの一つに一八九六年の初の留学生であったのはいうまでもない。嘉納も卒業式に「諸子は年月日の割合には、良好なる成蹟を得られ、又修學中品行方正にして、能く學生たるの本分を守りたり。(中略)誠に予の満足に思ふ所なり(51)」と述べ、留学生を称えると共にその留学成果を評価している。

では、留学の主役である卒業生はどのように思ったのであろうか。卒業生総代として戢翼翬は以下の答辞を行なった(52)。

先生ノ正大ナル議論ヲ聴タルガ故ニ、我等ノ脳漿ニ浸淫シ、三年前ノ思想ニ比較スレバ、眞ニ別人ノ如キナリ、嗚呼善イ哉先生ノ教育我等能ク感奮セザル可ケンヤ。(中略)若シ先生ノ徳ヲ以テ諸般ノ獘政ヲ改革シ、支那ヲ第二新世界ニ造ラシメ、他ノ文明諸國ト相馳騁シテ敗セザルヲ得バ、即チ先生ニ酬ユル所以ナリ

留学生自身も留学教育による思想変化を自覚していることがわかる。そして母国改革の必要性を強く感じることとなったのである。これは後の留学生らに受け継がれていく。清国政府、受け入れ機関、留学生これら三者の満足した結果となったのである。

7．まとめ

日清修交条規による駐日公使館を設置し公使を派遣したが、言語、日本事情の無知から肝心な外交交渉が難しかったことから、人材育成は必然であった。この人材育成は母国でするのではなく東京の公使館で行おうとした。当初は、日清共同で計画し単なる語学学校ではなく、日清両国の相互理解を求める目的も働いていただろうと推測できる。しかし、これらの計画は琉球問題や大久保の暗殺等によって頓挫した。

その後、公使館に東文学堂を設立し、母国から学生を募集し人材教育を行った。その結果、彼等は高い日本語能力を修め日本側に通訳を頼まなくてもいい状況となり、外交交渉や公務に活躍した。したがって、その教育効果は評価でき、そして公使館内といえども海外で教育したということは注目に値する。強いてはこれが後の一八九六年の日本留学の開始に繋がるといえる。東文学堂の存在は日本留学の「本番第一陣」を生み出すための実験的なものであったと位置づけられ、明治期清国人日本留学の一頁に記されるべきではないだろうか。

一方、所謂初の留学生の誕生は清朝政府主導ではなく、駐日公使館主導で行われた。公使館の現場であるからこそ、その必要性を強く感じたのであろう。これは注目に値する。また、一般に国家再建のため実用的な西洋学を学ぶために清国政府は日本留学を開始したといわれているが、あくまでも留学目的は日本語専門家、つまり通訳官養成であった。

受け入れ側の日本側は「富国強兵」「脱亜入欧」のもと留学は欧米に派遣することであり、受け入れることの意義を見出すことができなかった。しかし、留学生教育を依頼された嘉納治五郎は断ることなく、受け入れ態勢を整えることができないまま受け入れたのである。全員が卒業できなかったとはいえ、清国政府、受け入れ教育機関の嘉納、留学生は満足している。また、留学生の思想変化、卒業後の活躍ぶりはその後の清国国内の日本留学鼓吹に拍車をかけた一因といえ、初の日本留学は成功したといってよいだろう。

国策としての留学生教育観であるが、当初、嘉納は留学生教育の意義を見出せなかった。唐寶鍔ら卒業生に対し「然れども諸子は決して之に甘んぜずにして、更に習得したる日本語を以て、各種の學術を研究し、今日の新知識を得ざる可からず、今や東洋多事なるの際、諸子は益々自愛して大清國の為に、将た東洋の平和と隆盛の為に盡力せられん事を望む[53]」と述べている。つまり後に嘉納が主張する「清国保全」「唇歯輔車」を柱とする日中関係と東アジアの平和に寄与するという留学生教育の根本的思想に繋がり、国内外に大きな影響を与えることとなる。明らかに嘉納の考えに変化が見られるのである。つまり、留学生も嘉納も教育交流をすることによって相互の思想変化が生まれたのは注目に値する。だからこそ、嘉納は留学生教育機関のパイオニア的存在の宏文学院を設立していくことに繋がっていったといえよう。

清国政府も日本留学が国家再建にとって重要なものと認めたからこそ一九〇二年以降から留学派遣先の主流を日本とし、国を挙げての日本留学ブームが起こるのである。また、日本側も留学生の増加に伴って受け入れ教育機関が次々と創設する。ここに至ったのは、駐日公使館、一八九六年の初の清国人留学生、嘉納治五郎がきっかけなのである。

注

1 細野（一九九一）（注9）によれば一八八八年三月五日に中村敬宇の同人社に入学した張文成が最初の中国人留学生という。厳安生（一九九一）（注7）によれば一八九〇年六月に駐日公使館随行員（通訳養成目的）の形で、段芝貴、李鳳年ら七名が最初だという。

2 主な先行研究は以下の通りである。
・松本亀次郎『中華五〇日游記附 中華留學生教育小史・中華教育視察紀要』東亜書房、一九三一年
・実藤恵秀『中国人留学史稿』日華学会、一九三九年
・さねとうけいしゅう『増補 中国人日本留学史』くろしお出版、一九七〇年
・二見剛史「戦前日本における中国人留学生予備教育の成立と展開」『国立教育研究所紀要』第九四集、一九七八年
・阿部洋『中国の近代教育と明治日本』福村出版、一九九〇年

3 竹内実編『中国を知るテキスト二・日中国交基本文献集』上巻、蒼蒼社、一九九三年

4 陳捷『明治期日中学術交流の研究』汲古書院、二〇〇三年、一二九頁

5 早稲田大学図書館所蔵記録文書二七C九『沈黄之巻』「宮島誠一郎文書」一八七七年

6 『東京日日新聞』一八八五年五月一三日午後

7 厳安生『日本留学精神史』岩波書店、一九九一年、一〇頁。尚、厳は一八九〇年に段芝貴、李鳳年ら七名を日本の教育機関に入学する予定を急遽変更し、公使館内に東文学堂を設立したとしている。

8 陳敏「清末の中国人米国留学の派遣と撤退—李鴻章が果たした役割を中心として—」立命館大学国際言語文化研究所『言語文化研究』第一二巻第四号、二〇〇一年、一九四頁

9 細野浩二「近代中国留日学生史の起点とその周辺」『史滴』早稲田大学東洋史懇話会、一九九一年、五八頁

10 閻立「「朝貢体制」と「条約体制」のあいだ—清末中国人の日本語学習の開始—」『大阪経大論集』第五八巻第六号、二〇〇八年、一〇八頁

11 前掲注(9)書、同頁

12 前掲注(4)書、一三〇頁

13 李若柏「中国における日本語教育の重要な課題—ハイレベルの日本語通訳人材の育成について—」『広島大学 留学生教育』第一〇号、二〇〇六年、七二頁

14 前掲注(7)書、同頁

15 前掲注(9)書、六二頁〜六三頁

16 同上書、同頁
17 同上書、同頁
18 同上書、五五頁
19 外務省外交史料館所蔵『在本邦清國留學生関係雑纂　陸軍学生海軍学生外之部』
20 同上書
21 同上書
22 「我邦に派遣されたる最初の清國留學生」『國士』第一号、造士會、一八九八年、三九頁〜四〇頁
23 瞿立鶴『清末留學教育』三民書局、一九七三年、一一六頁
24 嘉納治五郎講述、落合寅平筆録「柔道家としての嘉納治五郎（一〇）」講道館文化會『作興』第六巻第一〇号、一九二七年、二九頁
25 前掲注（19）書
26 前掲注（24）書、二九頁
27 講道館所蔵「弘文学院関係記録文書」の嘉納治五郎が楊枢公使に送った書状より。尚、この書状には年月日が記されていないが、楊枢が公使に着任したのが一九〇三年なのでそれ以降だと思われる。
28 前掲注（19）書
29 松本亀次郎『中華五〇日游記附　中華留學生教育小史・中華教育視察紀要』東亜書房、一九三一年、八頁によれば、「唐寶鍔、朱忠光、戢翼翬諸氏である」と全ての留学生の名前は明らかになっていない。また、さねとうけいしゅう『増補中国人日本留学史』くろしお出版、一九七〇年、一五頁によれば、「唐寶鍔・朱忠光・胡宗瀛・戢翼翬・呂烈煌・呂烈輝・馮誾謨・金維新・劉麟・韓壽南・李清澄・王某・趙某」としている。しかし瞿世瑛を留学生としていない、また名前が違う（李清澄ではなく李宗澄）、名前が不明（王某、趙某）、さらに年齢は一八歳〜三二歳と間違っている。年齢には触れていないが老松（一九七八）、細野（一九九一）等も同様である。
30 前掲注（19）書
31 講道館所蔵「弘文学院関係記録文書」

32 実藤恵秀『近代日支文化論』大東出版社、一九四一年、一八五頁。尚、同書は実等恵秀が、唐寶鍔に聞き取り調査をしたものである。

33 前掲注(7)書、一二八頁～一二九頁

34 黄尊三著、さねとうけいしゅう・佐藤三郎訳『清国人日本留学日記 一九〇五～一九一二年』東方書店、一九八六年、二九頁

35 講道館監修『嘉納治五郎大系』第一一巻、本の友社、一九八八年、一七二頁

36 さねとうけいしゅう『中国留学生史談』第一書房、一九八一年、九五頁

37 矢吹晋編、鈴木博訳『周恩来『一九歳の東京日記』一九一八年一月一日～一二月二三日』小学館、一九九九年、三九頁～四〇頁

38 二〇〇四年一二月一日に行った、筆者の鄭東耀氏に対する聞き取り調査より。祖父の鄭餘生が紹興から来日し、一八九九年、中国人留学生相手の中華料理食堂を神田で開店した。店名は付近に下宿していた中国人留学生によって、日本の明治維新に学んで祖国を再建したいという願いを込め命名された。二代目の父鄭勇昌から高級中華料理志向となり日中の高官、商社員が来店したという。現在は銀座、赤坂など四店舗を開業中である。

39 維新號所蔵記録

40 『家庭週報』第七五〇号付録、一九二四年、六月二四日によれば来客料理としての家庭料理講習会であり、講習内容は日本料理、西洋料理、支那料理であった。維新號開祖鄭餘生は同年七月二〇日と二二日に助手一〇数名を伴って講義を行った。

41 前掲注(19)書

42 同上書

43 「清國留學生卒業式」『國士』第二一号、造士會、一九〇〇年、七一頁

44 前掲注(32)書、一八七頁

45 同上書、一八七頁～一八八頁と、前掲注(34)書、一三頁～二〇頁と、前掲注(35)書、一六一頁～一六二頁と、阿部洋『中国の近代教育と明治日本』福村出版、一九九〇年、五八頁よりまとめたもの。

46 外務省政務局編纂『清國時報』第六号、一九〇五年、三二頁
47 同上書(1)、三九頁~四〇頁によれば、従来の教科書は中国語をもとにし日本語を考える教科書であった。また、不正確な箇所も多かった。しかし『東語正規』は、日本語の発音から始め、変体仮名、テニオハ等を扱ったという。つまり翻訳型教科書から留学生の誤用が多い発音、助詞を重視した教科書といえよう。
48 中村哲夫「科挙体制の崩壊」『講座中国近現代史』第三巻、東京大学出版会、一九七八年、一三四頁~一三五頁
49 外務省政務局編纂『清國時報』第二二号、一九〇六年、七四頁
50 講道館監修『嘉納治五郎大系』第一三巻、本の友社、一九八八年、四四頁
51 前掲注(43)書、七一頁
52 同上書、七二頁
53 同上書、七一頁

第2章　本格的清国人日本留学生教育へ
―宏文学院設立―

1. はじめに

嘉納が行った所謂初の留学生教育は清朝から高く評価された。それを契機に清国では日本留学が奨励され、留学生は急増していく。それに伴って日本国内では留学生教育機関が続々と誕生することとなる。

当時、留学生教育機関のパイオニアであり中心的存在であったのは嘉納治五郎率いる宏文学院である。従来の研究は留学ブームに至る過程での派遣政策の成立過程や政策の総体的な内容分析等が中心に行われてきた。しかし、明治期の留学生教育は類のない特質を持っているにもかかわらず清国の教育事情と日本の留学生教育の関係を十分に分析し論じたものは余り見当たらない。したがって、本章では宏文学院の設立までを追いながら、その過程に於いてどのような教育を行おうとしていたのか等を清国の教育事情との関係を分析し日本留学の特質を論じる。

2. 清朝留学政策と亦楽書院

所謂一八九六年の初の留学生の教育は、全員卒業できなかったにせよ、一応の成功を収め内外から評価を得た。嘉納はこの後も留学生の教育を続けるが命名せず、あくまでも私塾の形をとっていた。

一八九九年一〇月七日、嘉納はこの私塾に「亦楽書院《えきらく》」と名づけた。『論語』の「學而第一」に書かれてある「有朋自遠方來、不亦樂乎」に由来したものであろう。(1) これについて同年一一月一〇日発行の『國士』は以下のように報じている。(2)

> 然るに本年十月更に四名の留學生入院し、尚去月兩湖總督張之洞より派遣の分七名を加え、目下十三名の學生を見るに至れり。此に於いて、更に書院を亦楽書院と命名し、(後略)

小規模であったが、受け入れ機関を命名したことから嘉納は本格的に留学生教育に取り組む決心をしたといってよい。

この決意の背景に所謂初の留学生の教育の成功、そして開明派の官僚である張之洞からの派遣が大きかったといえよう。張之洞は一八九八年に一〇〇万部のベストセラーである『勧学篇』を著し、日本留学を奨励したことで知られている。これを機に直隷省や広東省など各省も次々に日本留学生を派遣するわけだが、謂わば彼は日本留学大号令をした中心人物なのである。亦楽書院に留学生教育を派遣した当時は、清国に於いて留学政策が開始したばかりであったのだ。

では、なぜ張之洞は嘉納に留学生教育を依頼し派遣したのであろうか。それは当時の清国の状況を見みなければならない。周知の通り清朝末期は阿片戦争、アロー号事件をきっかけに、欧米列強諸国によって清国は分割されていった。その一方で太平天国の乱等があり国内は乱れ、民族興亡の危機を認識することになった。この危機的状況に対し、曾国藩や李鴻章、張之洞らの開明派官僚が中心となり、欧米列強諸国から軍事技術、機械技術を導入し清朝を再建する「洋務運動」を展開した。

この洋務運動は欧米の近代技術さえ学べば富国強兵、清朝再建ができると考えていた。形だけのものであったといってよいだろう。しかし、日清戦争の敗戦によって、近代化の方法論や政策の無能ぶりが露呈されてしまったのである。これを機に欧米列強諸国は清国分割の加速度が加わった。

ここで「変法自強運動」が発生する。つまり、単なる技術導入だけでなく、政治、経済、社会、文化、教育等の国家制度そのものを改革することが叫ばれ始めたのである。この運動の中心人物が康有為、梁啓超らであった。一八九八年六月一一日、光緒帝は「即国是」の上諭を発布し、国政の徹底した改革(戊戌改革)を断行した。とりわけ富国強兵策と教育制度の改革が重視された。教育に関する改革の中に、外国、殊に日本留学を派遣することを定めた。ここに、清朝政府の留学生政策が打ち出されたのである。しかし、西太后ら保守派によるクーデターで、わずか約百日で挫折し、戊戌改革を断行しようとした変法派である康有為、梁啓超等は日本に亡命した。亡命者の中には日本に於いて学校に入学した者も少なくなかった。つまり留学の定義から逸脱した者が続々と登場するのである。

この後、張之洞ら洋務派官僚が再び登場する。彼等は変法派の政策を組織的且つ系統的に展開した。特に人材養成を重視し、科挙制度廃止、近代教育の導入、留学生派遣を推進した。特に積極的に日本留学を奨励したが、やみくもにそれを奨励したのではなかった。康有為、梁啓超ら変法派が立憲制、議会制、旧俗廃止を主張したのに対し、彼等はあくまでも清朝専制が基本である。あの有名な「中学を体となし、西学を用となす(中体西用)」、つまり、精神文化、精神的価値に関しては伝統的な学問文化を堅持し、その上で近代学問を受け入れるとした思想であった。張之洞は改革による思想変化に深く憂慮し「学校を考える者、固より其の規制の存する所を考えるべきといえども、尤も其の精神の寄る所を観るべし。精神が貫かれなければ、規制も亦徒らに存するのみ。実学を宗旨とすれば、一切の自由・平権の邪説は禁ぜずして絶える」と繰り返して強調したという(3)。そこで本格的に多数の留学生を派遣するに先立ち羅振玉を日本に派遣し日本教育事情並びに日本の教科書を収集させ調査させた。この調査報告に張之洞は、「其ノ国ノ明治二十三年頒ツ所ノ教育勅語及び其ノ国人ノ著ワス所ノ倫理教科書ハ、即チ皆ク中国古聖ノ述ベシ所ノ倫理道徳ヲ本トシテ根本ノ用ト為シ、能ク国勢ヲ強メテ民心ヲ固クスルニ足ル(後略)」と述べ、日本の教育が儒教徳目と近代化とを融合させたものと判断し評価したのであった(4)。

清朝は近代化が何よりも必要だと感じていた。そのためには人材養成の教育の近代化を行わなければならなかった。それと同時に伝統的儒教精神を無視するわけにはいかなかったのである。日本は改革と革新、そして従来の伝統思想と相対する両者を上手く解釈し遣り繰りができた。明治政府の天皇中心の国民思想と国民教育は制度の近代化・効率化と矛盾するものではなく、あくまでもそれと相即し、ときには制度の近代化・効率化が進むに比例して強力になった(5)。教育によって一君万民を成し遂げる日本の教育制度は清朝にとって魅力的に映り必要なものと考えた。さらに、日本の教育制度は儒教を基礎にした修身が残っていた。嘉納治五郎が清国教育視察に行った際も留学教育に儒教の重要性を再三強調し、張之洞を始め清朝の高官の共感を受けたのも当然であった。従来言われている日本を介して西洋を学ぶという論説を否定するつもりはないが、清朝政府と日本の留学教育関係者の間にはそのことが一番重要なこととはいえなかったといえよう。

張之洞の『勧学篇』より先、多くの日本人文武役人が日本留学を説く動きがあった。例えば陸軍参謀本部の宇都宮太郎と福島安正がそれぞれ張之洞と劉坤一に直接説いた。文人では駐清公使の矢野文雄がその代表であろう。

外交史料館所蔵『南支鐵道関係雑纂』に矢野が外務大臣の西徳次郎に宛てた公文書によれば日本側が経費を負担し清国人留学生を受け入れる提案をしている。(6)福建省の不割譲及び鉄道施設交渉中であり、留学生の受け入れによって有利に交渉を運ぼうとしたのであろう。さらに矢野は西徳次郎に宛てた『機密第四拾號』に於いて以下の事を述べている。(7)

留学生ノ教育ヲ引受クルベキ事ヲ申込タランニハ今度ノ要求ヲ成功背シムルニ効力アルベキノミナラズ我國ノ感化ヲ受ケタル新人才ヲ老國内ニ散布スルハ後來我勢力ヲ東亞大陸ニ樹植スルノ長計ナルベシ(後略)

交渉だけでなく大陸経営の思惑もあったのである。後に東亜同文書院等が清国と連合し欧米列強諸国の侵略勢力に対抗し清国が直面していた分割の危機に対する「支那保全」を訴える論調が出てくるが、矢野は早くも留学生との関係でこれらを考えていたのである。黄福慶によれば、彼等の申し出の裏には客観的かつ無意識的にどのような意図がひそんでいたかは別として、主観的には日清両国の親睦と提携を前提として、清国の青年を教育し、人材育成をしたいという誠意を持っていたようであるとしている。(8)嘉納治五郎や松本亀次郎のような教育者を始め、辛亥革命期には帰国費用までも留学生に施した者達のように身を削ってまで留学生教育を行っていたことからも的を得た論説であるといえる。

日本国内の民間からも留学生を受け入れるべきという論調が起こった。最初にこの留学受け入れの意義を唱えたのが国語学者で有名な上田万年であろう。一八九八年の『太陽』に於いて「清國の留學生に就きて」という論文でなぜ留学生が来日するか、そしてその教育の責任の重要性を論じ、国家事業として取り扱うべきであるとした。[9] 翌年、大島圭介は「清國に對する古今感情の變遷」と題する論文に於いて「希くは我文武官中關係の人は、其教導に誠意を竭し、衣食住の便を與へ、日夜誘掖して至懇の友情を盡し、今や昔時に受けし師導の恩義に酬ひ、而して彼の留學諸子も亦、朝夕の習學に黽勉し、他邦に在るの勤苦に耐へ、成業の後衣錦歸鄕の榮を擔ひ、將來兩國相愛し相敬するの情を肝膽に銘し、手の左右如く、車の兩輪の如く、相輔翊するに至ること、日夜翹望に勝へざる所なり。」と述べ、かつての文明国から得た恩恵への感謝の念から留学生を受け入れることを主張したのであった。[10]

しかし、このような動きは日本全体の国家事業とはならなかった。嘉納の側近であった横山健堂によれば陸軍の有力者である山縣有朋を訪問した際「貴君は如何なる考を以て支那人教育に従事せらるゝか知らぬが、陸軍でも福島たちは熱心にやつてゐる。自分は反對だ。」と言われたと回想している。[11] 前述の宇都宮太郎と福島安正らの動きに対し理解を示すことはなく、陸軍の総意とはいえないのである。また、前述した矢野の動きに対し、日本政府は矢野個人の考えに留まり望ましくないとし冷淡な態度をとった。[12] 日本側は留学受け入れを歓迎していたわけでなく、あくまでも一個人の志により留学生の受け入れを図ろうとしていたことがわかる。

その一方で清国側は正反対の反応を示した。矢野は留学生受け入れを清朝側にも働きかけていたが、山東観察御史の楊深秀は逸早く賛同し一八九八年六月に「請議遊学日本章程片」を上奏したのであった。翌年、総署は「遴選生徒遊学日本事宜片」を陳上し章程を作成した。その主な項目は以下の通りである。[13]

一、同文館の東文学生を数人酌派し、また南北洋大臣および両広・湖広・閩浙各督撫にも咨して、現に設けている学堂の中から年少穎悟にして粗ぼ東文に通ずる学生を選んで総署より日本の公使に通知して陸続派遣する。

二、派遣された学生の世話は駐日公使に任せる、したがって別に監督を派遣する必要がない。
三、総署より費用の数字を定め、各省官署からそのための経費を駐日公使に送り、随時支発する。

学堂に属している学生を留学生として派遣しようとしていることがわかる。彼等は官僚志望者であるので、この時期の留学生の多くは「末期官僚志向型」であったといってよい。この章程は対象を官費留学生に限ったものである。また、決して緻密な計画とはいえないが、ともかく清朝政府レベルに於いて留学が政策として位置づけられたといってよい。

こういった一連の状況も張之洞に『勧学篇』を書かせた一つと考えられよう。彼はその著書で日本留学の利点を以下のように述べている。[14]

遊学の国に至りては西洋は東洋(日本)に如かず、一．路近くして費を省き、多く遣すべし、一．華を去ること近くして考察し易い、一．東文(日文)は中文に近くして、通暁し易し、一．西学甚だ繁、凡そ西学の切要ならざるものは、東人すでに刪節して之を酌改す。中・東の情勢風俗相近く、仿行し易し。事半にして功倍すること、此に過ぐるものなし。

これが、『勧学篇』で有名な「同文、路近、費省、時短」というスローガンであり、速く安易に学を修めることができるということである。例えば同文同種という考えからくる、日本語と中国語の違いが小さいという点であるが、これに魅せられて留学した者は多いだろう。確かに漢字という共通の表記言語であるとはいえ、日本語と中国語は明らかに別の言語であり、大きな誤解である。詳しくは後述するが、こういった誤解が留学生の日本語学習観にも大きな影響を及ぼしたのも間違いないだろう。彼等の日本語学習観は歪なものであり、日本留学生活に影を落とすこととなる。一応は戦略的留学生政策を打ち出してはいるが、肝心の日本理解はこの程度である。この後、日本に対する大きな誤解を抱き大挙して来日する清国人留学生と日本社会との関係も、相互誤解の文化交流へと繋がっていく。

以上の経緯から、張之洞は嘉納に留学生教育を依頼したのである。当時、張之洞ら官僚らにとって、留学生教育機関の事情はけっして明るかったとはいえないが、嘉納を選び留学生教育を依頼し派遣したことは偶然ではないだろう。所謂初の留学生教育の成功を知っていたことは確かである。ましてや、嘉納は日本の教育界の重鎮であることも知っていたであろう。嘉納は確固たる留学生教育理念がなかったにしろ、留学生政策の中心人物からの受け入れ依頼であるから、断るわけにはいかなかったであろう。このことも嘉納が本格的に留学生教育を行うきっかけとなった一つと考えてよいだろう。

ただ、この時点では派遣側と受け入れ側の両者の温度差はあったことを見逃してはならない。派遣側は不備があるといえども一応留学政策なるものを作っていた。受け入れ側は総意としてまだ留学生教育を行う心構えはなく、意義も見出せないという状況であったのである。

3. 宏文学院設立

一九〇二年一二月、嘉納治五郎は牛込区西五軒町に「弘文学院」を創設する。当初は「宏文」ではなく「弘文」であった(便宜上本書では「宏文学院」に統一する)。嘉納は学院創設当時を以下のように振り返っている。[15]

其當時の學生が更りて他の新學生が來るといふ様になつて居る中に、當時の外務大臣小村侯爵（當時男爵）から、塾舎を更に擴張して學校をたてゝは如何かとすゝめられたので、いよゝ弘文學院といふ支那人教育を目的とする學校を設立するに至つた。

学院創設の直接的要因は留学生の増加により、彼等を収容できる塾舎の必要性が第一であったことがわかる。外務大臣小村からの薦めということから、多少は日本政府も介入しているといえよう。同年、文部省第一五号「文部省直轄學校外國人特別入學規定」が設けられる。これは駐日公使及び領事の委託、紹介のある者に限り文部省直轄学校への入学を許可したのであった。そして、宏文学院普通科卒業生は、無試験で文部省直轄学校へ入学を許可されたのである。特に優遇された措置といえる。ようやく日本政府は留学生教育に対し後押しする姿勢を示したのであろう。

神田区猿楽町一番地に住む山崎武兵衛所有の牛込区西五軒町三四番地所在の土地三千坪、建坪一二二坪五合の木造瓦葺平家の他、一二棟、計八八三坪五合の建物、庭園、木石、敷石、門、塀、付属小建物等を備えた邸宅を全て月賃借料二五〇円をもって校舎とした[16]。ここに弘文学院が誕生したのである。学院はさらに拡張していくこととなる。一九〇三年には大塚分校、翌年には麹町分校舎、真島分校舎、猿楽町分校舎、巣鴨分校舎を増設していく。最盛期の一九〇六年末には、学生数一五五六名、教職員数は一七四名に上り[17]、当時の留学生教育機関に於いて法政大学清国留学生法政速成科と並ぶ最大規模を誇ったのである。

その一方で上述の回想から嘉納の留学生教育理念をまだ見出すことができていないこともわかる。第1章でも述べたが、嘉納は「清国保全」「唇歯輔車」を柱とする日中関係と東アジアの平和に寄与するという戦略的留学生教育理念を持っていた。教育環境・設備を拡張したこの時点でもまだ芽生えていなかったことがわかる。嘉納

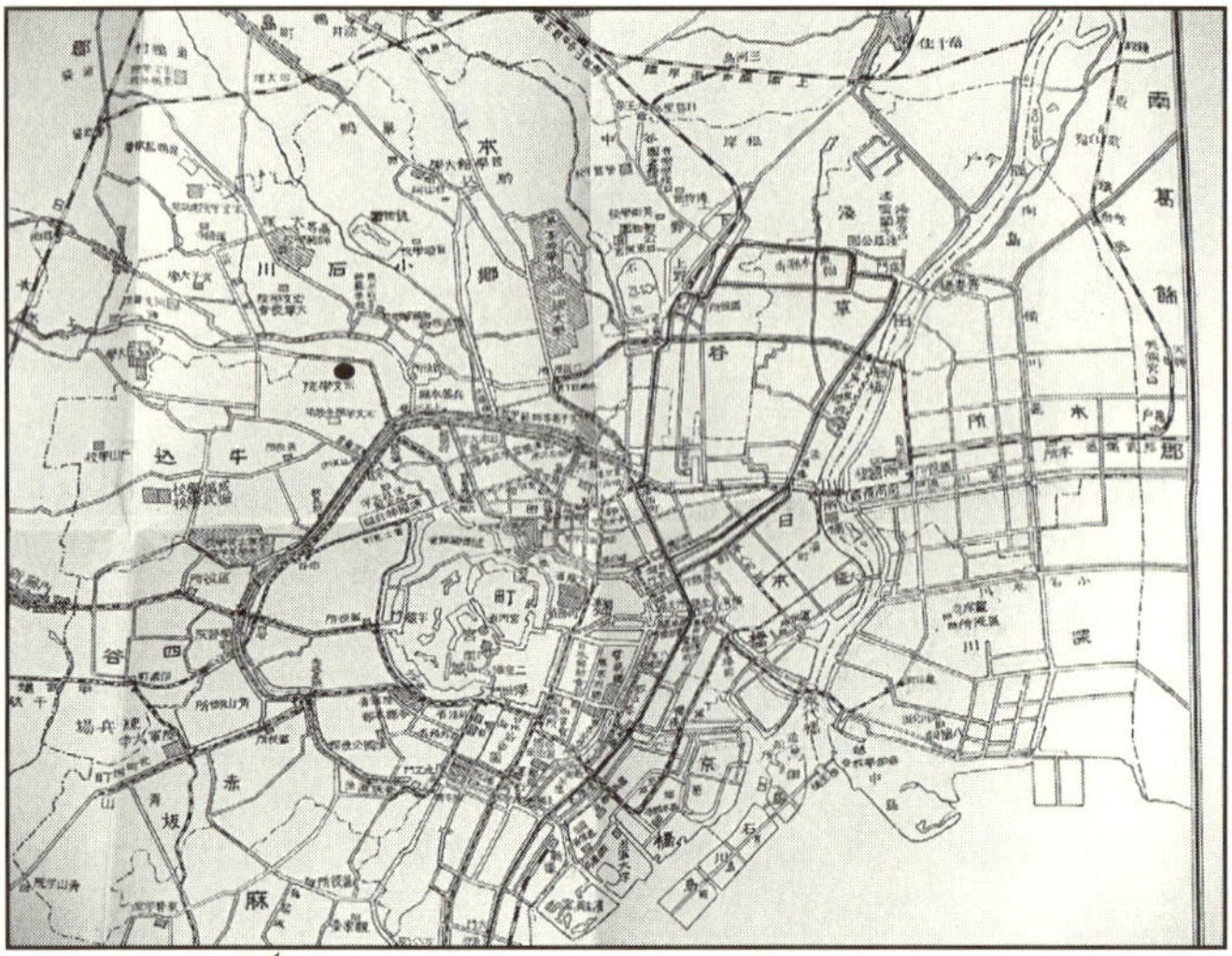

拡大図　●の場所が宏文学院

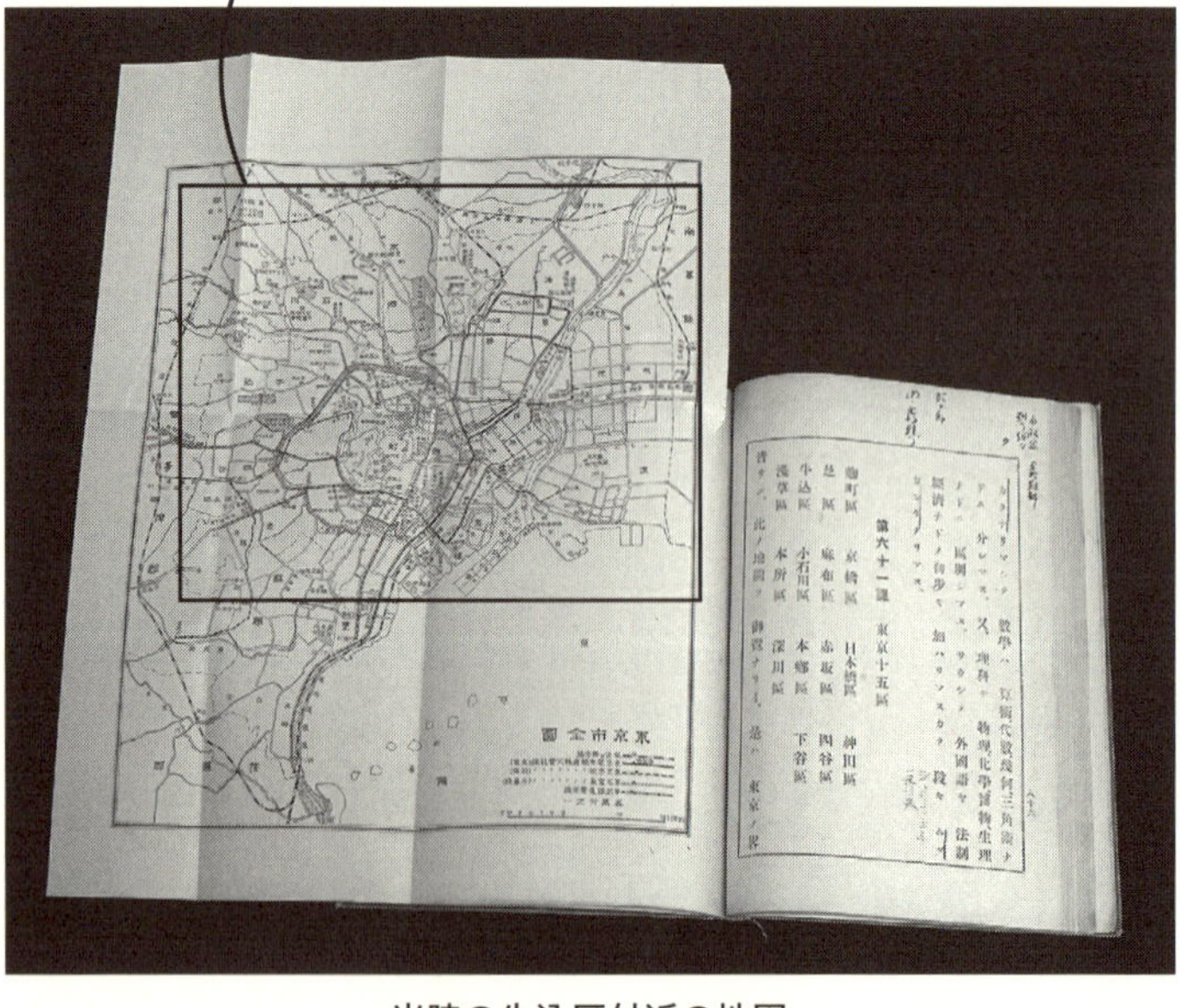

当時の牛込区付近の地図

＊宏文学院編纂『日本語教科書』第１巻　金港堂書籍 1906 年（國學院大學図書館所蔵）

ほどの社会的地位ならば自身の考えを公にする機会は数多くあるはずであろう。確かなる留学生教育の理念を初めて公に発表したのは一九〇二年五月一〇日発行の『國士』である。[18] 学院創設の翌年である。つまり、一八九六年以来、留学生等の中国人と交流し、六年間かけてそれを構築していったといえる。従来の多くの研究ではこの点が欠落しており、恰も最初から戦略的な政策・教育理念があるような印象である。したがって、この点を踏まえて中国人日本留学生史研究を行わなければならないだろう。

4．宏文学院教育主旨

一．清国教育状況との関係

宏文学院を設立し、嘉納はどのような教育を考えていたのであろうか。教育実態についての詳細は次章に譲るが、ここでは宏文学院の教育理念と清国の教育状況との関係を論じる。宏文学院の主意によれば以下の通りである。[19]

第一條　弘文學院本爲清國學生教授日語及普通教育而設以期培養成材
　　　本學院日後亦有添設課程或爲清國學生教授專門學科或爲日本學生教授清國語（後略）

日本語教育と普通教育を重視し、専門教育、さらに日本人学生に対する中国語教育も掲げていた。相互教育文化交流の観点から行おうとしたことは意義があり注目すべき点である。しかし、史料の関係上、日本人学生に対して中国語教育が実施されたかどうかは不明である。

詳しくは後述するが宏文学院の日本語教育は現代の日本語教育の礎を築いたといっても過言ではないほど充実していた。留学は、まず言語問題を解決しなければならない。したがって日本語教育は欠かせないものであると考え重視したといえよう。

普通教育であるが、これは明治期留学生教育の特色であるといってよい。嘉納の普通教育に対しての考えをまとめてみよう。[20]

・普通学は第一には精神の各方面を釣合よく発達せしむるために修むるのである。
・第二には国民として当然心得ねばならぬことを知了するために修むるのである。
・第三にはこの普通学の修養が地盤となって、それから後に専門の学問技芸が築き立てていかれる順序であるから、一切の建設に地盤の牢固という事が最大必要の条件であるごとく、普通以上の学問芸術に従事しようとするものに取ってもやはり大切である。

普通教育は基本中の基本であり、精神面はもとよりそれを修めなければ専門的な学問へ発展できないというのである。

留学生に対する普通教育の内容は中等学校程度の所謂「算学」「輿地歴史」「理科示教」等である。留学生の中には初等教育程度に達していない者もいた。一九〇五年、普通科に入学した黄尊三の日記によれば、入学式に嘉納に「中国の学生は、普通学が欠乏しているのでこれを補習しないと、高等専門の学問を修めることが出来ない。」と言われたと記している。[21]現に母国で十分な普通学を修めてないが故、基礎学力の問題で挫折して帰国する者もいた。[22]近代化に理解を示していた張之洞が湖北省に設立した経心書院の授業科目は、「中学為体、西学為用」から「経解(春秋、左傳、周礼等の経典に関する解釈)」「史論(史記等の論述)」「詞賦(古典詩賦)」を課題研究に加え、「外政」、「天文」「各致」「製造」を設け、必修科目を「算学」とした。[23] 一八九九年になるとさらに改定され、「四書大義」、「中国内政」、「兵法」、「天文」、「輿地」、「算学」、「経史」となった。[24] 一応は近代教育の基礎となる普通学を取り入れてはいる。しかし、相変わらず伝統的授業科目が中心といえよう。

ここで光緒末の清国教育事情を見てみよう。繰り返し述べているが、清国は近代化に必要な人材養成を急がなくてはならなかった。そこで学校教育に於いて「学堂」制度を広く普及しようと試みたのである。「学堂」の形式は西洋式を取り入れた。従来の「学校」は科挙制度に取り込まれている。それと区別するために「学堂」と称したのである。古くは一八六六年に福建船政学堂が設立され、その後、上海機器学堂、天津水師学堂、天津と湖北の両武備学堂等が設立された。アヘン戦争等、度重なる列強諸国との戦いに敗れたことから、曾国藩や李鴻章、張之洞等の洋務運動を背景に「西文(外国語)」、「西芸(軍事・機械技術)」を、日清戦争後は康有為と梁啓超の変法自強を背景に「西政(近代思想・法体系・経済学)」、「西学(近代学術)」の新教育制度実施が急がれたのである。また、一八九六年には京師大学堂の設立が打ち出され、より専門性の高い教育・研究機関として有能な官僚育成を目指した。しかし、「学堂」制度は一向に進展できなかった。戊戌政変や義和団事件が勃発しその普及まで手が回らなかったことが考えられよう。それ以上に大きな要因は科挙制度である。この科挙の呪縛によって、新教育機関では西洋技術の長を採用するに過ぎず、「学堂」を卒業しても立身出世が望めなかったのである。

義和団事件後、教育改革が清朝で問題となる。科挙が選抜する人材が時代の流れに合わなくなったことを思い知らされたからである。そして日清戦争敗北、一八九七年から翌年にかけて怒涛のごとく列強諸国による清国の分割競争が行われ、清国は未曾有の危機に陥った。

一九〇二年、張之洞等三名を管学大臣に任命、事実上閉鎖されていた京師大学堂へ管学大臣張百熙を派遣した。同年八月一五日、京師大学堂章程・大學堂考選入学章程・高等学堂章程・中学堂章程・蒙学堂章程より成る「欽定学堂章呈」を頒布したのであった。これは欧米や日本の遣り方に倣ったものではあるが、中国の近代教育制度の成立を告げるものであり、大きな転換期といえよう。

この「欽定学堂章呈」は、旧維新派の漢人官僚で管学大臣の張百熙の奏進するところであった。しかし、張への声望に対する満蒙官僚の不満や保守派の策謀等、当時の政情より「欽定学堂章呈」はほとんど実施されず事実上廃止された。そこで、表面的に改訂という名目で一九〇四年、一月一三日、「奏定学堂章呈」が定められた。これは「欽定学堂章呈」より学校制度的に整備されたものである。この立案にあたって形の上では張百熙、張蒙古正黄旗人の出身の栄慶、洋務派官僚の張之洞による共同で行われたとされている。しかし、実際の起草にあたったのは張之洞であるという。(25)

当時、各省へ学堂籌辦を命じたがあまり効果がなく、少数の外国留学生派遣に巨額を費やしていた。この状況に対して張は短期間に効果を上げる方法として十分な基礎教育を施した学生を留学させることを考えたのである。だからこそ学堂の充実が第一であり、小・中学堂はあくまでも大学堂の予備校的存在であったのである。張は洋務派官僚であるから、「中体西用」思想の濃い洋務派の人材育成が根本にあるといえよう。おそらく国民教育を充実することまで考えておらず少数エリート教育を第一に目的としていたのであろう。

このような清国の動きに対し文部省普通学務局長の沢柳政太郎は一九〇五年三月、国家学会で行なった講演「清国ノ新教育制度」の中で以下のように評している。(26)

此学堂章程ノ内容ヲ御話スルト云フコトハ、日本ノ現在ノ学制ヲ御話スルト云フコトト少シモ変ラナイ（中

略）実ニ大胆ニモ無遠慮ニモ日本ノ制度ヲ其儘ソックリ採ツテ居ル

沢柳の指摘通り「奏定学堂章呈」は日本の学制を範としたものである。この背景に当時、盛んに行っていた日本の教育視察の影響がある。例えば清朝政府の特使として派遣された視察官である劉学詢は「わが国と最も近く、類似する国は日本のほかにない。日本は昔我と同じく貧弱であったが、三十年間において、貧弱から富強へと発展し、諸列強と肩を並べるようになった。果たしてどんな方法によってこんなに発達したのであろうか[27]」と同類である日本の発展に驚嘆し、その方法を探りたい気持ちを出している。黄慶澄は、「西洋を学ぶこと、大いに成果があがっている[28]」と述べ、戴鴻慈は「日本は泰西に見習って、急速に富強となり、諸大国と対抗し合って譲らない。日本は奮い立って雄となり、その変通と振興はかくのごとく神速《ママ》である[29]」等のように僅かな期間で西洋に学び発展した日本を評価し、見習うべきだと主張している。後述するがこの僅かな期間の教育、つまり速成教育という物理的な事情が日本留学へ動いた大きな要因の一つである。

戊戌新政の康有為は、「日本がにわかに強くなったのは、盛んに学校を興したためである。（中略）その完備した学制は皆欧米を模倣したものであり、僅か三つの島からなる学校数は、我が国の十一倍にもなる。（中略）男女は皆学校に通い、人材として一人も浪費すること無く、また自らも才能を捨てず、人々は皆教育を受け、国のために用いられる[30]」と述べていることから、教育の普及によって人材を輩出し改革を進め、それが重要な役割であると認識していたからだ。したがって、日本の教育制度を模倣したのも自然なことであったといえる。

前述した通り、かつて「学堂」を卒業しても立身出世が望めなかった。つまり科挙が高い地位を独占しているかぎり、新式の「学堂」が人々の支持を得ることはできないのだ。いつの時代にも旧来の制度を廃止し、新制度を始めようとすれば抵抗勢力が働く。旧派の高官や政治家だけでなく、張之洞でさえ、当時は科挙改善だけで廃止までは唱えておらず、一九〇五年九月まで科挙は根強く残ることとなる。それでも何とかして新しい人材を採用せねばならない。そこで「学堂章程」とともに「学堂奨励章程」が設けられ、官位採用が着手されたのである。大学堂を卒業した者はその卒業成績により身分が決まる。最優秀者、優等者、中等者は進士を与えられ、それぞれ翰林院編修あるいは検討、翰林院庶吉士、六部主事に任命した。また、下等者は進士を与えられるが、さらに一年間大学堂に残り再試験の上、実官に就かせるのであった。高等学堂の卒業生は概ね挙人を与えられ、大学堂に入学させる。また、即時に就職希望者の中で最優等者は学務大臣に送り覆試の後、内閣中書または知州に、優等者は同じく学務大臣覆試の後、中書科中書または知県に任用、中等者は部寺司務または通判に補用し、下等者はさらに一年学堂に留り補習の後、再試験を行い応分の官に任用されるのであった。しかし、現実には京師大学堂に設置された師範館(学堂教習の速成)のように受験資格が挙人または生員(科挙のうち学校試に合格したもの)であることが求められる一方、予備科(芸科・政科)の卒業生に対しては進士ではなく挙人を与えられる。科挙の呪縛、つまり伝統的システムの影響を払拭することがいかに困難であったかの証左であろう。

学堂制度と官位採用問題はあるものの、図2からもわかるが学堂数は着実に伸びていく。また、表2からも小学堂が最も多かった。しかし、小学堂がかなり普及したといわれる一九〇八年の奉天省の就学率は、学齢児童の一一%である。さらに、学堂のみの就学率を厳密に見れば、わずか二~三%に過ぎなかったという。[31]「学部奏請変通初等小学堂章程摺」によれば「経費多ければ、即ち学校を立つること難く、課程繁なれば、即ち師資得ること易からず[32]」という。経費、教員不足がいかに新教育普及不振の大きな要因の一つであることがわかるだろう。

では、清国での教育はどのように行なわれていたのであろうか。嘉納治五郎が一九〇二年七月二一日~一〇月一六日まで行なった清国教育視察によれば以下のように述べている。[33]

各生徒は頭を左右に搖し、体を前後に動かし、額上青筋を張り、大聲を発し、論語、中庸、大學を無意味に音讀背誦せり。（中略）暗記は一日四十字を課すと云ふ。若し前日の暗記課程にして、盡く背誦し得ざる時は再び之を諳記課程にして決して前進せしめすると云ふ。

開学当時の京師大学堂では学生の多くは、挙人や秀才など旧来の科挙体制で育った士大夫層であったため、職員は彼等を「老爺(だんな様)」と呼び、体育の授業に於いて教師は「だんな様、左向け左、だんな様、右向け右」と号令をかけていたという[34]。外国人に「蒙養学堂に等しい[35]」と軽蔑されてしまうほどであった。

現場の教員は近代教育を施すことができないであるから、結局、伝統的科挙の読経・講経中心の教育となってまう。例え新式の学堂に所属していても、魯迅のようにその教育を頼りないものと感じ日本留学をした者が出てくるのも不思議ではないといえよう。

以上から、日本側は近代教育を十分に修めていない留学生を相手にしなければならなかったことがわかる。したがって、近代化の為の基礎、普通学を何とか修めさせようとした嘉納の決断は当然であり、それが日本留学の特質であることを十分に認識しなければならない。

二．人材教育と速成教育

宏文学院ではただ普通学だけを授けようとはしなかった。講道館所蔵の「宏文學院章程」によれば以下の事を述べている[36]。

一以培成警務官之材爲主一以從速造就師範之材爲

表２　宣統元年清国学校数

＊陳啓天『近代中國教育史』台湾中華書局 1969 年(民国 58 年) 49 頁より酒井作成

学　堂　種　類	学　堂　数	学　生　数
小　学	51,678	1,532,746
中　学	460	40,468
大学及び専門学校	111	20,672
実業学堂	254	16,649
師　範	415	28,671
合　計	52,918	1,639,206

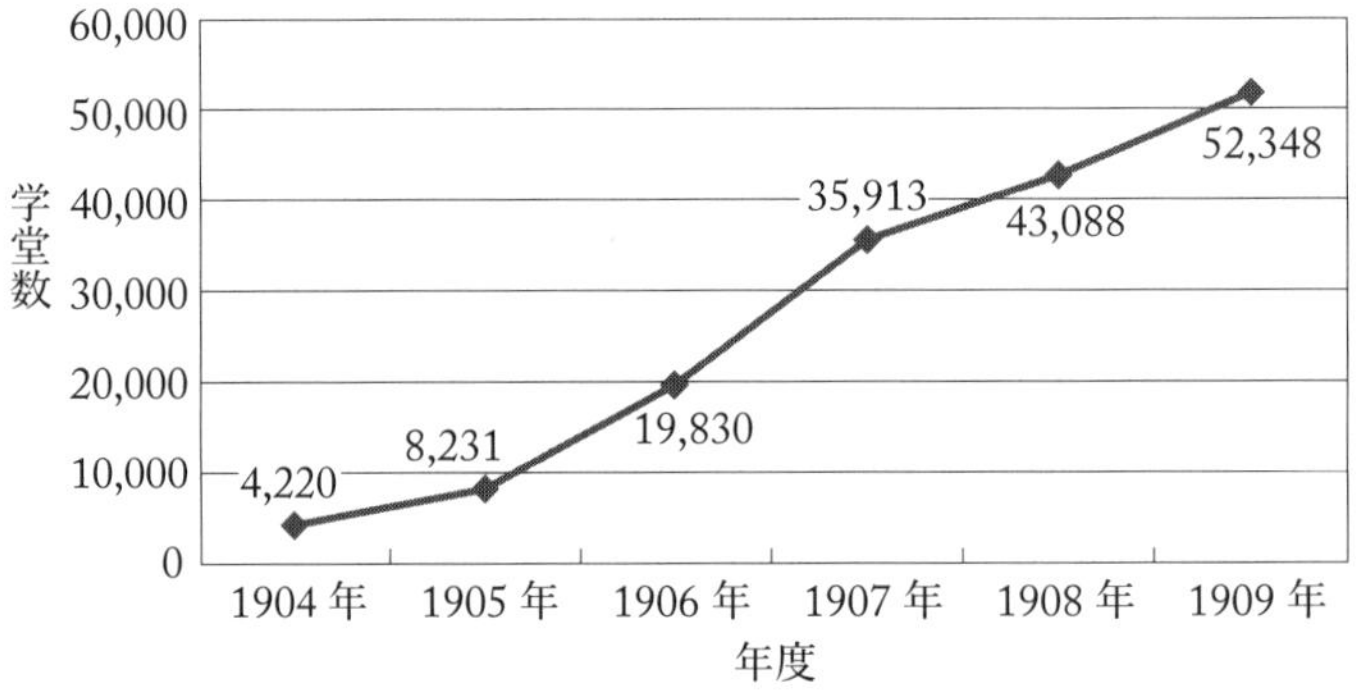

図２　清朝末期の学堂数

＊陳啓天『近代中國教育史』台湾中華書局 1969 年（民国 58 年）49 頁より酒井作成

これは「體察清國現在情形（清国ノ現在ノ情形ヲ体察）」としたものである。[37] 前述したように、清朝政府の教育の近代化政策に於いて優秀な教師が必要であったからだ。また、近代立憲国家に不可欠な警察官養成が急務であったからである。したがって、宏文学院では、清国の状況を見つめながら主にこれらの人材教育を行おうとしていたことがわかる。

次に設置学科を見てみよう。表3は一九〇六年一〇月末日調査の『宏文學院一覧』より作成したものである。相次いで来日する留学生や清朝政府並びに各省からのニーズに応えるため次々と学科が設置されていった。いかに早く専門の技術と知識を修得させなければならないので速成科が主流となっていった。また、表3以外にも速成警務科、速成学校用音楽科、直隷理化専修科、速成工業講習班等多岐に亘っており、さらに省別編制の班もあった。[38]

設置された学科は、普通科と速成科に大別されている。速成科というのは短期間で学を修めさせる所謂「速成教育」である。この速成教育こそ明治期の留学生教育の特色であり主流である。図3からもわかるように、宏文学院卒業生総数一九五九名の内、速成科卒業生は実に九三・四％（一八三〇名）と圧倒的な多数を占めている。表3から速成科は就業期間が定まっていないが、大半は六ヶ月から一年で留学を終えて帰国するのである。この速成教育について嘉納は管学大臣張百熙に対し以下のように述べている。[39]

貴國刻下の情況は、諸般の教育に於て速成的留學生を急とするの必要あるべしと雖、根底ある教育は決して速成を以て期すべからず、必ず普通教育を終りて專門教育に入り、深遠なる學理の研究に身を委せたるものに頼らざるべからず、今貴國に於て此の種の學生を遣派するは最も急務にして、一日を遲くるれば國運の進歩上一日を遲うすべし、故に速成的學生を派遣すると同時に、少年を派して他日深遠の學に依り、國家經營

の任に當るに堪ゆるものを養はざるべからず

清国にとっての速成教育の必要性を認めているが、普通教育と専門教育を長期に亘って行うことが国家再建にとって必要であり、その方法として速成教育の学生と共に少年留学生も派遣すべきと警告と提案をしている。言うなれば速成教育の不備を十分に認識していたのであった。この提案は一九〇六年に清国留学生派遣政策に一定の影響を与えるが、それは皮肉にも明治期清国人日本留学の終焉という形で戻ってくる。日本留学に対する「同文、路近、費省、時短」の手軽さを理由に続々と来日する留学生と清朝政府の強い要望を拒否することはできず、嘉納は真意を曲げてまでも速成教育を行わなければならなかった。

さて、再び図3を見てみよう。宏文学院では特に速成師範科が多い。これは嘉納が東京高等師範学校の校長であり日本の教育界の重鎮であったことも一つの要因であろう。

そもそも清国では言うまでもないが教師獲得は難しかった。新教育が始まったばかりなのでそれに対応できる教師の養成が遅れていたこともあるが、それだけではなかった。袁世凱の長子の家庭教師と北洋法政学堂教授を務めた吉野作造が帰国後以下のように述べている。[40]

清國の風習として大に教師を尊敬すとは、吾人の屢耳にせし所なるが、更に一歩を進めて、教師たるの職は彼等の之を奉するを喜ぶ所なりと思はゞ、大なる誤なり。少壮有爲の士は、寧ろ教育界に身を置くを以て大なる恥辱となす。彼等動もすれば口を開いて曰く、予は永く學校に職を奉ずる程の意氣地なしに非ず、遠からず某々の行政官に轉すべしと、從て彼等は學校の教職に熱心ならず。

表３　宏文学院設置学科と就業期間

＊講道館所蔵資料『宏文學院一覧』1906 年 10 月末日調査より酒井作成

設置学科	就業期間
普通科	3 年
速成普通科	卒業年限随時之を定める
速成師範科	
夜学速成理化科	
夜学速成警務科	
夜学日語科	不定

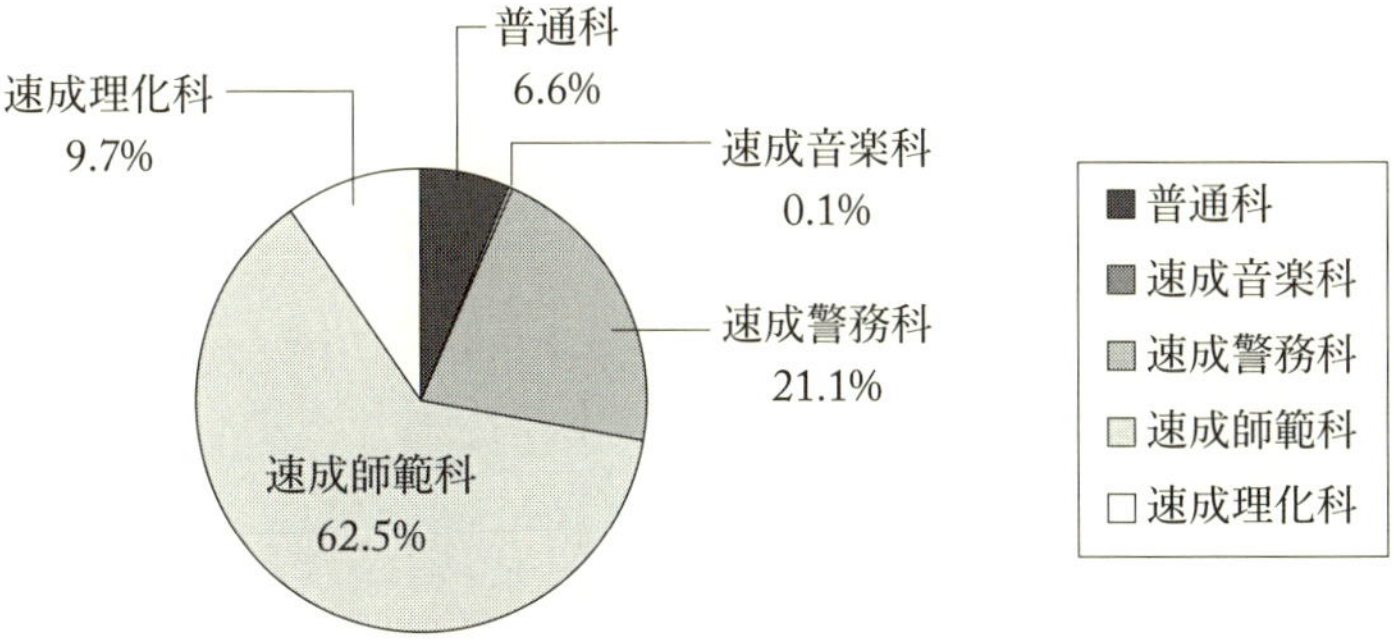

図３　宏文学院卒業生内訳

＊講道館所蔵「宏文学院関係史料」阿部洋『中国の近代教育と明治日本』福村出版 1990 年 32 頁より酒井作成

時代は下るが東亜高等予備学校学生である趙尊重は「私の進路」という作文で以下のように述べている。(41)

今我が國は非常に混乱の状態に陥って居ることは事実です。その原因は、同胞が誰でも偉い人物になろうと思ふからであります。私はこれに鑑みて、一番卑しい仕事をしたいのです。小學校の教師でも中學校でもよい。

また、一九〇二年初めまで在東京留学生について『新民叢報』は「二七〇人のうち師範学校希望者はわずか六人、即ち四五人に一人しか、教育を志す者はいない」と述べている。(42)彼等にとって教師は魅力的な職業ではなかったといえよう。これでは清朝末期はもちろんのこと民国に於いても優秀な教師が慢性的に不足することとなり、近代教育を授けることは無理な話である。

このような状況であるから嘉納は師範教育が急務であったのは痛いほど理解していた。それ故清国で「完備せる師範學校を設定するを得るに至るまでは、暫く速成師範學校を興して以て刻下の急需を充たすも可なる」(43)と速成教育もやむを得ないとし、留学生への速成師範教育は「普通教育の知識を授けると同時に、師範生に教えることの楽しさを感じさせ、教育という仕事の重要性を認識させることが最も大切である」と強調したのであった。(44)したがって、速成師範科に力を注いだ宏文学院だからこそ数少ない大陸の教員志望者が挙って入学したといえよう。

三．学院名改称へ

一九〇六年、「弘文学院」から「宏文学院」と改めることとなる。この改称の過程が後に教育機関が留学生に接する姿勢を決定付けた典型的な出来事と考えられるのでみてみよう。乾隆帝が「弘暦」であるため、留学生の中、特に旗人が「弘」を使うことを好まなかったからだとしている(45)。しかし、単純にこの理由で学院名改称をしたのだろうか。当時の留学生界の状況を検証しながら見ていくと、そこには宏文学院並び日本側の留学生に対する接し方の不満から学院名変更に至ったと推測できる。

一九〇六年という年は明治期の清国人留学生数が最高となったときである。確かな数字は定かではないが、一説によれば一万名とも二万名ともいわれている。この前年に、留学史上揺るがす騒動が起こった。所謂「留学生取締規則」反対運動である。これについて、多くの先行研究で論じられているので、ここで詳細は述べないが、簡単に触れておこう。一九〇五年一一月、文部省は省令第一九号「清國人ヲ入學セシムル公私立學校ニ關スル規定」を公布した。これが所謂「留学生取締規則」である。全一五条からなる規定を見る限り、激増する留学生を保護するために、学店、学商を撲滅し、公私立の留学生教育機関を文部省の監督統制をし、文教面からの日清友好を促進するものである。何等問題はないと読み取れる。それにもかかわらず、なぜ八〇〇〇名の留学生が一斉にストライキを起こす同盟休校をし、ついには自殺者まで出し、二〇〇〇名程が退学し帰国してしまい、政治問題に発展してしまったのであろうか。留学生にとって認め難かったのは、第一条の入学の際入学願書に清国公使館の紹介状が必要であること、第九条の留学生を受け入れる学校は寄宿舎または学校の監督下にある下宿において校外の取締りをすること、そして第一〇条の性行不良のため他校を退学させられた者を入学させてはいけないという箇所である。阿部洋によれば清朝政府の意向を受けて留学生の反政府運動の規制を強化する狙いもあり、「学店、学商の規制」を口実に留学生の政治運動を取り締まるものであるから反発したという(46)。ただ、先行研究では指摘されていないが、宏文学院生であった黄尊三の日記によれば、留学生は取り締まり規則の内容すら知らず、しかもその詳細を調べることなくストライキに賛同する者が多かったという。(47) 留学を隠れ蓑に革命運動を目的に来日した者達が主導権を握り、留学生を煽っていたと考えられよう。

その一方で退学や帰国に消極的な留学生らも数多く存在していた。彼等の多くは「国家近代化型」「末期官僚志向型」の学生であった。また、彼等は懐中に短剣を持つ糾察員を恐れその意を表せなかった。現に宏文学院内で、学生が糾察員に刺された事件までも起こっている。同年の年末、帰国反対の留学生による留学界維持会が組織され、やがて復校へと機運は傾き、翌年一月にこの騒動は終息した。

実は同盟休校を呼びかけたのは宏文学院の学生からであった。この騒動について講道館所蔵記録に「全留學生不滿ヲ稱シ聯盟休業シ退學スルモノ多シ(48)」と記されている。本校と五つの分校を擁していたが、帰国した学生が余りにも多く、その内の三つの分校を閉鎖するほどであった。宏文学院に於いてもそれだけ騒動は激しかったといえよう。

この時点で既に嘉納は留学生教育に対し確固たる理念を持っていた。留学生教育を継続するためにも文部省と歩調を必ずしも合わせようとしなかった。ひたすら騒動を鎮めるのに苦慮しながら対処していたのであった。一九〇六年一月一五日、ようやく宏文学院は一般学生の授業再開にこぎつけた。この様子を講道館所蔵記録は「然レドモ尚學生ノ出席區々ニシテ一班一二名ノミ出席シ或ハ一班全部出席セザルアリ(49)」と記されており、まだ少数の学生しか出席していなかったことがわかる。そして、奇しくも同日に学院名改称の届けを東京府と文部大臣に出している。(50) とても偶然の一致だとは考えられない。

嘉納はこの騒動の激しさを目の当りにし、恐れを抱いたであろう。第7章で論じるが実は学院生は他の留学生教育機関である成城学校等にコンプレックスを持っており、積もりに積もった不満はきっかけさえあれば同盟休校にも発展するのも不思議ではない。嘉納としてはとにかく早急に留学生らの感情を鎮め、以前通りの授業を再開しなければならない。その為には留学生の不満を少しでも解消し、学院そのものが生まれ変わったことを示す必要があったのであろう。そこで嘉納が目に付けたのは以前から「弘」を使用することを嫌う留学生の存在であった。学院名改称により、学院が心機一転、変革した旨を示すことで一気に解決しようとしたのではないだろうか。

嘉納の側近であった横山健堂は「所謂面子といふものに拘泥する支那人氣風が遺憾なく暴露したとともに、吾が支那人教育家にも反省を與ふることが少なくなかつた[51]」と述べているほどであるから、学院名称を改称し、留学生への気遣いを示したものといえよう。嘉納を始め当時の日本人知識人は明治以前から漢学に親しんでおり清国人像がわかっていたつもりであったが、所詮机上の論語の世界である。間近に接し、実態を見せ付けられたときの驚きは相当なものであったであろう。

尚、こういった留学生の騒動は大小問わず頻繁に生じており、明治期に於ける清国人留学生界の特徴の一つであるといってよい。宏文学院でも例外ではなかったのである。詳細は後述するが、嘉納が思い描いていた儒教観の中での留学生像が崩されることとなる。

5. まとめ

確固たる留学生教育理念はまだなかったが、嘉納は亦楽書院と命名することによって本格的に留学生教育に乗り出した。留学生数が順調に増加するに伴い拡大拡張させ宏文学院設立に至った。

当時、清朝にとって諸制度の近代化、清王朝を頂点とする旧体制の維持という矛盾に満ちた改革を行わなければばならなかった。そこで、明治日本が行った儒教徳目と近代化とを融合させた国民教育普及による国民統合は清朝にとって魅力的なものであった。従来の西洋を介して日本に学ぶ以上にこの点を注目しなければならない。

その一方で清国の教育事情は新式学堂の普及も不調であり、近代教育の基礎である普通学を修めることは無理に等しかった。また、近代教育を支える教員が不足しており、その要因の一つに職としての教員は人気がなく志望者が少なかったのである。嘉納はこれらのことを考慮し、「清国国情に即した教育」を急務に行うことを第一とし、特に普通教育と師範教育に力を入れ、短期間で修めさせる速成教育を行うこととなる。ここに日本留学の特質が誕生することとなった。そして、近代教育の基礎である普通教育、それを担う師範教育を日本留学で行うことは、日本が清国の教育権の一部を握っていたことを意味するのであったといえよう。

注

1 金谷治訳注『論語』岩波書店、一九六三年、一九頁
2 「亦樂書院の清國學生」『國士』第一五号、造士會、一八九九年、六七頁
3 汪婉『清末中国対日教育視察の研究』汲古書院、一九九八年、一〇三頁
4 蔭山雅博「宏文学院における中国人留学生教育―清末期留日教育の一端―」『日本の教育史学　教育史学会紀要』第二三集、一九八〇年、五九頁
5 寺崎昌男編集委員会共編『近代日本における知の配分と国民統合』第一法規、一九九三年、六頁
6 外交史料館所蔵『南支鐵道関係雑纂』第一巻
7 同上書
8 黄福慶「清末における留日学生派遣政策とその展開」『史學雜誌』第八一編第七号、一九七二年、三九頁

9 上田萬年「清國の留學生に就きて」『太陽』第四巻第一七号、一八九八年、一〇頁～一五頁
10 大島圭介「清國に對する古今感情の變遷」『太陽』第五巻第一〇号、一八九九年、五頁
11 横山健堂『嘉納先生傳』一九四一年、講道館、一六〇頁
12 前掲注(6)書
13 前掲注(8)書、四一頁
14 さねとうけいしゅう『増補　中国人日本留学史』くろしお出版、一九七〇年、四一頁
15 嘉納治五郎講述、落合寅平筆録「柔道家としての嘉納治五郎(一〇)」講道館文化會『作興』第六巻第一〇号、一九二七年、二九頁
16 老松信一「嘉納治五郎と中国人留学生教育」『講道館柔道科学研究会紀要』一九七八年、八五頁
17 講道館所蔵「宏文学院関係史料」
18 「清國」『國士』第四四号、造士會、一九〇二年五月一〇日、二頁～五頁によれば以下の通りである。

若し歐米の諸強國が清國の分割の爲相争ふに及べば清國と唇歯輔車の關係に立てる我日本は必然爭亂の渦中に投ぜらるべく其我國に及ぼす禍害の大なるべきは言を俟たざるなり。故に清國の保全發達は唯清國自身の爲のみにあらず我國をして争亂の渦中に投ずる　の不幸を免れしめ又歐米諸強國をして衝突の原因に遠からしむるものなれば清國は必ず保全せられ自ら防禦し發達し得る様之を助けざるべからず。然して其保全發達を助くるに於いては我日本國の最も適任なること疑ひなし。(中略)予はかくの如き考を有するが故に今回宏文學院といへる學校を起し、清國より我國に來りて諸種の學問を爲す學生爲に便宜を與ふることゝせり。

19 講道館所蔵『弘文學院章程要覧』。尚、老松信一「嘉納治五郎と中国人留学生教育」『講道館柔道科学研究会紀要』第Ⅴ輯、一九七八年、八六頁の日本語訳によれば以下の通りである。

弘文学院ハ清国学生ノタメニ日語及ビ普通教育ヲ教授シ、以テ培養スルヲ期スルモノナリ。本学院ハ後日マタ課程ヲ

添設シ、或ハ清国学生ノタメニ専門学科ヲ授シ、或ハ日本学生ノタメニ清国語言ヲ教授スルコトアリ(後略)

20　講道館監修『嘉納治五郎大系』第七巻、本の友社、一九八八年、一五七頁
21　黄尊三著、さねとうけいしゅう訳『清国人日本留学日記』東方書店、一九八六年、三一頁
22　沈殿成主編『中国人留学日本百年史・上』遼寧教育出版、一九九七年、一八一頁~一八二頁
23　邵艶・船寄敏雄「清朝末期における留日師範生の教育実態に関する研究─宏文学院と東京高等師範学校を中心に─」『神戸大学発達科学部研究紀要』第一〇巻第二号、二〇〇三年、八一頁
24　同上書、同頁
25　阿部洋『中国の近代教育と明治日本』福村出版、一九九〇年、三三頁
26　同上書、三三頁~三五頁
27　汪婉『清末中国対日教育視察の研究』汲古書院、一九九八年、八〇頁
28　同上書、四一頁
29　同上書、八一頁
30　同上書、六二頁
31　多仁安代「清国学生の役割を再評価する」『政治経済史学』第四四八号、二〇〇三年、七頁
32　阿部洋『中国近代学校史研究─清末における近代学校制度の成立過程─』福村出版、一九九三年、二一頁
33　柿沼谷蔵「嘉納会長清国巡遊記」『國士』第五二号、造士會、一九〇三年一月二〇日、三一頁~三二頁
34　大塚豊「中国近代高等師範教育の萌芽と服部宇之吉」『国立教育研究所紀要』第一一五集、一九八八年、四九頁~五〇頁
35　小林善文『中国近代教育の普及と改革に関する研究』汲古書院、二〇〇二年、一四二頁
36　前掲注(19)書。尚、日本訳文は蔭山雅博「宏文学院における中国人留学生教育─清末期留日教育の一端─」『日本の教育学　教育史学会紀要』第二三集、一九八〇年、六〇頁によれば以下の通りである。

一ハ警務官ノ材ヲ培養スルヲ以テ主トシ、一ハ従速ニシテ師範ノ材ヲ造就スルヲ以テ主ト為ス

37　同上書
38　講道館所蔵「宏文学院関係史料」
39　『教育界』第一巻第二号、一九〇二年、一三二頁
40　『國家學會雑誌』第二三巻第五号、一九〇九年、一三五頁〜一三六頁
41　『日華学報』第八四号、一九四一年、二六頁〜二七頁
42　厳安生『日本留学精神史』岩波書店、一九九一年、七八頁
43　嘉納治五郎「清國教育私議」『太陽』第一三巻第一号、一九〇七年、五二頁
44　繆荃孫「日遊彙報編」三頁〜九頁『晩清中国人日本考察記集成　教育考察』上　杭州大学出版社、一九九九年所収
45　前掲注(14)書、六七頁。嘉納先生伝記編纂会『嘉納治五郎』講道館、一九六四年、一七四頁によれば、乾隆帝の諱が弘暦であるため、旗人出身留学生の中には弘文と書くのを好まなかったためという。
46　阿部洋『中国の近代教育と明治日本』福村出版、一九九〇年、一一三頁〜一一四頁
47　黄尊三著、さねとうけいしゅう・佐藤三郎訳『清国人日本留学日記　一九〇五〜一九一二年』東方書店、一九八六年、七一頁〜七二頁
48　前掲注(38)書
49　同上書
50　東京都公文書館所蔵『明治卅五年文書類纂　第一種學事』一九〇二年
51　横山健堂『嘉納先生傳』一九四一年、講道館、一六八頁

第3章　宏文学院留学生教育の実態

1．はじめに

清国人日本留学研究で教育実態についての研究が最も遅れている。その理由として現存する史料が極めて少ないことが第一に挙げられる。しかし、解明されていないにもかかわらず当時の留学生教育がお粗末なものであり、それ故、日本留学生の評価が低いものであると定説になっているのは疑問である。さらに、当時の主な留学生教育の内容は普通教育と速成教育、そして日本語教育という特質がある。、学堂制度になったといえども依然科挙制度の影響下で教育を受けてきた留学生にとって、異国の地で初めて本格的な近代教育を受けるといっても過言ではない。そのような留学生にどのように教育を授け、留学生が反応したかという教育文化交流を探る必要がある。

以上から本章では講道館所蔵の宏文学院関係史料等から出来る限りの分析を試み論じてみる。

2. 普通教育の実態

宏文学院が定めた履修科目と授業時間数を表4に示した。大概に普通学を学ぶと決めている。例外としては速成警務科と速成学校用音楽科が日本語と普通学を学ばせず専門科のみであるのが特徴である。この普通科は専門学に必要な準備と基礎であり、所謂初等・中等教育レベルである普通学を学ぶのである。特に普通科は日本語教育に費やす時間が非常に多い。速成科では通訳付きで授業を行っていたのに対し、普通科は通訳を付けず行っていたのでこの時間数は当然であろう。何れにしろ日本語教育と普通学教育を中心とした嘉納の教育方針が出ているといえよう。

普通科の場合、科目数が非常に多い。当時の日本の中学及び師範学校と比べても授業時間数は少ないものの科目数は同数であった。したがって、なるべく日本の教育スタイルを授けようとしていたことがわかる。週三三時間の普通科であるが、規則通りならば月曜日から金曜日まで毎日六時間、土曜日は三時間である。普通科の共通科目は第二学年まであるので、二年間の週当たりの授業時間数の比率は、「日本語　四六・五%」「算学・代数・幾何　一七・七%」「体操　一五・二%」「理科示教・理化　九・一%」「輿地歴史　七・六%」「修身　三・〇%」「図画　一・〇%」である。

これらの時間数の差は何を意味しているのであろうか。前述したが普通科の留学生は授業に於いて通訳が付かない。よって「日本語」の授業は最も重要であるから多くをそれに費やすことは何ら不思議ではない。「算学」については、留学生が最も苦手としている科目である。これについて後述の所謂初の留学生の教育実態でも論じることにする。「体操」については、特に士大夫層は肉体を動かすことは下層の民のすることと考えており、清国ではほとんど行っていなかった。したがって、多くの清国からの教育視察でも「体操」について言及され興味を示していた。学部の「奏請宣示教育宗旨摺」に日本の師範学校の「体操」について「ボール投げや相撲が日常の科目とされ、運動・競争の大会が特別に設けられている。(中略)中国もこの方法を採用して実行すれば、月日とともに徐々に染まり、慣習となるであろう」と感心している。[1] また、宏文学院でも取り入れていたが、特に「兵式体操」に注目していた。

沈翊清は日本の各学校で陸軍学校と違うにもかかわらず兵式体操を課していることに「この国が武を尊ぶことがわかる」とし、その視察日記『東遊日記』では「幼稚園では、三才以上、六才以下の男児女児が、二人の保母さんに導かれて隊列を作り、前後左右にリズムに合わせて動き、交互に動いたり止まったりして、ばらばらに動いているように見えながら、実はきちんと順序正しくまとまっている(中略)」と当時の清国では想像もつかない幼児の動きに驚いたようである。[2] 尚、留学生も「体操」に強い興味を持っていた者がおり、水泳、スケート、スキー、乗馬、登山、柔道等のスポーツを活発に行っていた。講道館所蔵記録にも魯迅こと周樹人が嘉納治五郎の門下で柔道を行っていた記録が残されている。

逆に時間数の少ない「理科示教」については所謂初の留学生の教育実態では平均点が最高であり短時間で学習効果が出やすいと思われる。「修身」については、日本側は留学生が儒教観を身についており、留学生にとって身近なものと考えていたであろう。

以上のことから宏文学院設立以前からの教育を分析し考慮した結果、留学生にとって最も未知なもの且つ苦手な科目に時間を費やしていたといえよう。また、嘉矢の留学生教育でもそうであったが、留学生にとって普通学は相当負担がかかる。それ故これら全てを一学期から行わなかったのであろう。嘉納が行おうとした留学生教育に細やかな配慮があるといってよい。

表４　各学科履修科目及び時数

①〜⑥講道館所蔵『宏文学院一覧』1906 年 10 月末日調査、⑦〜⑪清国公使館遊学生監督処『官報』1907 年〜 1908 年より各々酒井作成

①普通科第１学年

	第 1 学期	第 2 学期	第 3 学期	合計時数
修身	1	1	1	3
日語	27	17	12	56
輿地歴史	0	5	5	10
理科示教	0	0	5	5
算学	0	5	5	10
体操	5	5	5	15
合計時間	33	33	33	99

②普通科第２学年

	第 1 学期	第 2 学期	第 3 学期	合計時数
修身	1	1	1	3
日語	12	12	12	36
輿地歴史	5	0	0	5
理科示教	5	0	0	5
算学	5	5	0	10
幾何学	0	0	5	5
代数学	0	5	5	10
理化学	0	4	4	8
図画	0	1	1	2
体操	5	5	5	15
合計時間	33	33	33	99
英語（随意）	6	6	6	18

③普通科第３学年第１部

	第 1 学期	第 2 学期	第 3 学期	合計時数
修身	1	1	1	3
日語	9	9	10	28
三角術	0	0	5	5
歴史及世界情勢	3	4	5	12
動物学	3	3	0	6
植物学	2	2	0	4
英語	10	9	7	26
体操	5	5	5	15
合計時数	33	33	33	99
合計時間	33	33	33	99

④普通科第３学年第２部

	第 1 学期	第 2 学期	第 3 学期	合計時数
修身	1	1	1	3
日語	6	6	6	18
幾何学	3	3	4	10
代数学	3	3	0	6
三角術	0	0	5	5
理化学	3	4	5	12
動物学	3	3	0	6
植物学	2	2	0	4
図画	1	1	1	3
英語	6	6	6	18
体操	5	5	5	15
合計時数	33	＊34	33	100

＊原資料では第２学期合計時数は 33 である。おそらく合計時数は 99 であろう。

⑤速成警務科(修業期間7ヶ月)

	時数
警察学大意	2
行政警察	2
司法警察	2
高等警察	1
消防警察	1
衛生警察	2
医薬警察	1
警務要則	1
体操	2
合計時数	14

⑥直隷理化専修科　修業期間1年

算術	代数	平面幾何学
物理学	化学	教授法

⑨第2高等理化速成

算術	幾何	代数
物理	化学	三角

⑦速成師範科文科生

日語	日文	心理	教育	教育史
制度	管理法	教授法・編纂法	算術	代数
幾何	理化	博物	地理	歴史
論理	倫理	法制・経済	図画	体操

⑧速成師範科理科生

日語	日文	心理	教育	教育史
制度	管理法	教授法・編纂法	算術	代数
幾何	物理	化学	動物	植物
生理・衛生	地質・鉱物	倫理	図画	体操

⑩湖北普通班(速成)

日語	英語	地理	歴史
算術	代数	幾何	物理
化学	植物	動物・生理・鉱物	図画

⑪速成学校用音楽科(修業期間1年)

唱歌	音楽理論	風琴(オルガン)練習

さて、多くの留学生は近代教育を初めて受ける者達である。彼等は順調に学習ができていたのであろうか。游学生監督処の『官報』[3]に宏文学院の留学生の成績表が残されている。相対的に優秀な成績が残されているが、額面通り受け取るのは危険であろう。これは試験問題、答案用紙、評価基準等が不明であり、教師の主観的評価も十分に考えられるからである。ここに講道館所蔵の所謂初の留学生の答案用紙があるが、多少の教育程度の差はあるものの宏文学院や他校の普通教育の実態を理解する上で極めて有力な手掛かりとなるので、論じてみる。

所謂初の留学生の答案用紙は一〇名の留学生(胡宗瀛、唐寶鍔、金維新、瞿世瑛、劉麟、呂烈輝、呂烈煌、朱忠光、戢翼翬、馮誾謨)のものである。それによれば彼等は「東語(日本語)」「理科」「算術」「地理」「歴史」を学習していることがわかる。[4]これら以外にも「英語」「体操」も行なっていたという。[5]『國士』第一号によれば「或ものは他の専門の學科を修むる豫備として、英語、數學、理化博物学、地理、歴史等を修むること、なるべし」ということから、各留学生の修める学科に沿って授けていたことがわかる。[6]「体操」に関しては嘉納が学生及び職員の健康・体力の向上に特に留意し、奨励していたことから行われていたであろう。[7]尚、「理科」と「体操」は東京高等師範学校で行なわれたが、[8]これは三崎町の嘉納塾校舎にはその実験道具や施設がなかったからだろう。

さて、この試験実施日であるが「算術」と「歴史」と「地理」は一八九八年八月である。「東文(日本語作文)」は課題の一つが「歳晩述懐」とその内容から一八九七年一二月末、また、「理科」は一八九八年七月と推測できる。[9]それでは日本語以外の科目を見てみよう。試験科目及び問題は以下の通りである。[10]

1. 理科(全七問)

一. 蓮ノ葉又ハ水鳥ノ羽等ニ水ノ滴ルトキ轉々球状ヲナシマスワケヲ解ケ

二. 堅硬性受展性應抽性ノ最モ高キモノ各一ツノ品名ヲ問フ

三．淡水ニ食塩ヲ溶解スレバ重クナリマス如何ナルワケデセウ

四．水ヨリモ重キ固体ノ比重ヲ見出ス仕方

五．火事場ニハ何故カ其近傍四方ヨリ風ノ起ルモノナリ其ワケヲ説明シナサイ

六．ヒーロー氏噴水器ノ圖

七．兩國橋ニテ烟花ヲアゲテ居ルヲ御茶ノ水橋ヨリ見マシタニ發射ノ光ヲ見テカラ五秒間スギテ音ヲ聞キマシタ此ニ橋ノ距離何程

2．算術（全二問）

一．分數ヲ分數デワル方法ト理論トヲ示シナサイ

二．或ル數ヲ九デ割ルコトガ出來ルカ出來ナイカト云フコトヲ早ク知ル仕方ハ如何デスカ又其ノワケハ何デスカ

3．地理（全四問）

一．日本ノ政治組織ヲ述ベヨ

二．北海道ノ重ナル都會港灣及ビ物産記セ

三．日本諸州ノ氣候人情ノ異同ヲ叙セヨ

四．地圖指點

4．歴史（全三問）

一．日本ガ西洋ト商賣交通スルコトノ沿革ヲ書キナサイ

二．憲法発布ノ由來ヲ述ベナサイ

三．徳川光圀　大岡忠相　本居宣長　林子平　大久保利通　此ノ人人《ママ》ノオモナ事跡ヲ記シナサイ

答案用紙は解答だけでなく問題文も各留学生によって書かれていることが特徴である。教師が問題を口頭で行いそれを書き取らせたのだ(11)。当時は複写をおいそれとできないことも一つの要因であるが、他教科教師も日本語教育を考慮していたので、聴解能力養成のためだと思われる。

「理科」は基礎学力養成を目指しており、「地理」と「歴史」は日本国内を中心としたものを学習していたといえる。金維新の「歴史」の答案用紙に「日本小學校史談試験」と書かれていることや「算術」に於いて分数を学習していたことから、小学校程度の内容から学習していたことがわかる。使用教科書の断定は出来ないが、おそらく多くは日本国内の学校教育で使用されたものであろう。

答案用紙には成績評価も記されている。表5から平均点の最も高いのが「理科」である。横山健堂によれば相当な学者と称すべき者でも理化学等に於いては小学の児童も同じであったと証言している(12)。理科などの自然科学系は彼等にとって初めての体験である。しかし、理科の平均点は高い。教授法がよかったこと、その内容が初歩的なものであったことも考えられるが、おそらく彼等にとって取っ付き易く学びやすかったからであろう。

一方、平均点の最も低いのが「算術」である。「算術」は他教科と比べても極端に低い。「算術」の平均点が極端に低いのはなぜであろうか。最低点である胡宗瀛の答案(一問目)を見てみよう。

分數ヲ分数《ママ》ニテワルトハ或分数ノ分母ガ其ノ分数ノ分母ニ同ジケレバ即チ除数ヲ被除数ニ顛倒シテワル視然モ若シ異母分数ニアラバ必ズ先ニ同分数ニ直シテ其後前ニ挙ゲタルガ如キ方法ヲ算用スベシ

胡宗瀛は問題文を書き取ることができている。しかし、その主旨を理解することができなかったのではないだろうか。つまり言語の問題も一つの要因と考えられる。その証左に一八九八年の彼等の教育状況について以下の

表5　試験成績表

	東文	理科	算術	地理	歴史	平均
唐寶鍔	85	90	85	80	85	85
朱忠光	85	93	40	70	75	72.6
胡宗瀛	67	72	20	80	50	57.8
戢翼翬	75	80	40	60	40	59.0
譔馮闓	80	75	50	80	70	71
呂烈輝	75	95	100	70	80	84
金維新	72	60	20	50	30	46.4
瞿世瑛	答案用紙無	答案用紙無	答案用紙無	答案用紙無	答案用紙無	−
劉麟	答案用紙無	80	40	65	70	63.8
呂烈煌	75	88	50	60	60	66.6
平均	76.8	81.4	49.4	68.3	62.2	67

＊講道館所蔵「弘文学院関係記録文書」より酒井作成
各平均値は小数点第2位以下を四捨五入、総合平均値は小数点以下を切り捨て。尚、「嘉納治五郎先生の試験」評価は記録されていない。瞿世瑛に関しては「嘉納治五郎先生の試験」答案用紙は現存するが、その他の教科の答案用紙は現存しない。

ように報じている。[13]

最初少しも邦語を解せざる彼等に、少しも支那語を知らざる教師が邦語を授け、又極めて理學數學等思想に乏しき彼等にかゝる學科を授くるにつきて、教師の工夫苦心したる所少からずといふ。

留学生と教師、双方の言語の問題が大きかったのだ。「算術」ではないが金維新と劉麟の「理科」の答案用紙からも興味深いものが見られる。特に劉麟のそれには「式ハヨロシケレモ《ママ》説明ガ分リマセン」と採点者からのコメントが書かれているほどである。言語、特に留学生の日本語能力の問題は「算術」と「理化」だけでなく教科全体に影響をもたらしたと推測できよう。

「算術」に話題を戻そう。教師達は「算術」についてどのような思いがあったのだろうか。担当教師から嘉納に提出した意見書によれば以下の通りである。[14]

学生ノ始メテ算術ヲ学シハ、昨二十九年十月ニ在リ。(中略)実ニ記数ヨリ始メテ整数ノ加減乗除四法ニ至ル。(中略)其皆ノ初歩ニシテ、未ダ十分熟達スルニ至ラズ。

初歩から教えてはいるにもかかわらず思った以上に学習効果が出ていなかったと思っていることが読み取れよう。学習効果の出ない「算術」であるが他に要因はないのであろうか。留学生は問題形式的な文体習得に多大な時間を費やす科挙制度の教育を受けてきた。「算術」は論理的思考が必要である。ならば彼等の母国での教育の影響も考えられるのではないだろうか。嘉納もこれについて以下のように述べている。(15)

支那は、八股文の試験を以て人才登用の唯一の方法となし、之に及第せしものを以て教育の結果ありたるものと看做したり。(中略)其學べる學は、實用に遠き死學にして、其修めたる業は適々人間の精神上の發達を妨ぐるに過ぎず。其試驗の要求する所は、浩瀚なる書籍を暗記するにあるが故に暗記の力は非常に發達すれども、之と共に計畫應用の力を發達せしむることは能はず、(後略)

前述したが当時の清国に於ける各種教育機関は科挙制度を下に存続し、科挙及第こそが教育目的である。科挙が問う能力は主に二点である。第一に定型的な詩文を作成する能力で、題と脚韻が指定される作詩題、そして答案の文章そのものが字数、構成、韻律という高度な定型性を要求されるのである。五万種に及ぶ漢字を駆使し様々な典故を踏まえつつ定型性の要求を満たすものを書かなければならなかった。第二に儒教経書の知識である。総数四〇万字を超える四書五経と呼ばれる儒教経書を一字一句間違えず暗誦し、さらに朱子の解釈に基づいてその意味を記述することが要求された。清朝にとって官僚は皇帝を補佐し民の教化をすることであり、その指標となるものが傑出した文化能力と道徳能力であった。つまり、前者は文化能力の有無を、後者は道徳的能力の有無をそれぞれ検証するものである。したがって、暗誦が基本教育であった留学生にとって論理的思考を必要とする科目は未知なものであるが故にその教育効果が中々出なかったといえよう。

思うように学習効果が出ない悩みは教師だけではない。胡宗瀛は「東文」試験の課題「歳晩述懐」に於いて「教師は熱心に教えてくれるがその通りに出来ない」旨を記していることから留学生も悩んでいたのだ。近代化のための苦労がここに見て取れよう。

彼等の答案用紙には教師からの評価が点数によって概ねつけられている。しかし、その評価に疑問が残るのである。「算術」で八五点であった唐寶鍔の答案（一問目）を見てみよう。

理論　除法ハ乗数ト反對デ例ヘバ$\frac{7}{8}\div\frac{4}{9}$ト云フ問題ナラバコレハ商ニ除数ヲ乗ケレバ被除数ガ出マスカラ$\frac{4}{9}$ハ即チ商ノ$\frac{4}{9}$デ商ノ$\frac{4}{9}$ハ即チ$\frac{7}{8}$デスソレ故$\frac{1}{9}$ハ$\frac{4}{9}$ヲ四倍少ナクシタノデ即チ　$\frac{7}{8\times4}$　デ　$\frac{7}{8\times4}$　ノ9倍ハ即チ$\frac{7}{8}\times\frac{9}{4}$デス

はたしてこれが評価通りの解答であろうか。つまり採点・評価基準がはっきりしてなかったのだ。また、前述した担当教師から嘉納に提出した意見書によれば「今回ノ試験問題ハ務メテ平易ナルモノヲ択ビタレバ、其ノ成績ハ少シク実力ヨリ美ナルニ過グ(16)」という。確かに一回の試験の成績評価によって学習効果があったと判断することは早計ではある。しかし、当時、既に母国語ではなく日本語で普通学を学ぶ所謂「全面イマージョン・プログラム」を駆使しながら、手探りの中で教育を行っていた状況を考えれば多くの困難が生じたのは仕方がないことである。言語問題や科挙制度の教育等のような状況の中で、来日後わずか約二年でここまで答案を書く

85

表６　1906 年宏文学院普通科入学者の官公立学校進路先

＊講道館所蔵「宏文学院関係史料」より酒井作成

進路先	入学者数	全体比%
高等学校・帝国大学	19	16.1
東京高等工業学校	18	15.3
山口高等商業学校	8	6.8
東京高等師範学校	7	5.9
東京高等商業学校	4	3.4
千葉医学専門学校	〃	〃
京都高等工芸学校	2	1.7
長崎高等商業学校	〃	〃
仙台医学専門学校	〃	〃
大阪高等工業学校	1	0.8
東京蚕業講習所	〃	〃
合　計	68	57.6

表７　1906 年宏文学院普通科入学者の私立学校進路先

＊講道館所蔵「宏文学院関係史料」より酒井作成

進路先	入学者数	全体比%
明治大学	15	12.7
法政大学	14	11.9
早稲田大学	9	7.6
日本大学	4	3.4
中央大学	2	1.7
岩倉鉄道学校	〃	〃
東亜鉄道学校	〃	〃
東洋音楽学校	1	0.8
工手学校	〃	〃
合　計	50	42.3

2段目左から2番目から順に、本多先生、嘉納先生、吉田先生

嘉納治五郎と最初の留学生

＊講道館図書資料部所蔵資料から作成

ことができた事実から、やはり普通教育の学習効果はあったと一定の評価を下してもよいのではないだろうか。

ならば宏文学院に於ける普通教育の学習効果はどうだろうか。表6、表7は講道館所蔵史料から作成した一九〇六年宏文学院普通科入学者の進路先である。この表から普通教育の効果の一端が伺えよう。

一九〇六年という年は清朝が速成留学生を派遣停止している。これは日本留学の重要な分岐点の一つとなる。また、留学生にとって速成科だけでは帰国後の立身出世の道が途絶えることとなる。当然、上級教育機関への進学を考え受験する者が急増していくこととなるのである。そしてこれらの教育機関の入学試験は普通学であった。

再度、表6と表7を見てみよう。一九〇六年の宏文学院普通科の入学者が一四〇名である。その内一一八名が高等教育機関へ入学している。実に八四・二％の者が進学できたわけである。これらの内、官公立学校へは五七・六％の六八名、私立学校へは四二・三％の五〇名である。清末一〇年間で、全ての留日学生の内、大学に入学した者は一％、高校レベルの学校に入学した者は五

%である。[17] よって、宏文学院普通科の進学率は極めて高いといえよう。

これを以て全てを論じたとはいえない。しかし、前述した通り当時の留学生界では大学・高校に入学した者は極めて少ないことを考慮すれば、宏文学院に於ける普通教育の学習効果は高いといえるのではないだろうか。

3. 速成師範科

第2章で論じたが、宏文学院では速成師範科に最も力を入れた。清国では教員獲得が難しい状況を踏まえ嘉納は教える喜びと教育という仕事の重要性を掲げた。再度表4の⑦、⑧を見てみよう。これらの表からもわかるように普通学はもちろんのこと多義に亘る専門科目も授業科目に加えていた。これも嘉納の教育方針が如実に反映されている。つまり普通教育の上に教育学、教育史、教授法、管理法、心理学等が加えられ、留学生に対し教育大要を理解させることが大切であるとし、また、学校の諸事務や学生を管理する管理法、さらには高等教育の要点を修め、各種学問に通暁することが師範の一つの特質とした。これは清国の教育が近代化され軌道に乗った時期までも考えているといえよう。

では、限られた留学期間で何を学んだか具体的に見てみよう。留学生の証言や答案用紙等のような史料がないことからも全てを解明することは困難である。したがって、講道館所蔵の「宏文学院関係史料」からできる限り論じてみる。

一九〇二年から一九〇六年までの宏文学院職員異動を概観してみよう。まず気づくことは、日本の学術界を代表する錚々たる顔ぶれが揃っていることがわかる。教育学を代表する江口辰太郎、棚橋源太郎、樋口勘次郎、波多野貞之助、小泉又一、小山左文二や数学者の林鶴一、憲法学者の上杉愼吉、仏教哲学の井上円了等、紙幅の都合上全てを挙げきれないが、嘉納の人脈の広さには驚かされる。

しかし、学院長を含めると四年間で二五九名が在籍しており、その在職期間は短い者で一ヶ月以内であり、多くの教職員が目まぐるしく去就している。[18] この要因を蔭山雅博は留学生教育に対する関心が低かったと述べている。[19] このような状況で問題が起こらないはずがないと容易に推測できよう。

一九〇五年、白銀分校湖南班学生部長である楊明粛は、英語教員の発音と教授技術の低さ、算術教員の頻繁な計算ミスと教授技術の低さから両科目の授業内容が全く理解できないと苦情を述べ、さらに勝手に講義を休む教員に憤慨し、嘉納に教員の交代を訴えている。[20] これだけ目まぐるしく出入りが激しかったならば中には無責任な教員や力量不足の教員も存在していたであろう。だからといって全ての教職員に当てはまるというのではない。嘉納は当時の日本教育界の重鎮であり、教員採用の責任者でもある。清朝からの要請にそのような無責任に教員採用を行ったとは考えられない。しかも、嘉納は東京高等師範学校及び附属小学校、あるいは女子大学、東洋大学、東京帝国大学等の著名な研究者や現職教員を招聘しているほどである。嘉納は以下の事を証言している。[21]

修業年限も短期あり長期あり、時節かまわずやってくることがある。準備が出来た頃に、私立の学校からポン引きを出してとってしまうこともあった。留学生が多勢帰ってしまうことがあり、そのために教員が俄かに失業するので経営が困難になった。

他校から留学生を引き抜かれるということは、それだけ留学生獲得競争が激しかったといえよう。それに加えて中途で帰国されては、在学生数が一定でなく学校経営の予定も立たないだろう。確かに講道館所蔵「宏文学院関係史料」の各学科学生数推移と在学期間を見ても嘉納の証言通りである。[22] これでは経営上厳しく、教職員を辞めさせなければならない状況であるのも当然である。それ故、このように目まぐるしく教職員が異動していたといえよう。何れにしろこのような状況は教育現場に少なからず混乱を来たしたであろう。

さて、速成師範科の教員は江口辰太郎、棚橋源太郎、中谷延治、大久保介寿、樋口勘次郎、瀬戸鶴吉、高嶋平三郎、波多野貞之助、小泉又一、小山左文二、大橋銅造、稲垣末松等である。[23] この中でも特に代表的な者の経歴と宏文学院在職中の研究・教育活動を見てみよう。

まず、棚橋源太郎は教科書編纂法を担当した。東京高等師範学校附属小学校訓導、東京高等師範学校教授、東京高等師範学校附属東京博物館主事等の経歴を持っている。これらからもわかるように理科教育が専門である。棚橋は欧米の新技術と知識をいち早く取り入れ理科教授の研究に優れた業績を残している。一九〇〇年には『小学理科教科書』を編纂、翌年には『理科教授法』を出版した。また、宏文学院時代は『小学各科教授法』を発表し師範学校の教科書として広く使用されている。

樋口勘次郎は教育学を担当した。東京高等師範学校教諭兼訓導等の経歴を持っている。ヘルバルト教育学の形式的な教授段階を批判し、『統合主義新教授法』を著し活動主義教育の提唱者として知られている。一九〇〇年から仏、独へ留学し一九〇四年には『国家社会主義新教育学』を、翌年には『国家社会主義教育学本論』を発表した。

高嶋平三郎は心理学を担当した。東京高等師範学校、東洋大学、学習院、日本女子大学等で教職に就いた。主に児童学、心理学を研究し、子供の本性に基づいた家庭教育の必要を提唱する児童心理学者であり家庭教育論者であった。一九〇三年に『家庭教育』、一九一二年に『家庭及び家庭教育』等を発表している。

小泉又一は学校制度を担当している。東京高等師範学校教授兼附属小学校主事、徳島中学、福島師範学校、和歌山中学教頭等の経歴を経て一九〇七年には文部視学官に就いている。宏文学院当時の一九〇四年には『普通教育学』、『教育心理学』、『教育史』を、翌年には『欧米教育の実際』を著している。

波多野貞之助は教育学を担当している。茨城師範学校、東京高等師範学校教授兼女子高等師範学校教授、東京高等師範学校附属中学校主事等の経歴を持っている。独のイエナ大学に留学し「学問としての教育学」の発展を果たしたヘルバルト派の後継者であるラインに師事した。そこでヘルバルト教育学説、就中教授理論として五段教授法に影響を受け、日本のヘルバルト教育学第一人者であった。一九〇一年には『ライン氏教育学』、一九〇七年に『教育学附学校管理法』を著している。

波多野は宏文学院で行った「教育学」を講義録として編集している。清朝政府の援助を受け官費留学生が宏文学院の講義ノートを印刷・刊行し、留学予備軍の者達等に頒布していたという。しかし、その内容に誤記や誤解が多いため宏文学院が責任を以って編集を行った[24]。この講義録からも宏文学院の教育実態の一面を見ることができよう。それによれば、波多野の講義は「教授論」に多く時間を費やしており、ヘルバルト主義教育学の五段教授法、教材研究、教材の配列順序等教育技術面を詳細に説明している[25]。当時の師範教育とほぼ同じ内容であるといってよい。しかし、波多野は教育技術だけでなくの社会的教育学の理念にも及んでいる。彼は列国が対峙し且つ競争する今日、国民の従属する国家の問題は「国民生存上最大ノ要事」であるから、「国民ヲシテソノ国家ノ観点ヲ旺盛」にし、「外界ノ変化ニ順応セシメ国家ノ防禦力ノ増進」を計り「国家ノ独立」を維持すること、これを「教育ノ標的」とせざるを得ないと述べている[26]。当時の清国を巡る国際情勢、国内情勢を考慮しており、五段教授法のみ教える日本の尋常師範学校の教育学とは違っていたのであった。このような考えは波多野だけではなかった。同じ教育学を担当していた江口辰太郎も同様であった。彼によれば清国国民に「愛国ノ精神」の「激発」を意図し、そのために「教育ハ先ズ児童ヲシテ社会上ノ一切ノ我ニ関係スルコト密ナルヲ知ラシムベシ」と児童教育の重要性を述べている[27]。江口も波多野も心理学や道徳観を重要視するヘルバルト教育学を講じていたが、特に江口は清国人の児童の公徳観念欠落を問題にし、公徳観念の発達した社会的人間の養成にヘルバルト教育学が補助的役割を果たすと述べている。[28] このヘルバルト教育学は帰国した宏文学院卒業生によって大陸で広められたほどである。[29] したがって、留学生に歓迎して受け入れられたといってよい。

宏文学院速成科ではこれらを通訳付で行っていた。言語問題で多少困難を来たすことも考えられる。しかし、日本を代表する教育理論研究者が、最先端の教育内容を留学生に授けていたことがわかる。したがって、速成教育の質が低いとは単純に結論付けられない。むしろ非常に高い水準の教育を行っていたといえよう。一九〇三年発行の『浙江潮』第七期に留学生が宏文学院速成師範科についての述べた文章がある。それによれば以下の通りである。[30]

去年、弘文学院は、速成師範科をもうけ、通訳つきで、講義をしているから、日本語に通ずる必要がない。教員は有名な教育家で、講義内容は教育学や学校管理法で、一週間のうち、一～二日は、男女各学校や幼稚園を参観。六ヶ月で卒業。これくらい　はやい　ものはない。（中略）また　九ヶ月の師範科、一ヶ年の師範科、一年半の師範科がある。

日本語学習の必要もなく、著名な教員から高い水準の専門教育を短期間で受けることができることを良しとしている旨が感じられよう。

呂順調によれば宏文学院を始めとする教職に就いた帰国留学生は、大陸の学生に新しい知識や思想をもたらしたのみならず、学風の形成にも影響を及ぼしたという。[31] また、当時は教材と教具がなければ留学生自ら作成し編集し、中には動植物の標本までも学生と一緒に作製し日本留学で修めた新知識を伝えようと努力している。[32]

新しい教材・教具は清国にとって珍しかったのであろう。帰国留学生が率先して展覧会を開催し教育振興に勤めていたようである。直隷学務処の厳修が嘉納に宛てた手紙によれば、宏文学院卒業生である鄧慶瀾は展覧会を行うため、わざわざ再来日し教具、図絵、書籍を購入したという[33]。鄧慶瀾は故郷の小学校で教職に就き、再来日の際、上司である教務長の陳宝衆も連れてきて、宏文学院を訪ね恩師である棚橋源太郎から指導を受けたそうである[34]。卒業後も指導を受けることができる程の交流が続いていたのは注目に値する。さらに、大陸の僻地ともいうべき雲南省では宏文学院卒業生である銭用中が学務公所に任命された。雲南省の教育の多くは銭用中によって企画されている[35]。

当時、清国から多くの教育視察官が来日している。彼等は宏文学院速成師範科や日本の学校を参観しており、その教育方法を評価しているほどである。以上論じてきたことから、速成師範科の留学生が学んだことは母国の近代教育の発展に大きな役割を果したといってよいだろう。

4．まとめ

宏文学院を通して日本留学の特質である速成教育と普通教育の教育実態を論じた。その授業は通訳付きで行うものと日本語によるイマージョン教育であったことは注目に値する。

普通教育に関しては、概して「算術」などのように論理的思考を要する授業科目が困難であり、留学生の科挙教育の影響、言語の問題が大きいといえる。それ故、教師も留学生も悩みながら取り組んでいた。このような状況から授業科目の時間配分は留学生に負担をかけないよう未知なものや苦手とされている科目に時間を費やしている。これは、所謂一八九六年の初の留学生教育等を分析していなければできないことであり、細やかな配慮がされていたといってよいだろう。普通教育は困難を来していたが、上級学校の進学者数から一定の教育効果はあったといえる。

宏文学院で最も力を入れていたのは速成師範科であった。嘉納は自身の人脈を使って、著名な教員を多く招致している。その一方で目まぐるしい数の教員の去就があり、一部には教授技術が低く、無責任な教員の存在があった。しかし、宏文学院が授けた教育内容は日本の最先端のものであったことを忘れてはならない。したがって、その教育内容の質を問題視する従来の論説は崩れることとなる。さらに、速成師範科を卒業した者は帰国後、各地で教育の礎を築き活躍していることからも速成教育は一定の評価ができるとすべきである。

嘉納は清国の早急なる近代化のためできる限りの受け入れ態勢を整えたことは確かである。また留学生も初めて受ける新しい教育に戸惑いを感じていたであろう。両者は手探りの面も多く紆余曲折はあったものの、初めての留学生教育にしては評価してもいいのではないだろうか。

注

1 汪婉『清末中国対日教育視察の研究』汲古書院、一九九八年、一四八頁
2 同上書、七六頁
3 清国游学日本学生監督処が発行したものであるが、現存資料では一九〇七年の第一期から一九一一年の第五〇期まで確認されている。その内容は学部の上奏文、留学生の成績、病気や事故、出席状況、入学退学者の氏名等を載せ、行政書、統計書の役割を果たしている。
4 講道館所蔵「宏文学院関係史料」
5 『國士』第一号、造士會、一八九八年、四〇頁

6　同上書。尚、講道館所蔵の胡宗瀛の卒業証書に「日本語ヲ本科トシ地理歴史数學理科ヲ副科トセル」と記されている。英語を学ばなかった留学生もいたといえる。

7　講道館監修『嘉納治五郎大系』第一一巻、本の友社、一九八八年、八九頁によれば嘉納は「体育の父」であり本邦体育発達史に特筆すべきであるという。また、一八九六年三月、嘉納は東京高等師範学校に於いて初めて運動会を行ったという。

8　さねとうけいしゅう『増補　中国人日本留学史』くろしお出版、一九七〇年、三八頁

9　前掲注(4)書。これによれば「理科」の答案用紙集の初頭に「清国留学生成蹟(自三一年五月一一日　至〃七月一六日)」と記されており、各留学生の第一回、第二回、平均の成績評価が記録されている。「理科」の答案用紙に記されている成績評価から、第二回、つまり一八九八年七月一六日に行なわれたのであろう。尚、胡宗瀛の成績評価は「清国留学生成蹟(自三一年五月一一日　至〃七月一六日)」によれば七五点であるが答案用紙は七二点である。表4には答案用紙の成績評価を記した。

10　前掲注(4)書

11　前掲注(7)書。一八七頁~一八八頁に掲載されている町田弥平から嘉納に送った意見書によれば試験に関しては「問題ハ口唱シテ之ヲ書取ラシメタレバ(後略)」という。

12　同上書、一七四頁

13　同上書、同頁

14　前掲注(5)書、四〇頁

15　「巡遊所感(二)」『國士』第五一号、造士會、一九〇二年一二月一〇日、二頁~三頁

16　前掲注(7)書、一八七頁~一八八頁

17　厳安生『日本留学精神史』岩波書店、一九九一年、三六〇頁

18　職員の異動状況を表8に記した。

19　蔭山雅博「宏文学院における中国人留学生教育―清末期留日教育の一端―」『日本の教育史学　教育史学会紀要』第二三集、一九八〇年、六二頁

20　前掲注(4)書。何年かは不明であるが、一〇月一六日となっている。尚、この手紙は白銀十三湖南クラス部長の楊明粛、

馮雄宇が代表とし連名で書かれている。
21 嘉納先生伝記編纂会『嘉納治五郎』講道館、一九六四年、一八九頁
22 各学科の学生数の推移と在学期間を以下の表9に記した。
23 前掲注(4)書
24 講義録は東亜公司から出版された。主な講義録は大橋銅造『各科教授法』、小山左文二『学校管理法』、増戸鶴吉『日本教育制度』、生駒萬次『幾何学』、東野十郎『算術』、立花頼重『代数学』、高橋章臣『植物学』等がある。
25 前掲注(19)書、七五頁
26 同上書、同頁
27 同上書、同頁
28 同上書、同頁
29 陳学恂主編『中国近代教育史教学参考資料』上 人民教育出版社、一九八六年、六七八頁~六七九頁
30 前掲注(8)書、五九三頁
31 呂順長『清末浙江与日本』上海古籍出版社、二〇〇一年、一一六頁~一一七頁
32 同上書、同頁
33 前掲注(4)書、直隷学務処の厳修が嘉納に宛てた手紙である。日付は陰暦八月二二日。
34 同上書
35 尚小明『留日学生与清末新政』江西教育出版社、二〇〇三年、五五頁

表8　職員異同一覧（1902年～1906年）

＊講道館所蔵「宏文学院関係史料」、横山健堂『嘉納治五郎伝』本の友社1988年、蔭山雅弘「宏文学院における中国人留学生教育—清末期留日教育の一端—」『日本の教育史学会紀要』第23集1980年より酒井作成

職　名	氏　名	就職年月	退職年月
学院長	嘉納　治五郎	—	—
教育学	波多野　真之介	（不明）	（不明）
会計主任	大久保　明	1902年5月	（不明）
（不明）	関　順一郎	〃	〃
〃	？　紹鴻	1902年6月	1902年9月
〃	山川　友治	1902年6月 1904年7月	1903年12月 （不明）
〃	紀田　寛作	1902年7月	1902年9月
〃	石井　岩治	〃	〃
〃	大川　括樓	〃	1902年11月
〃	稲村　真理	〃	1903年1月
〃	野田　五郎助	〃	1903年3月
〃	岩井　敬太郎	〃	〃
〃	本多　厚二	〃	1903年4月
〃	沼田　勘一	〃	1903年6月
〃	冨永　郗彦	〃	1903年7月
〃	今村　與八郎	〃	〃
〃	森　瀧江	〃	1903年8月
〃	須見　豊五郎	〃	1904年2月
〃	渡辺　重五郎	〃	1904年4月
〃	佐伯　東	〃	1906年9月
日本語	三矢　重松	1902年7月 1904年7月	1903年4月 （不明）
（不明）	嶋田　文之助	1902年7月 1905年1月	1903年6月 1905年5月
教育学	江口　辰次郎	1902年7月 1905年5月	1903年9月 1905年11月
日本語	唐　宝鍔	1902年8月	1902年11月
（不明）	山路　一遊	〃	1902年12月

職　名	氏　名	就職年月	退職年月
(不明)	平田　芳太郎	1902年8月	1902年12月
〃	穂刈　信乃	1902年8月 1904年8月	1903年3月 (不明)
日本語	難波　常雄	1902年9月 1904年7月	1903年4月 1905年10月
(不明)	呼子　友一郎	1902年9月 1905年1月	1903年6月 1905年5月
〃	谷　廣闡	1902年9月 1906年4月	1904年2月 (不明)
〃	吉川　襄平	1902年11月	1904年4月
教科書編纂法	棚橋　源太郎	〃	(不明)
地理	矢津　昌永	〃	〃
(不明)	佐々木　吉三郎	〃	〃
〃	劉　麟	〃	〃
漢文学・通訳	金太　仁作	〃	〃
通訳	松江　賢哲	1902年11月 1905年1月	1904年11月 1905年7月
化学	和田　猪三郎	1902年12月 1905年10月	(不明) 〃
(不明)	益子　逞補	1903年1月	(不明)
〃	松林　孝紀	1903年1月 1903年8月	1903年6月 1904年6月
〃	宮井　鎮男	1903年1月 1906年4月	1904年3月 (不明)
〃	藤井　秀雄	1903年4月	1903年6月
〃	名尾　良辰	〃	〃
化学	三沢　力太郎	〃	1904年9月
(不明)	深井　虎蔵	〃	1904年10月
〃	宮井　鎮男	1903年4月 1906年3月	1904年3月 (不明)
日本語文法	松本　亀次郎	1903年5月	(不明)
(不明)	愛甲　平一郎	〃	1903年12月
〃	渡辺　幾治	〃	〃

職　名	氏　名	就職年月	退職年月
(不明)	渡辺　李一	1903年5月	1904年6月
教育学	中谷　延治	1903年7月	1904年1月
(不明)	横田　留止郎	〃	1905年3月
〃	鈴木　常治	1903年7月 1906年3月	1905年12月 (不明)
〃	孟　繁英	1903年9月	1904年1月
〃	辻　安彌	1903年10月	1905年8月
〃	長松　文一	1903年11月	1904年2月
〃	櫻井　寅之助	〃	1904年4月
〃	黒木　千尋	〃	〃
〃	若林　冨次郎	1903年12月 1906年2月	1905年6月 (不明)
〃	下岡　忠治	1904年?月	(不明)
植物学	高橋　章臣	〃	〃
法制学	葛岡　信虎	〃	〃
(不明)	武年　櫟	1904年1月	1904年2月
学校管理法	大久保　介寿	〃	1905年8月
(不明)	任　傳榜	1904年1月	1905年10月
〃	三木　佐蔵	〃	1905年12月
代数	立花　頼重	〃	(不明)
物理	正木　直太郎	〃	〃
(不明)	泉　恵眼	1904年1月 1904年7月 1906年12月	1904年5月 1906年6月 (不明)
〃	志水　三郎	1904年2月	1905年8月
〃	赤松　又次郎	1904年3月	(不明)
〃	渋谷　藹	〃	1904年9月
〃	樋口　龍緑	〃	1905年3月
〃	倉橋　安太郎	1904年4月	1904年11月
植物学	鈴木　亀寿	〃	1905年8月
(不明)	清水　清	〃	1905年9月
〃	久我　均光	〃	1906年2月

職　名	氏　名	就職年月	退職年月
(不明)	朝倉　俊道	1904年4月 1905年1月 1905年12月	(不明) 1905年3月 (不明)
〃	岩波　静彌	1904年5月	(不明)
日本語	臼田　寿恵吉	〃	〃
(不明)	吉川　孝藏	〃	1904年9月
〃	濱　幸次郎	〃	1905年6月
〃	牧野　謙二郎	〃	1906年4月
日本語	唐木　歌吉	1904年6月	(不明)
(不明)	鈴形　悌三郎	〃	1904年12月
〃	財部　実秀	〃	〃
教育学	樋口　勘次郎	〃	1905年2月
倫理学	法貴　慶次郎	〃	1905年6月
(不明)	片岡　寛喜	〃	〃
〃	中川　文造	〃	1905年11月
〃	土肥　健之助	1904年7月	(不明)
〃	岡口　定一	〃	1904年8月
〃	清水　大樹	〃	1904年9月
〃	深田　喜代作	〃	1904年10月
〃	阿部　加芳咲	〃	1904年12月
動物学	赤沼　満次郎	〃	1905年6月
(不明)	本庄　太一郎	〃	1905年7月
〃	谷口　謙造	〃	〃
日本教育制度	増戸　鶴吉	〃	1906年2月
(不明)	河村　実好	1904年8月	(不明)
〃	佐野　佑之助	〃	〃
〃	野村　清直	〃	〃
〃	小野　信夫	〃	1904年9月
〃	野村　為直	〃	1905年10月
〃	趙弧　一郎	1904年8月 1905年9月	1905年3月 (不明)
〃	井上　松治	1904年9月	(不明)

職　名	氏　名	就職年月	退職年月
(不明)	室田　文六	1904 年 9 月	1904 年10月
〃	八巻　準次	〃	1904 年11月
〃	平出　幸丸	1904 年10月	(不明)
〃	牧口　常三郎	〃	〃
〃	上野　巽	〃	〃
〃	東野　十次郎	〃	〃
化学(教務主任)	大島　英助	〃	〃
(不明)	大野　?	〃	1904 年11月
〃	西野　忠吉	〃	〃
〃	中村　久四郎	〃	1905 年 3 月
〃	船山　好治	〃	1905 年 4 月
〃	鈴木　儀之助	〃	1905 年 5 月
〃	上岡　團司	〃	1905 年 6 月
音楽学	鈴木　米次郎	〃	1905 年10月
(不明)	古久保　立吉	〃	〃
心理学	高嶋　平三郎	1904 年11月	(不明)
(不明)	安藤　伊三郎	〃	〃
〃	中村　為邦	〃	〃
教務掛	山内　輝民	〃	〃
(不明)	戸城　傳七郎	〃	1905 年 6 月
〃	佐伯　雅之	〃	〃
〃	草野　俊助	〃	1905 年 7 月
〃	鴨居　武	〃	〃
〃	田口　元	1904 年12月	(不明)
〃	野田　義三郎	〃	1905 年 6 月
学校制度	小泉　又一	1905 年 ? 月	(不明)
各教科教授法	大橋　銅三	〃	〃
(不明)	中川　泰三	〃	1906 年 1 月
〃	佐藤　晋平	1905 年 1 月	〃
〃	山内　左代助	〃	〃
〃	柏樹　巌	〃	〃
〃	檜山　友花	〃	1905 年 1 月

職　名	氏　名	就職年月	退職年月
(不明)	岩田　敏雄	〃	1905年3月
妖怪学・倫理学	井上　円了	〃	〃
(不明)	呼子　友一郎	〃	1905年5月
〃	名尾　良辰	〃	〃
〃	石川　貞吉	〃	〃
〃	池口　慶三	〃	〃
〃	勝見　貞靖	〃	〃
〃	土田　團之助	〃	〃
〃	土方　源之助	〃	〃
〃	天津　守太郎	〃	〃
〃	岡野　宋十郎	〃	1905年6月
〃	片岡　寛?	〃	〃
憲法	筧　克彦	〃	1905年7月
(不明)	韓　永条	〃	1905年8月
〃	杉本　正直	〃	1905年12月
〃	木野崎　吉辰	〃	1906年3月
〃	相田　巳代吉	〃	1906年8月
法制学	高橋　皡	1905年1月 1906年4月	1905年10月 (不明)
日本語	佐村　八郎	1905年2月	(不明)
(不明)	三戸部　亦治	1905年3月	(不明)
〃	仙名　助八郎	〃	(不明)
〃	大久保　一明	〃	1905年8月
日本語	松下　大三郎	1905年4月	(不明)
(不明)	池田　幸甚	〃	〃
〃	上野　景明	〃	1905年7月
〃	福田　精一	〃	1906年3月
〃	矢野　太郎	1905年4月 1906年1月	1905年11月 1906年3月
〃	帯金　伊三郎	1905年5月	1905年6月
〃	若月　岩吉	1905年6月	(不明)
〃	藤森　温和	〃	〃

職　名	氏　名	就職年月	退職年月
(不明)	渚　翔	1905年6月	(不明)
〃	阿知波　小三郎	〃	1905年6月
〃	村田　政夫	〃	1905年7月
〃	松永　新之助	〃	〃
〃	中村　米寿	〃	1905年10月
〃	小西　三七	〃	〃
〃	館岡　政治郎	1905年6月 1906年4月	(不明) 〃
〃	小平　傳江	1905年7月	(不明)
〃	村田　寿江	〃	〃
〃	岡田　廣太郎	〃	1905年7月
〃	福沢　悦三郎	〃	1906年6月
〃	手塚　光貴	1905年7月 1906年5月	1905年11月 (不明)
〃	小池　清	1905年8月	1905年9月
〃	山田　麟太郎	1905年9月	(不明)
〃	井沢　長十郎	〃	〃
〃	森　庄八	〃	1905年11月
〃	西村　辰次郎	〃	1905年12月
〃	大森　英夫	〃	1906年7月
〃	池田　友吉	1905年10月	(不明)
〃	山川　三麿	〃	〃
〃	阿部　元雄	〃	〃
〃	相馬　由也	〃	1905年10月
〃	増嶋　文次郎	〃	1906年10月
〃	村上　忠義	1905年11月	(不明)
〃	本多　綿吉郎	〃	〃
〃	宇井　英	〃	〃
〃	根来　可敏	〃	〃
〃	里沢　傳次郎	〃	〃
〃	謝　？	〃	〃
〃	大貫　次郎	〃	1906年3月

職　名	氏　名	就職年月	退職年月
法制学	上杉　愼吉	1905 年11月	1906 年 4 月
(不明)	鈴木　静	〃	1906 年 7 月
〃	安住　時次郎	〃	〃
〃	新居　友三郎	〃	〃
〃	高橋　岩次郎	〃	〃
〃	古賀　千次郎	1905 年12月	(不明)
〃	稲垣　知剛	〃	〃
〃	秋山　銭太郎	1906 年 1 月	〃
〃	根本　莞爾	〃	〃
〃	田村　？一	〃	〃
〃	森脇　英雄	〃	〃
〃	村上　忠義	〃	〃
〃	佐藤　正範	〃	1906 年 1 月
日本語	柿村　重松	〃	1906 年 2 月
(不明)	梶野　要三郎	1906 年 2 月	〃
日本語	鶴田　健次	〃	〃
—	印南　於菟吉	〃	1906 年 7 月
〃	内山　一雄	〃	1906 年 8 月
〃	亀山　秀明	1906 年 3 月	(不明)
〃	清水　孝義	〃	1906 年 7 月
〃	佐藤　寅三	1906 年 4 月	(不明)
〃	青木　喬	〃	〃
国際法	中村　進午	〃	1906 年 5 月
(不明)	芝野　久助	〃	1906 年 6 月
幾何学	林　鶴一	〃	1906 年 7 月
(不明)	矢野　元三郎	〃	〃
〃	辻　秀春	〃	1906 年 8 月
〃	吉村　源太郎	〃	〃
〃	小嶋　光次	1906 年 5 月	(不明)
〃	木川　加一	〃	〃
〃	浅野　肇	〃	〃
〃	嶋野　復子	〃	〃

職　名	氏　名	就職年月	退職年月
(不明)	乙骨　三郎	1906年5月	(不明)
〃	小泉　安吾	〃	〃
〃	小林　鶴義	〃	〃
〃	横山　達三	〃	〃
〃	多田　綱宏	〃	〃
〃	田中　留之助	〃	〃
日本語	井上　翠	〃	〃
(不明)	藤川　勇吉	〃	〃
英語	ウォルフ	〃	1906年7月
(不明)	野崎　常義	〃	〃
〃	地畠　竹三郎	〃	1906年8月
〃	小原　峯太郎	1906年6月	(不明)
〃	谷　了悟	〃	〃
〃	冨永　峃男	〃	〃
〃	市川　林太郎	〃	〃
漢文学	峰間　信吉	〃	〃
(不明)	荒木　竹次郎	1906年9月	(不明)
〃	阿倍　柳助	〃	〃
〃	高橋　勝	〃	〃
〃	吉田　貞雄	〃	〃
〃	八坂　半六	〃	〃
〃	小田　関太郎	〃	1906年10月
〃	高野　?	1906年10月	(不明)
〃	小泉　秀太郎	〃	〃
体育	可児　徳	〃	〃
(不明)	帰山　信頼	〃	1906年11月
〃	西沢　勇去智	1906年11月	(不明)
〃	楠見　?	〃	〃
〃	小松　埇三	〃	1906年11月

表９　各学科の学生数の推移と在学期間

①日語及普通科
＊講道館所蔵『宏文学院一覧』1906年10月末日調査より酒井作成

卒業年月	1903年7月	1904年3月	1905年6月	1905年7月	1906年1月	1906年3月	1906年5月	1906年6月	1906年9月
在学年月	1年1ヶ月	11ヶ月	2年3ヶ月	2年4ヶ月	2年10ヶ月	1年10ヶ月	1年1ヶ月	1年11ヶ月	1年
在学生数	10名	19名	36名	23名	10名	19名	1名	7名	4名

②速成師範科
＊講道館所蔵『宏文学院一覧』1906年10月末日調査より酒井作成
1905年7月、1905年11月、1906年3月については資料通りである。

卒業年月	1902年10月	1902年12月	1903年2月	1903年12月	1904年3月	1904年7月	1904年12月	1905年2月
在学年月	6ヶ月	6ヶ月	8ヶ月	10ヶ月	9ヶ月	10ヶ月	7ヶ月	11ヶ月
在学生数	18名	45名	15名	26名	47名	43名	10名	57名
卒業年月	1905年2月	1905年7月ⓐ	1905年7月ⓑ	1905年7月ⓒ	1905年10月	1905年10月	1905年11月ⓐ	1905年11月ⓑ
在学年月	10ヶ月	1年1ヶ月	1年1ヶ月	1年1ヶ月	1年1ヶ月	7ヶ月	9ヶ月	1年1ヶ月
在学生数	38名	57名	62名	65名	54名	82名	49名	53名
卒業年月	1905年11月ⓒ	1906年3月ⓐ	1906年3月ⓑ	1906年5月	1906年6月	1906年7月	1906年9月	1906年10月
在学年月	1年1ヶ月	9ヶ月	9ヶ月	10ヶ月	9ヵ月	10ヶ月	8ヶ月	1ヶ月
在学生数	73名	30名	37名	51名	98名	34名	74名	106名

③速成理化科

＊講道館所蔵『宏文学院一覧』1906年10月末日調査より酒井作成

1906年5月については資料通りである。

卒業年月	1904年 9月	1904年 10月	1905年 10月	1906年 5月ⓐ	1906年 5月ⓑ	1906年 7月	1906年 10月
在学年月	11ヶ月	11ヶ月	1年	1年	1年	1年 2ヶ月	6ヶ月
在学生数	5名	24名	64名	5名	32名	49名	11名

④速成学校用音楽科

＊講道館所蔵『宏文学院一覧』1906年10月末日調査より酒井作成

卒業年月	1905年6月
在学年月	4ヶ月
在学生数	3名

⑤速成警務科

＊講道館所蔵『宏文学院一覧』1906年10月末日調査より酒井作成

1906年10月については資料通りである。

卒業年月	1903年5月	1906年5月	1906年10月ⓐ	1906年10月ⓑ
在学年月	1年6ヶ月	6ヶ月	7ヶ月	7ヶ月
在学生数	27名	147名	104名	135名

第4章　近代日本語教育の誕生と清国人日本留学生への影響

1．はじめに

留学に於いて最も重要なものが「言語」である。その場合の「言語」とは、特に留学受入国の「言語」である。教室内外で必ずといっていいほど使用しなければならないものである。

一九世紀末以前、日本語教育は日本語を母語としない外国人が主体となり、日本語学習と日本語研究が行われていた。一六世紀末から一七世紀にかけてキリシタン宣教師達の布教活動を目的とした日本語学習並びに日本語研究がその代表例である。日清戦争後、台湾統治をきっかけに、国家的事業の一つとして日本語教育が本格的に行われることとなった。つまり教える側の日本人が主体となり、外国語としての日本語教授に様変わりするのである。これが近代日本語教育のはじまりなのである。

台湾統治下での日本語教育は山口喜一郎らが試みたグアン式教授法(1)が有名であり、日本語で教授する所謂「直接法」の礎である。一方、当時、日本国内に於ける日本語教育は主に清国人留学生に対して行なわれていた。

詳細は後述するが、その日本語教授法は外地でのものとは一線を画していた。特に嘉納治五郎が設立した宏文学院は、清国人留学生教育機関の大本山であり、その日本語教授陣は三矢重松、松下大三郎、松本亀次郎等といった、後の国文法の大家、中国人留学生教育の第一人者となる者達を輩出した。もちろん、彼等が後の日本語教育だけでなく、国文法にも多大な影響を与えたのはいうまでもない。しかし、残念ながら先行研究では教材論の視点からが主であり、共通語がまだ形成されていなかった当時はどの日本語を選択しどのように教授したのか、さらに留学生の日本語学習観等の視点が欠落している。これらを解明することにより、明治期に於ける近代日本語教育の一端が現れてくるのである。

したがって、本章では清国人留学生教育の中心的存在であった宏文学院で行われていた日本語教育について講道館所蔵の一次史料等を分析し、明治期日本国内に於ける近代日本語教育及び留学生に対するその影響を考察する。

2. 日本語教授陣

第3章でも論じたが、宏文学院の教職員数は学院長を含めると一九〇二年〜一九〇六年の間で二五九名が在籍していた。その中でも日本語教授陣が一番多かった。主な日本語教授陣は、三矢重松、難波常雄、松下大三郎、小山左文二、門馬常次、菊池金正、柿村重松、松本亀次郎、唐木歌吉、臼田寿恵吉、井上翠、金太仁作、唐寶鍔等である。当時の状況から仕方がないが日本語教育の専門家はいない。言語学・教育学・中国語学の専門家や宏文学院の卒業生等である。

宏文学院の日本語教授陣は多くの日本語教材を著わしており、この点は注目すべきである。以下に記したものは宏文学院やその他の主な留学生教育機関に所属していた著者並びに編者の教材をまとめたものである。これを見ても圧倒的に宏文学院に所属していた教授陣の著書が多い。前述の教授陣数といい、やはり宏文学院の日本語教育が質・量とも充実していたことがわかる。

＊宏文学院

唐寶鍔・戢翼翬『東語正規』作新社　一九〇〇年
弘文学院『日本語教科書第一巻　口語語法用例の部』下　金港堂書籍　一九〇三年
松本亀次郎『弘文学院叢書　言文對照漢譯日本文典』中外圖書局一九〇四年
宏文学院編纂『日本語教科書』巻一～三　金港堂書籍　一九〇六年
金太仁作『東語集成　全』一九〇六年
唐木歌吉著、王盛春訳『中日對照實用會話篇』中東書局　一九〇六年
菊池金正『漢譯學校會話』伊藤岩治郎　一九〇六年
小山左文二『漢文注釈東文読本』三松堂所局　一九〇六年
〃　『文法適用東文教科書』三松堂所局　一九〇六年
門馬常次『文法應用　東文漢譯軌範』東亜公司　一九〇六年
佐村八郎『漢譯日本語典』六盟館　一九〇六年
難波常雄『漢和對照　日語文法述要』觀瀾社一九〇六年
〃　『日本読書作文辞典』東方社　一九〇九年
松下大三郎『漢譯日語階梯』誠之堂　一九〇六年

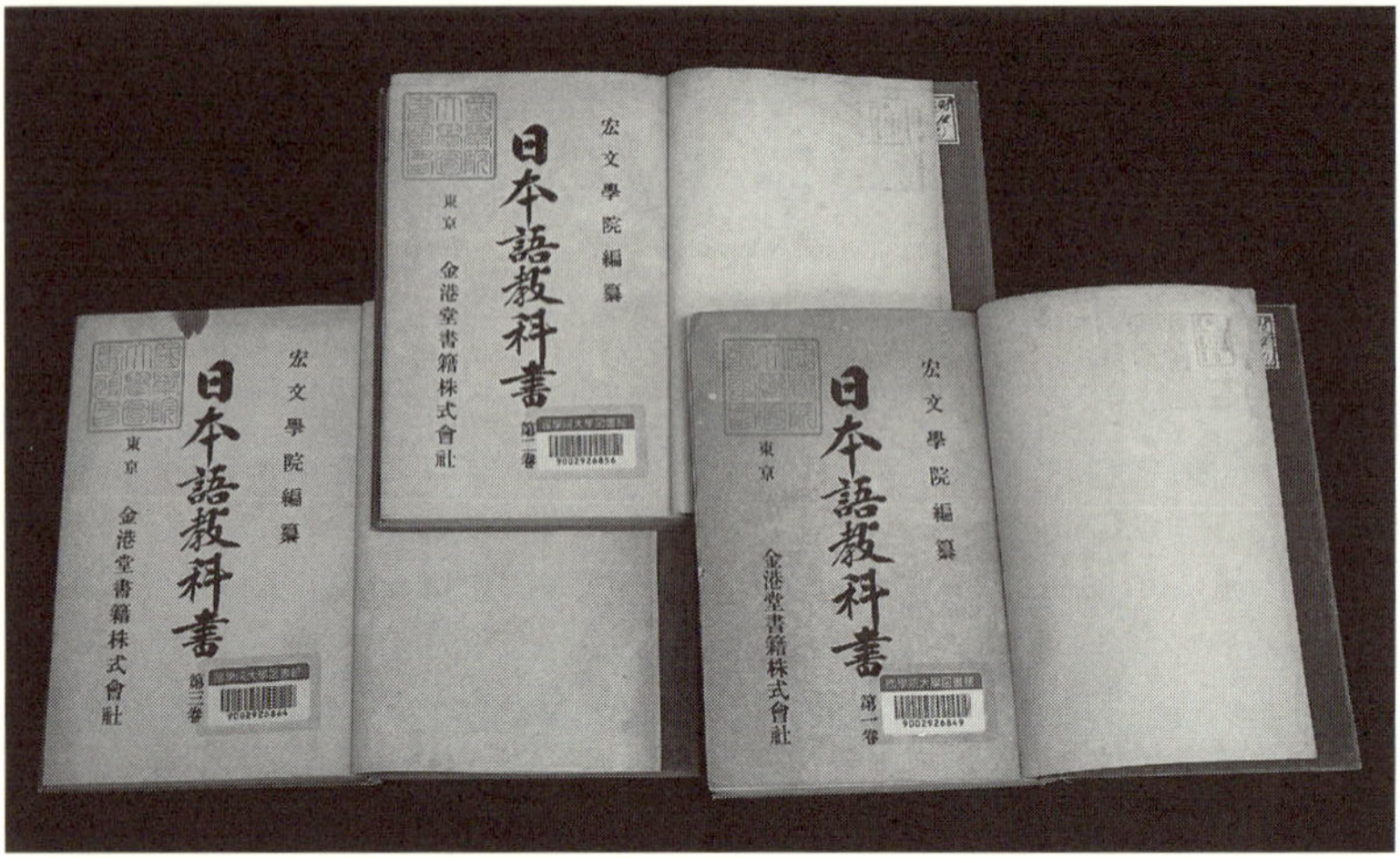

『日本語教科書』第１巻・第２巻・第３巻の扉
（國學院大學図書館所蔵）

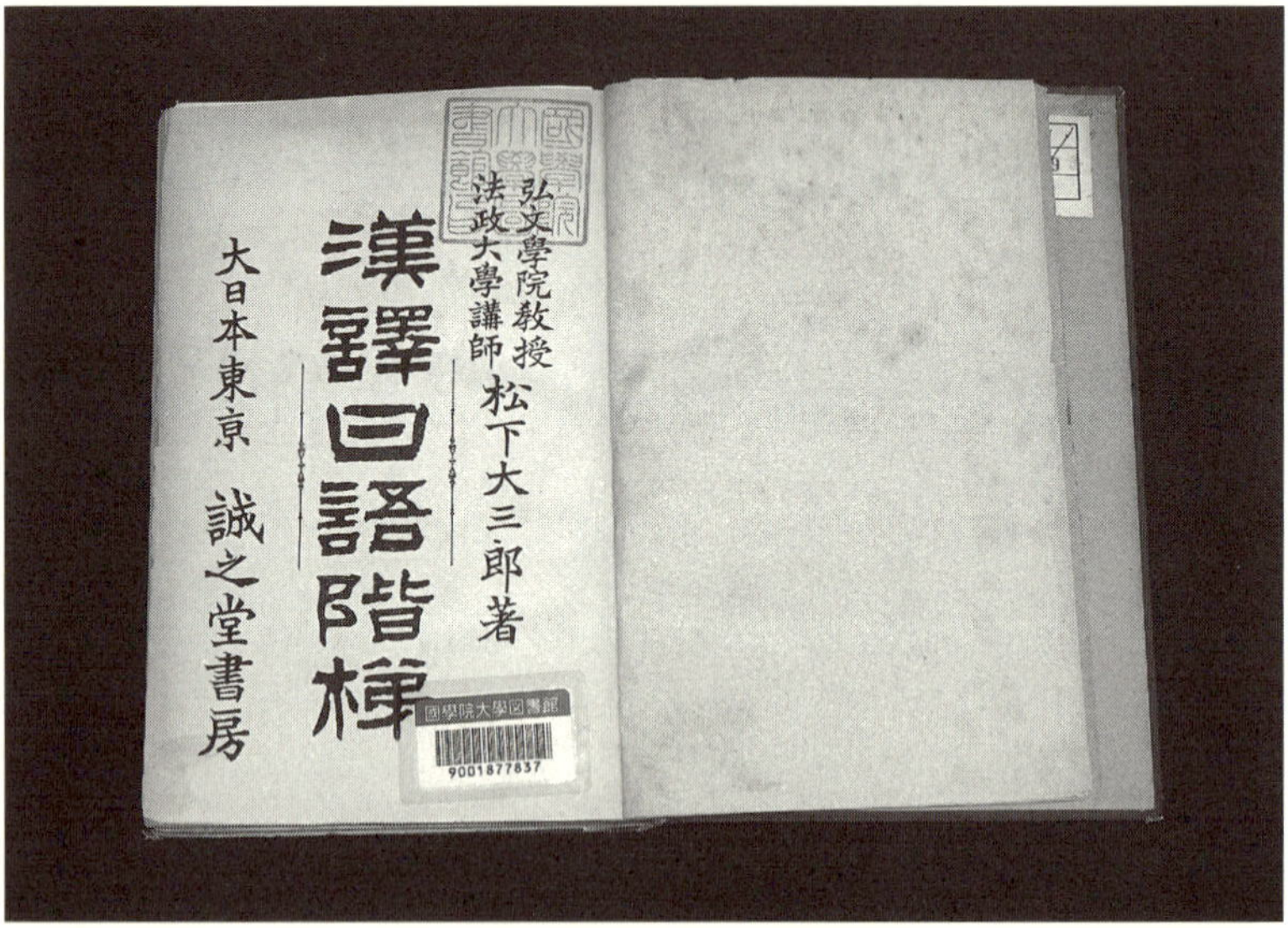

『漢譯日語階梯』の扉
（國學院大學図書館所蔵）

〃　『漢譯日本口語文典』誠之堂　一九〇七年
井上翠『東語會話大成』國文堂書局　一九〇七年
小山左文二『漢譯對照日語読本』三松堂書局　一九〇七年
松本亀次郎『日語日文教科書』一九〇七年

＊法政大学清国留学生法政速成・普通科
井上友吉『清人適用　日本語典』一九〇五年
萩原敬之『法政大学　日語読本入門』一九〇七年
〃　『法政大学　日語読本』巻一　一九〇七年

＊振武学校
振武学校『日本語会話教程』一九〇六年
〃　『日本言文課本』巻一　泰東同文局　一九〇六年
〃　『漢訳　日本言文課本』泰東同文局　一九〇六年
岸田蒔夫『日清対訳　実用日本語法』明文堂書房　一九〇六年

＊経緯学堂
経緯学堂『甲種　日語読本』巻一　一九〇七年

＊早稲田大学

大宮貫三『日語活法』早稲田大学出版部　一九〇七年

3. 宏文学院編纂『日本語教科書』第一巻〜第三巻

一．基本構成

宏文学院編集の『日本語教科書』は特別な意味を持つ。一九〇六年に金港堂書籍から刊行された『日本語教科書』は、清国人留学生のために作られたものである。三矢重松、松本亀次郎を中心とし、唐木歌吉、臼田寿恵吉、小山左文二、門馬常次、松下大三郎等によって日本語教授研究会が結成され、この研究会が『日本語教科書』編集の中核であり、宏文学院の叡智を結集して作成されたといってよい。

第一巻が八六課、第二巻が四二課、第三課が五九課となっている。速成教育が主流であることを考えれば、全てを留学期間内で行うことはまず無理である。なぜ、無理を承知で作成したか疑問である。刊行後に市販されたことからも、おそらく留学生以外の中国人学習者にも提供するためであったと考えられよう。

「例言」によれば、名詞・数詞の教授に多数の時間を費やすのは得策ではなく、適宜数課に分けて語法とともに習得させること、留学生の習得が困難なものは助詞、助動詞の用法、及び副詞、接頭語、接尾語であるため、それらの用例を多く提出したという。(2) 第二巻、第三巻も第一巻と同じ編集方法であり、各課の学習項目はテンス、助詞、助動詞の用法の整理、複合動詞等の用法が中心となっている。教育現場に於いて言語的に問題となった事を反映させていることは評価に値する。

「此ノ書ハ記憶練習ニ便ナラシムル爲メ、多く問答體ヲ採用セリ」とし、対話の形式をとっている。(3) 学習項目

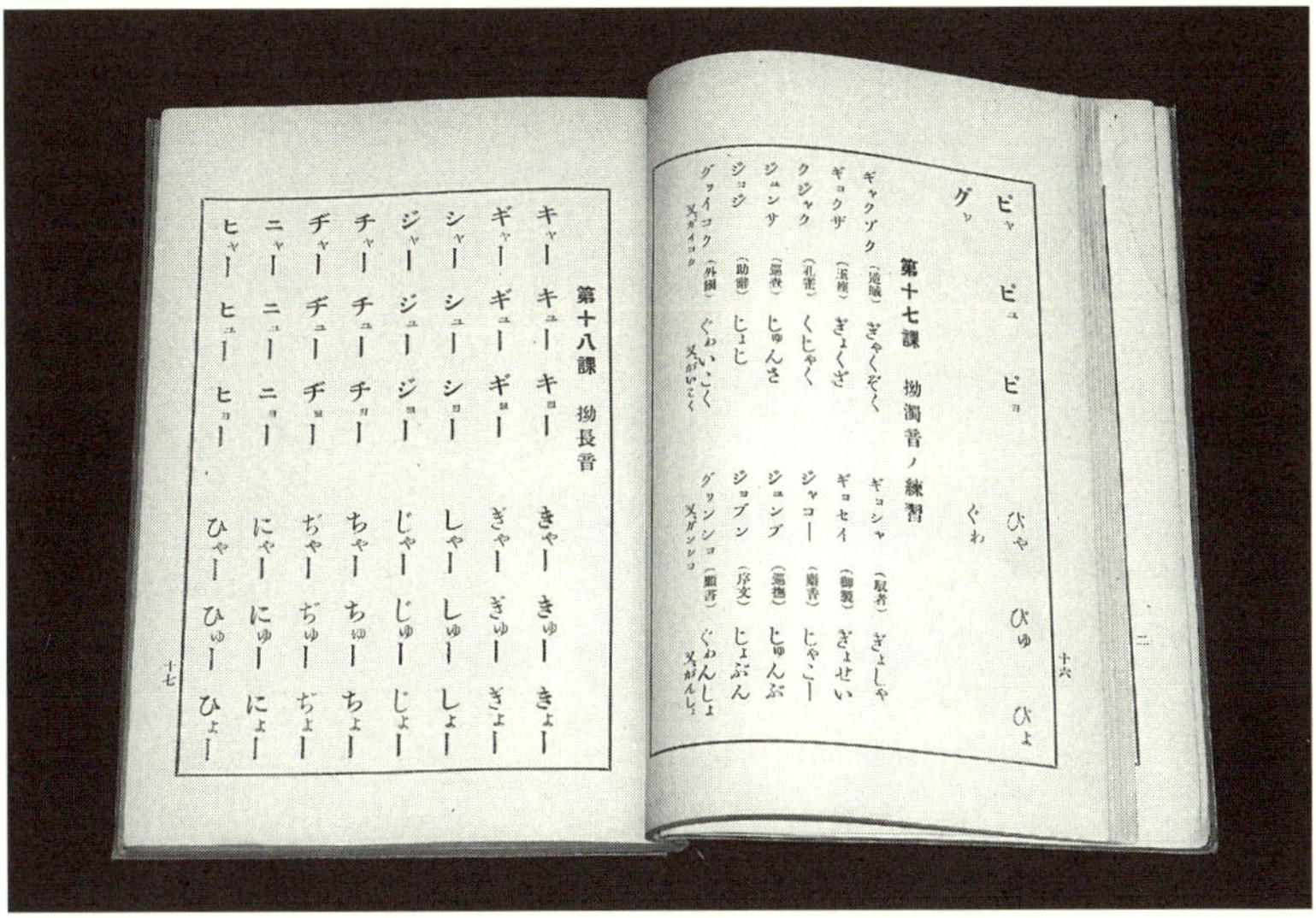

『日本語教科書』 第17課と第18課の見開き
（國學院大學図書館所蔵）

を定着させることはもちろんであるが、会話に慣れさせる意味でも問答形式を採用したのであろう。二四課から二六課まで漢字以外片仮名表記となっているが、二七課から二八課は平仮名表記となっている。双方の仮名に慣れるよう工夫したのであろう。実に効率的に編集されているといってよい。尚、第二巻、第三巻もほぼ同様である。

吉岡英幸によれば、この『日本語教科書』を分析した結果、現代の初級の基本的文法事項と考えられているものとの重なり具合が八六％だという[4]。第二次世界大戦以前の日本語教材を見渡してもこのような高い比率は多くはない。語法総合教材としては体系的に編集されたものであり、まさに、日本語教育の礎を築いた教科書といってよいだろう。

二．音声教育重視

ここで注目すべき点がある。第一巻は第一課「片假名　五十音」に始まり、第二三課「數字」まで、発音、仮名表記、数字の学習となっている。特に発音は第四課から第二二課までも占めていることからも音声教育を重視していることである。しかも、ナ行とラ行（第五課）、マ行とバ行（第一〇課）のように中国人にとって難しい発音を以下のようにミニマルペア[5]を活用して編集されていることは注目に値する。[6]

ハナ（花）　ハラ（腹）　ワナ（罠《ママ》）　ワラ（藁）　クニ（國）　クリ（栗）

松本亀次郎は留学生からの「假名の發音で、一番難しいのは何ですか？」という問に以下のように答えている。[7]

「なにぬねの」と「らりるれろ」の區別です。大概の人は「らりるれろ」は出來ますが、「なにぬねの」は出來ません。大概「らりるれろ」と混同します。

現在でも日本語教育の現場を経験した者ならば、ナ行とラ行の区別は中国人日本語学習者にとって苦手な部分であることは気がつくが、松本も宏文学院での現場の経験からこのような結論に至ったといってよい。誤用訂正法にミニマルペアを駆使することが、早くも明治期に行われていたことは驚くべきことである。

三．例文

語学教育では例文作成が重要な課題となってくる。そのトピックは学習者にとって身近なものであることを考えなければならない。この『日本語教科書』では学校・日常生活、時事、思想、留学生管理、名所・旧跡など留学生活に関するものが多い。ほんの一例であるが見てみよう。例えば第一巻第六五課では、以下の例文がある。[8]

外國ノ留學生ガ　高等學校ヤ　大學ニ　入ラウトスル時ハ　ドンナ規定ニ據ルノデスカ。
ソレハ　明治三十四年十月ノ　文部省令第十五號ニ特別ナ規定ガ　設ケテアリマスカ
ラ　ソレニ據ッテ簡便ニ　入學スルコトノ　出來ル様ニ　ナッテ居リマス。

「文部省令第一五號」は所謂「文部省直轄學校外國人入學規定」である。[9] 省令まで例文に入れているのは日本語教科書として珍しく、まさに留学生や宏文学院卒業生の進学、さらにこれから留学する者を意識して作成されたといえよう。

第三巻第五課、第一巻第六三課では、以下の例文がある。

第三巻第五課[10]
留學生ノ中ニハ、修業ノ傍　教科書ヲ　飜譯シタリ　或ハ　夜學ノ通譯ナドニ　出タリ　シテ居ル者ガ　幾ラモ　アル相デス。

第一巻第六三課[11]
此の本は　何處の本屋で　御買ひなさいましたか。
此の本は　神田區裏神保町の　三省堂で　買ひました。
此の筆は　何處の筆屋で　御買ひなさいましたか。
此の筆は　神田區今川小路の　玉川堂で　買つたのです。
あなたの　洋服は　何處の洋服屋で　お拵へなさいましたか。

私の洋服は　神田區鍛冶町の尾張屋で　拵えました。

多くの留学生は来日後、すぐに翻訳を行ったり、複数の学校に通学したりしていた。よってこれを反映させたのであろう。また、留学生が多く生活していた神田界隈のトピックを入れ、実生活を考慮したものになっている。前述した通り、例文作成の留意点は学習者の身近なものでなければならない。実在の語彙を取り入れることにより学習者のモチベーションも高まり、定着率も高くなることは、現場で経験した者ならば気づくことである。当時の留学生の生活環境を考慮して編集したことは、評価に値するといってよい。

日清、日露、両戦争の影響であろうが、軍事に関する語彙、表現等も取り入れている。例えば、第二巻第四二課では、以下の例文がある。(12)

敵の俘虜とはいひながら　矢張り　祖國のために　戰った　忠勇な軍人ですから　假初にも　輕蔑の風を見せてはいけません。

特に日露戦争時のロシア兵捕虜に対し、日本は丁重に扱ったことが有名であるが、これについて留学生に対しアピールしたかったからであろうか。それとも、見習うべきと戒めているのであろうか。また、第二巻第三九課では、以下の例文がある。(13)

若シ　講和ガ　成立シナカッツ《ママ》タラ　哈爾賓ドコロカ　露西亜内地マデモ　攻メ込ム積リデシタ《ママ》ウ。

さらに、第二巻第三七課では、以下の例文がある。[14]

どうせ　一度は　死ぬものですから　戰場で　花々しく討死するのが　男子の本望です。

多くは若く多感な留学生である。単なる語学教科書といえども、これらの例文に対して留学生はあまりいい気持ちがしなかった反面ナショナリズムの気持ちも芽生えたのかもしれないだろう。前述の第二巻第三七課などは思想そのものである。思想といえば、第一巻第八〇課、第三巻第六課では、以下の例文がある。

第一巻第八〇課[15]

近頃ハ　兎角　男性的ノ女ガ　多クッテ　イケナイガ　女ハ　矢張　女ラシクナクテハ　イケマセン。

處ガ　アベコベニ　コスメチックナド　ベタベタニ　附ケタ女性ラシイ男子ガ　殖エテ來タノニハ　實ニ慨歎デス。

第三巻第六課[16]

アノ女學生ハ　女ノ癖ニ　酒ナド　飲ンデ　男女同權論ヲ　饒舌リ散シテ居マス。

この当時、言うならばビジュアル系の男性が存在していたことは興味深い。また、これらの例文から男女観がはっきりしていることもわかる。現在ならばジェンダー問題となるであろう例文であるが、当時のジェンダー思想を反映させているのであろう。関正昭は、松本亀次郎の教科書編纂姿勢が国家体制・思想に関する題材を取り上げないと結論付けているが、[17] これまで見てきた例文から関の結論は早急であるといってよい。

第一巻第七〇課、第二巻第三八課では、それぞれ以下の例文がある。

第一巻第七〇課[18]
私は　今日　用事が　ありますから　外出したひと思いますが　勝手に　出て　宜しうございますか。
イーエ。學生監の許可を　受けなければいけません。

第二巻第三八課[19]
先達の騒動このかた　どうかすると　直ぐに　嫌疑を　受けます。
我々の同窓は　そうかすると　二派に分れて　互に　反目する　傾きが　あって　困ります。

当時の留学生は所謂「留学生取締規則」に対する反対運動や成城学校事件、[20] 革命活動、内部抗争等、学生運動が盛んであり、その度に警察沙汰や同盟休校や退学が頻繁に行われていた。また、勉学に熱心でない者も少なくなく、欠席も多かったと推測できよう。このような者達の真似をしないよう戒めるために編集されたといってよい。謂わば宏文学院の学生管理の理念が見て取れる。

さらに、第一巻第七〇課では、以下の例文がある。[21]

あなたは　近頃　一向　同郷會へ　御出席でございませんが　もうすこし　身を入れて　戴かなければ　困ります。

私も　もうすこし　盡力しなければならんのですが　肝腎な學業の方が　此の頃中眞に　忙しかったので
幹事會にも　二三回　御無沙汰をして　濟みませんでした。

留学生の郷党概念は強かった。例えば湖南省・四川省・湖北省同郷会等出身地別に組織されており、その会合も繁雑に行われていた。この例文から中には同郷会活動と勉学の両立ができなかった者もいたのであろう。

例文作成に於いて、時局が反映されており、どこか近代化に成功した勝者の奢りとも感じ取れるものもあるが、総じて時代背景、学習者の関心等をよく吟味されており評価できる。また、中国人留学生教育に対する宏文学院の理念も見て取れよう。そして、これら例文から当時の留学生活を垣間見ることができ、史料的価値もある。

四．教科書編集に於ける「東京語」

日本語教育の礎となった『日本語教科書』であったが、編集には困難な面があったといえる。まず、使用された言語は「口語体」である。松本も述べているが当時、口語文法書や辞書は日本人用で、日本語教育関係者が編集しておらず、用例の分類が詳しくないという状況であった。[22] さらに、共通語が確立されていない。したがって、このような状況でどのような口語体を選択するのかが問題となってくる。『日本語教科書』の「例言」によれば「東京語ヲ標準ト爲ス」としている。[23] 周知の通り江戸が東京と改称され、政治・文化の中心地となっていった。それに伴って京都の言語から東京語を基調とする言語が全国的に広まったことは日本語史上大きな変動である。下町言葉は東京方言と呼ばれ、共通語の基盤となる東京語は山の手言葉である。松村明によれば東京語の成立と発展は以下の五期に区分できるという。[24]

第一期　明治前期〔形成期〕（明治初年から明治一〇年代の終わりまで）
第二期　明治後期〔確立期〕（明治二〇年代の初めから明治末年まで）
第三期　大正期〔完成期〕（大正初年から大正一二年九月の大震災まで）
第四期　昭和初期〔第一転成期〕（大正一二年の関東大震災から昭和二〇年八月終戦まで）
第五期　昭和後期〔第二転成期〕（終戦後から今日まで）

留学生らが来日したのはちょうど確立期である第二期に当たる。つまり『日本語教科書』では、第一期と第二期の東京語を中心として編集されているのである。

第一期である形成期に於いて維新直後、地方から入京移住する者等の言葉、英語を中心とした表現（受身形等）、翻訳漢語等の影響から形成され、統一の機運が高まり、言文一致の確立と共に、東京語が一応確立したといわれている。学校教育の面でも東京語である口語文普及の機運が高まった。一九〇〇年の小学校令施行規則を以下のように定めた。(25)

國語ハ普通ノ言語、日常須知ノ文字及文章ヲ知ラシメ正確ニ思想ヲ表彰スルノ能ヲ養ヒ兼テ智徳ヲ啓發スルヲ以テ要旨トス

しかし、この条文制定者である沢柳政太郎は、以下のように述べている。(26)

國語科に於て普通文と稱する者の範圍を如何に定めるのが適當であるかと云ふのが一ツの問題で、法令の上に於いては普通文と云ふ者がどれどれであると云ふ事は正確に定めて居らぬ、單に普通文と云ッてあるのみである。

小笠原拓によれば当時、多様な文体が存在し、国語統一が不完全である現段階で、「普通文」を確定できなかったという。[27]また、一九一一年に『口語体書簡文に関する調査報告』の例言に以下のことが記された。[28]

標準文、並ニ教室ニオケル教員ノ用語ニ方言ヲ雑フルモノアリ、従テ兒童ノ成績ニ於テモ屢々之ヲ認ムルガ如キハ、畢竟現今國語教育ニ於ケル標準語タル東京語ヲ研究スルコト十分ナラザル(後略)

当時の一般の口語文に見られる言語や、国語読本の口語体に見られる言語はけっして東京語だけではない。方言もや文語もかなり取り入れられていた。したがって、東京語を正確に通じている者は多くはなかったというのが現実であった。

宏文学院に於いてもこれが争点となってくる。自分達の共通語が決まっておらず、留学生にどのような日本語を選択し教えるべきかが問題であったのだ。教科書編集の際に「可成東京の口語を用ふるを(文語や方言多く混ぜよ)」と、東京語を避ける意見が編集者の中から出てきたのである。[29]宏文学院の多くの日本語教授陣は地方出身者であることも考えれば当然のことであろう。

結局、文語や方言を多く採り上げることはなかったが、折衷案的要素が『日本語教科書』に取り上げられている。例えば第一課第七三課「私は　日本文で　手紙が　書くことが出來る」「私は　日本文で　手紙が　書かれる」「私は　日本文で　手紙が　書ける」の可能形である。[30]東京語は「書くことができる」または「書ける」とする。特に「スルコトガデキル」は一八七七年頃から山の手言葉で一般化されたが、現在のように「スルコトガデキル」を中心に可能形が編制されるようになるのには、一〇年後の一八八七年まで待たなければならなかった。[31]

「書く」に可能形の助動詞「れる」がついて「書かれる」というのであるが、これは東京語ではない。つまり、松本を中心とする『日本語教科書』編集者は、口語は東京語を基調とはするものの、それとは別の言語体系を加えたのであった。これは注目に値する点である。大正期に国語調査委員会による『口語法』が刊行され、可能形「書かれる」のような「れる」「られる」が記述されている。[32]国語調査委員会はこの時点で口語の基調を、東京語を基準とはするが、広く用いられている地方語も口語として採り入れることにした。以後の口語文典もこれを踏襲するわけであるが、松村明によれば、その結果、話し言葉としての共通語は東京語とも異なった点を持つ独自の言語としてできあがっていったという。[33]明治の留学生に対する日本語教育は国語調査委員会よりも早くこの点に着目しており、まさに先駆けとしての共通語の口語の規範を作っていたのである。

東京語を採用するにあたって「其ノ野鄙ナルモノ、及ビ其ノ轉訛ノ甚シキ者ハ、採用セズ」と制限を設けている。[34]明治以降の山の手言葉である敬体の推量表現「デセウ」「ナイデセウ」（第一巻第七八課）等を学習項目に取り上げているので、[35]下町言葉を排除し、主に山の手言葉を中心に編集したと考えられよう。しかし、下町言葉もしっかりと編集されているのだ。これには、編集に携わった者からクレームがついた。例えば「「ナスッテ下サイ」「ナスッテ」東京語ナレドモ余ハ「ナサッテ」トシタシ」、「オトッツアン(父)、オッカサン(母)をオトーサン、オカーサント改メタシ」と述べている。[36]これらは下町言葉の典型であるから、「野鄙」の基準に値したと考えたのであろう。しかし結局、これらを改めることはしなかった。[37]この理由は多くの留学生が下町である神田界隈を生活拠点としているので、日常生活を考慮してのことであろう。

東京語の特徴の一つに所謂翻訳調がある。『日本語教科書』でもそれが編集されている。例えば比較表現の「ヨリ」(第一巻第五三課「金剛石ハ　鐵ヨリ　固イ。」)[38]、「的」(第一巻第八〇課「近頃ハ　兎角　男性的ノ女ガ多クッテ　イケナイガ　女ハ　矢張　女ラシクナクテハ　イケマセン。」)[39]等がそうである。[40]飛田良文はこの「ヨリ」を、英語を学習した明治期の知識人による造語とし、明治二〇年代から三〇年代にかけて一般化したとしている。[41]「的」は、元々は宋・元の俗語であったものを、明治以降、英語の「-tic」を有する形容詞の訳語に用いたことに始まるという。尚、『日本語教科書』でも「-tic」の例文がある(第一課八〇課「處ガ　アベコベニコスメチックナド　ベタベタニ　附ケタ女性ラシイ男性ガ　殖エテ來タノハ　實ニ　慨歎デス」)[42]。

土屋信一が指摘しているが東京語は受身表現の発達が著しいのだが、特に「～と考えられる」「～が期待される」「～が行われる」「望まれる」等の自発に近く中相的な表現の受身が明治二〇年頃から目立ってくる。[43]これらは翻訳語である。事務的に相手の行動を求めたり規制したりする。そして客観的・事務的であり、はっきりしない性格のものである。役人や教師達は好んで使うであろう。宏文学院編纂の『日本語教科書』で、なぜこれらを採り上げなかったのか疑問である。はっきりと表現しないことは、日本的である。これらを採り上げたならば、留学生に対する言語教育から異文化理解へと結びついたかもしれない。

当時の一般の口語文では、共通語が定まっておらず、また、日本人用の口語辞典の類が本格的に出版されるのは一九〇九年以降である。その状況にもかかわらず、『日本語教科書』に於いて標準語がある程度形成されていたのである。清国人留学生に対する日本語教育は、一般の日本人よりも先に本格的に近代日本語を教育されていたといえよう。

五．留学生教育現場から国文法への影響

宏文学院日本語教授陣の中に三矢重松と松下大三郎が在職している。彼等は留学生に対する日本語教育から新たな日本語文法構築を行った。

三矢は一九〇八年の名著『高等日本文法』を残している。三矢が日本語教育に関わったのは一八九九年の宏文学院前身であった亦楽書院からである。その日本語教育歴は僅か五年であったことからも、三矢と日本語教育との関連が論じられることはなかったのである。[44]『高等日本文法』には日本語教育の実践が反映されている箇所がある。例えば「成分の省略」である。ここでは典型的な例文を見てみよう。[45]

①主の省略

（天氣）好い　天氣です。

②敍述の省略

我は　行かむ　君は　（行カズヤ）

鷲の　宿は（イヅコ）と　問はゞ　いかゞ　答へむ

③主と敍述との省略

（ソレハ）　御めでたう　（ゴザル）

④客語の省略

まあ　一服　（茶、煙草など）　御上がり

酒　あらば　（ワレ　ソレヲ）　飲まむ

⑤修飾の省略
（今日ハ　天氣ガ）お寒う　ございます
西郷も　（エライ）西郷だが　大久保も　えらい
⑥修飾の下なる種々の省略
馬は　太く　逞しき　（馬）が　よし
君　（ノ服装）は　洋服　我　（ノ服装）は　和服なり

日本語は話し手と聞き手の間で了解可能ならば文の成分が省略される傾向にある。つまり日本語の構造上の特徴に気がつき、六項目に体系的に分類・分析できたのは、日本人が無意識に行っている省略の方法と内容を留学生からの質問によって考察できたからであろう。[46] この時期、山田孝雄『日本文法論』にも同様に省略の論があるが、修辞論的に説かれており実践的な三矢文法論とは対照的である。折口信夫は「三矢博士の学風」と題する講演において三矢文法の実践に密着した素直な性質と業績を認めていることからも証左であろう。[47]

松下はグライダー製作、和文タイプライターの特許を取った経歴を持っている。チョムスキーと並ぶ普遍的言語理論の先駆ともいうべき『標準日本語』、『標準日本口語法』、『標準漢文法』の三部作を著し、国文法史上に輝く業績を残した。一九〇五年、松下は嘉納に招かれて宏文学院日本語教師となった。これを機に二〇年以上日本語教育に関わることとなる。

一九〇七年、松下が著した日本語教育のテキスト『漢譯日本口語文典』では「補助動詞」という術語が用いられている。[48] しかし、一般には橋本進吉から「補助動詞」という術語が始まったといわれている。[49] 松下が最初であることをここで確認しておく。

「補助動詞」については、現代の日本語教育では文型の意味や形を決定づける重要な語として広く認識されており、特にアスペクトとの関連から研究が盛んである。これは松下の先見性と日本語教育実践から編み出したものであると考えていい。

また、松下は「関係副詞」についても早くも取りあげている。[50] これについては一九三四年に橋本進吉は「助詞相当の連語」とし、永野賢は一九五三年に「複合動詞」と名付けた。ここで松下が橋本や永野より以前から著していたことを確認しておく。[51]

例えば「~について」という語を教えるとき、〈助詞「に」+動詞「つく」の複合〉という語構成の説明をしてもその用法はわからない。「機能語」として理解させてから意味・用法を文型との関連から説明すれば学習者は理解できるはずである。松下はまさにこれを理論的に説明しているのである。

松尾捨治郎は三矢と松下について以下のように述べている。[52]

兩者の語法研究の一動機は支那人に國語を教へる爲であった點、共通して居ます。又兩君共に常に僕の教へた支那人は、日本人よりも正しい日本語を話す者が少なくないよ。と自慢して居られたことも、共通でした。

日本語教育実践の経験が国文法研究に影響を及ぼしていたといってよい。この経験があるからこそ、当時の国文法学者では気がつかなかった点に着目できたといってよい。

したがって、清国人留学生を通して、日本人は母語である日本語の再構築と考察を行い、近代の国文法研究、日本語教育の発展に繋げたといえる。まさにこれは日中相互文化交流の賜物である。

4．教授法

一．「◎日本語教授法改良ニ就キテノ鄙見」

さて、宏文学院編集『日本語教科書』の側面から考察したが、実際にどのような教授法で行われたのであろうか。ここに講道館所蔵記録「◎日本語教授法改良ニ就キテノ鄙見」がある。あくまでも「鄙見」であるから、これが実際に於いて全て採用されていたか断定はできないが、参考になるであろう。それによれば以下の通りである。(53)

日本語檐当以外ノ諸教員ト協力同調シテ生徒ノ發音及ビ語調ノ不完全ナル箇所ヲ怠ラズ矯制セシムベキ事

例ヘバ日本語教員ニシテ如何ニ盡力ストモ躰操教員ニシテ　アナタ如何ニニ《ママ》シマス、ヨロシイ的ノ説明ヲ為ストキハ、日本語教授ノ進歩上結果優良トナラザルベシ。

概シテ日本語檐当外ノ教員ニ於テハ、自分ヨリ生徒ノ理解力ヲ杞憂シテ、片言ヲ用フルノ弊ハ支那学生教育ニ従事スル者ノ通弊也。此際教員一般ニ打合セテ鴃舌的日本語ヲ用ヒザル様注意スルノ必要アルベシ

ここでも音声を重視していることがわかる。これは『日本語教科書』の編集に沿ったものであるからだ。松本亀次郎の授業は古い殻を破って近代的な口語会話重視の方法をとり、極めて魅力的で活気に富んだ内容であったというから、(54)これに関しては実際に行われていたと考えてよい。

また、他教科との協力体制によって日本語能力向上を図ろうとしていたことがわかる。教室内の日本語教育だ

けでは学習効果がなかなか出ないと感じていたに違いない。留学生は日本語の授業の後、学習した日本語で他教科の教師とコミュニケーションをしようとしたであろう。しかし、日本人教師のフォリナートークやティーチャートークによって遮られ、彼等の気持ちは不満であったことは想像に難くない。ただ、特に速成科は日本語教育以外の科目は通訳付きであるから、挨拶や答えさせるとき等の教室用語に関して日本語を使用したと考えられよう。何れにしろ日本語教授法が体系化されていない中、早くも他教科教師との提携を掲げ、時代を超えた普遍性を持つ予備教育機関としての教育方法をこの時点で編み出していたことは注目に値する。学院全体を挙げて日本語教育支援体制が築かれていたことは間違いない。

講道館所蔵記録「◎日本語教授法改良ニ就キテノ鄙見」によれば、以下の事を述べている[55]。

(一)日本語ノ發音及ビ語調ヲ正確且流麗ナラシムル為ニ、時々生徒ヲ指名シテ讀本ヲ朗讀セシメ畢リテ、他生徒ヲシテ該生徒ニ向テ、其誤謬ト認メタル所ヲ質問指摘セシムルコト、恰モ現時本邦ノ小学ニ於ケル讀本教授法ニ倣フ事

やはり、音声を重視するよう述べているが、ここで注目しなければならないのは「現時本邦ノ小学ニ於ケル讀本教授法ニ倣フ事」である。宏文学院が存在していたのは一九〇二年～一九〇九年である。当時の日本の学校教育全般では「ヘルバルト主義教授法」のあまりの流行のためにかえってその真の意義を理解し得ないまま、きわめて皮相的・形式的に行う教員が多くなったため批判されることになった。その結果、一八九六年以降は下火になった。そして教育学の権威である樋口勘次郎が「統合主義新教授法」を提唱していた時期である。しかし、「ヘルバルト主義教授法」はそう簡単には姿を消えることはなく、教育界は「概ねヘルバルト派の思想に支配さ

せられ[56]」というのが実態であった。一九〇七年、蔡元培がヘルバルト主義教育の源流を探求するためのドイツ留学の際に「わが国の現行教育制度は日本に多くを模倣したものである。そして日本教育の重鎮たちはドイツのヘルバルト派である」と述べている[57]。日本でのヘルバルト主義教授法の影響の大きさがわかる。

宏文学院の教授陣には「ヘルバルト主義教授法」の権威である波多野貞之助、上述の樋口勘次郎、棚橋源太郎、また日本語教授である松本亀次郎が在籍していた。松本は「ヘルバルト主義教授法」と「統合主義新教授法」の流行の中、静岡県尋常師範学校や佐賀県師範学校等で国語教諭をしていた。さらに講道館所蔵資料によれば毎月一回日本語会を開催し、日本語教育担当以外の教師も参加し日本語研究や教授法研究等を行っていたという。以上のことから日本語教授方法も「ヘルバルト主義教授法」と「統合主義新教授法」を取り入れていたことは十分に考えられる。

二．漢文体を介した教授法

前述したような教授法を駆使して行っていたが、日本語による直接法なのか、それとも媒介語を用いる間接法なのかも重要である。特に速成科の日本語教育以外の教科の授業は通訳付きであった。したがって、日本語教育も同様であったと考えられるが、実はそうではない。井上翠によれば「日語教授の際愈々難解の點は支那語で説明しましたので、留學生に喜ばれ、自分のクラスには八十人ほどの學生が集まつて來ました」という[58]。特に井上は中国語学を専門としていたので、学習レベルに合わせて中国語を用いていたといえよう。ただ、日本語教授陣全員が井上のように中国語に明るかったとはいえない。その場合はどのように対処していたかである。

松本亀次郎によれば「僕は他の講師が去つた後を引繼いだので彼等の日本語は既に相當程度に達してをつた。最早漢學して教へなくても大體は日本語で同意語に言ひ換えて説明すれば分かる程度に進んで居た(後略)」という[59]。学習レベルに応じて漢学、つまり漢文体を駆使していたことがわかる。多くの宏文学院の教授陣は明治初期に学校教育を受けていた。一八八一年定められた「小学校教則綱領」の第一一条によれば以下の通りである[60]。

初等科ノ読方ハ伊呂波、五十音、濁音、次清音、仮名ノ単語、短句等ヨリ始メテ仮名交リ文ノ読本ニ入リ兼テ読本中堅要ノ字句ヲ書取ラシメ詳ニ之ヲ理会セシムルコトヲ務ムヘシ中等科ニ於テハ近易ノ漢文ノ読本若クハ稍高尚ノ仮名交リ文ノ読本ヲ授ケ高等科ニ至テハ漢文ノ読本若クハ高尚ノ仮名交リ文ノ読本ヲ授クヘシ凡読本ハ文体雅馴ニシテ学術上ノ益アル記事或ハ生徒ノ心意ヲ愉ハシムヘキ文詞ヲ包有スルモノヲ撰用スヘク之ヲ授クルニ当テハ読法、字義、句意、章意、句の変化等ヲ理会セシムルコトヲ旨トスヘシ

「高尚ノ仮名交リ文」、つまり和文と仮名交じり文も考えられよう。しかし、現実には教材内容は全て漢文くずしの文体が用いられているのである。また、一八七二年に学制が公布されたとはいえ、幕末以来の寺子屋、私塾の影響は残っており、小学校から漢学を授業として行っていた。松本亀次郎の幼馴染で一八七一年生まれの吉岡彌生によれば、小学校に入学したとき、授業は寺子屋と大差なく漢文の素読暗記ばかりであった旨を述べている[61]。したがって、多くの教授陣らはこのような国語教育を受けているので、漢文体を以って日本語教育を行うことは自然なことであったのだ。

明治期の日本語教材は漢訳若しくは漢文体を駆使したものが多い。一九〇四年に発行された『弘文学院叢書言文對照漢譯日本文典』は昭和半ばまでに四〇版を重ねるほど中国人留学生に好まれて使われた。著者の松本はその理由を以下のように述べている[62]。

此の文典は言文對照とは名づけてをるが文語體が主で口語體が從である。といふのは當時はまだ口語のやつと芽を出した時分で有名な紅葉の「金色夜叉」や蘆花「不如歸」でも登場人物の對話こそ口語體だが草紙地は文語體で書いてある。教科書は勿論文語體が多い。随つて漢文と相距る甚だ近いのである。（中略）それだからこそこの文典を讀めば大概當時の教科書は理解させられ又日本文を漢文に譯出する基準になつたので、それが爲當時は大いに重寶がられた次第である。

文語体と漢文体の関係が密接であったため、中国人留学生も日本人教師も日本語学習に好都合であったのだ。そしてこの背景は、当時の日本語、そして留学生が学びたい日本語に関係してくる。

明治期に於いて、共通語はまだはっきり定められていなかった。また日本語の書き言葉と話し言葉の違い、つまり言文分離の状況である。当然、どのような日本語を選び教育、学習すればいいのかという問題が出てくる。中国人留学生の多くは官僚志望者である。よって学びたい日本語というのは法令文書や大新聞、学術書等で使われているものである。江戸時代の公用文は候文であったが、明治になり公用文、大新聞、学術書等は、一変し漢文訓読書き下し体であったのだ。これらは文語体と漢文体が密接な関係を持った日本語である。

詳細は後述するが、これらの背景は留学生の日本語学習方法に影響を及ぼす。短期で留学を修め帰国した後、日本語書を取り寄せ、それを参考にし、国家再建の一端を担うのであるから、読む事を第一として考えたのである。宏文学院が行おうとした日本語教育とのズレがここに生じるのである。これを論じる前に留学生の日本語学習観を見なければならない。

三．留学生の日本語学習観「和文漢読法」

黄遵三は宏文学院に入学するとき梁啓超が著わした『東文入門』で日本語学習をしていた。黄はこれについて「初級用としては、一番良い」と述べている[63]。梁の日本語学習方法は中国人留学生だけでなく、中国人日本語学習者に多大な影響を与えた。

『東文入門』は残念ながら筆者は未見であるが、梁啓超の日本語学習方法は一八九九年二月の『清議報』に於ける「論学日本文之益」からわかる。「日本語の文章語では漢字が七、八割を占め、専ら仮名を用いて漢字を用いないのは接続詞や助詞の類に過ぎない。」「接続詞や助詞などよく使われるものを取り出し、それらを常に見てしっかり覚え(後略)」、さらに「実字が先、虚字が後ろ」という語順を転倒して読む方法を理解しておけば「スムーズに本を読むことができるようになる」とし、梁はこの方法を以ってすれば「数日にして小成があり、数カ月にして大成がある」という[64]。この学習方法が「和文漢読法」である。前述した漢文訓読書き下し体の逆になるのだ。梁は訳書彙編社の同人と共同して『和文漢読法』という本を編集し刊行し、当時の中国人の日本語学習に大きな影響を与えた。

では、具体的な和文漢読法であるが、梁啓超の『和文漢読法』に影響を受けたという一九〇二年に呉啓孫が著わした『和文釈例』の中の例文と解説をみてみよう[65]。

鶏聲暁ヲ報ジ。禁門悉ク開ク。搢紳百官。衣冠ヲ整ヘ。履新ヲ賀ス。馬車絡驛。往来織ルガ如シ。庶人モ。亦衣ヲ鮮カニシ。履ヲ新タニシ。相訪フテ。互ニ。吉利語ヲ道フ。昌平ノ美観。蓋シ此日ニ在リ。

上述の例文を漢読する際を要約すれば以下の通りである[66]。

①「暁」「報」「悉」「開」「整」「賀」「鮮」「訪」「道」「蓋」「在」などの字の後ろの日本文字はみな語尾で意味がない。和文の文法には語尾変化というものがあって、意味表現の微妙な差が存在するが、漢文とはあまり関係ないので、初心者は無視してよい。
②文の中の「ヲ」という字は「斡旋之詞」で、最も重要である。和文は漢文の語順と反対で、和文を読む時「ヲ」の字があればその下の語を上の語の前に移すとよい。
③「テ」は動詞の後ろに来て下の文につながり、漢文の「而」の意に相当する。
④「ノ」は「之」の意である。
⑤「ニ」は「中」の意があり、使い方は「ヲ」とほぼ同じで、「斡旋之詞」でもある。訳す時は「ヲ」と同じく、下の語を上の語の前に持っていく。「ヲ」は動作を表す意があるのに対し、「ニ」は場所を表す意味である。

助詞、語順を重視しているが、語尾変化について初心者は無視してよいなどとしているのはいささか乱暴である。「語幹＋接辞」という構造を持たない孤立語である漢語とは違って、語幹に文法的な機能を持つ要素が次々と結合することによって文中に於いて文法的役割や関係の差異を示すという「膠着語」の日本語の真意を無視していることに繋がるからである。

前述の例文を漢訳すると以下のようになる。(67)

鶏聲報暁。禁門悉開。搢紳百官。整衣冠。賀履新。馬車絡驛。往来如織。庶人亦鮮衣新履。相訪互道吉利語。昌平之美観蓋在此日矣。

日本文の漢字を全て使用し漢訳していることは注目に値する。この方法は梁独自の方法ではない。蔡元培も同様の方法で日本語学習をしていた。一八九八年から六～七人のグループで陶杏南、後に野口茂温から日本文を教授してもらい、「日本語の話し方を身に付けようとせず、ただ〈テニオハ〉の読み方を覚えて、日本語の書物を無理やりに読み通していく」と述べている。[68] また、テニオハの習得と同時に、すぐ中国の古典または日本の書物の翻訳に取り掛かり、実践しながらテニオハの用法を覚えた。つまり、漢文訓読法の真逆を行っていたのである。そして、速成で日本語を学習するならばこの方法が一番であったろう。未だに根強く同文同種といわれる所以もここから派生したといえる。

来日後、すぐに翻訳を試みた留学生は多かった。松本亀次郎は彼等について以下のように証言している。[69]

> 然るに日本文を見ると漢字の間に假名が交つて居る。漢字の意味は分かるから假名で書いた部分の意味を教へて貰へばそれで用は足りると言ふのが彼等の要求である。何と實利(即ち實生活)主義ではあるまいか。一例を擧げれば
>
> (イ)政府ハ留學生ヲ外國ヘ派遣ス
>
> (ロ)僕ハ人込デ賊(泥坊)ニ銭(御足)ヲ取ラレタ
>
> 右の様な文に於て漢字で書いた部分は悉く意味は分かるけれども假名で書いたハヲヘデニレタスラなどの意義を教へて呉れればそれで宜しい。

留学生はまさに和文漢読法で日本語を学習しようとしていたことがわかる。松本は彼等の学習法について実利主義と述べている。短期留学花盛りでは、最短で一ヶ月、最長でも一年前後である。荘兆祥の証言によれば留学生は学校を卒業すれば、すぐに帰国するのが通例であったことからも[70]、どの日本語を効果的に学ぶかが重要である。彼等は帰国すれば日本語会話力は不要である。帰国後は日本の書物を参考に国家再建の一端を担う。したがって、日本語は目で見て意味が理解できればいいのである。ましてや同文同種の考えもあるから、容易にそれができると考えたのであろう。

以上のことから考察すれば、留学生は、語学教育の四技能のうち「読む」能力のみをニーズとし、そのためには和文漢読法を会得すればいいと考えていたのである。

では、当時の日本語教育のパイオニアであった宏文学院の教育方針に対し、留学生等はどのように見ていたのであろうか。

四．近代日本語教育の留学生への影響──その効果と弊害──

これまで論じてきたが宏文学院が行おうとした日本語教育と留学生のニーズの差があることはわかった。ならば留学生は宏文学院の日本語教育に対し、どのような反応をしていたのであろうか。

ここに講道館に所蔵されている宏文学院の留学生からの手紙がある。その中の一つを見てみよう[71]。

九月開班以来歴今四月承諸先生熱心引導感佩情不遑言喩惟近聞柿村先生将就他處之聘不能復在貴校教授大島先生将以鶴田先代《ママ》柿村先生之席窃思貴校所聘教教師大都熱心教育然鶴田先生去年曽在第三普通班教授學生等班中多有在第三班曽經聴受者均稱鶴田先生于漢文不甚通鮮教授法亦未見優長故學者毎難了解昨學生等曽向

大島先生請其改聘良師大島先生終欲姑為嘗試俟果不善再行更聘學生等再四希求終未蒙允窃思貴國教育隆盛濟濟多才精通漢文塾明教法者自不乏人則改法良師固自易事在學生等自應安心學業教師事　件本無自由擇選之理由惟念先生教育名家於儆國學界同深係念凡有希望盡能各遂所懐而學生等自問遠道来遊于學問不敢稍存苟且故不顧冒昧為特別之希求且開班日允普通科學當遂漸増加日語進歩太遅科學無由聴受故在學生等求學貴國言語尤為切要之基礎若日語教授不良學生等求學前途必大阻碍即請轉告大島先生自此改聘為望至鶴田先生學生等曽経聴受無庸斬行教授徒為嘗試以耽日力且必俟既教不善而後改聘何如今日為之尤為宜截了當耶若早使學生等達此希望勉造求學之階基則感激無量(後略)

この手紙は大塚第二普通班学生部長の揚有勲が全てのクラスを代表として嘉納治五郎に宛てて書かれたものである。郵便消印は一九〇六年二月二三日となっている。柿村というのは『上代日本漢文学史』や『本朝文粋註釈』を著わした漢文学の大家の柿村重松である。大島というのは教務主任であり化学を担当していた大島英助である。そして、鶴田というのは日本語担当の鶴田健次である。柿村が去った後に担当した鶴田の漢文の知識、授業方法に対しクレームをつけ、かつ教師の交代を要求したものである。また、留学生は日本語学習の効果が出ておらず、普通学の科目が聞き取れないというのだ。普通科では、速成科と違い通訳を設けなかったので、彼等の焦りの気持ちが表れている。宏文学院の日本語教育では音声教育、つまり「聞く」「話す」ことに力を入れていたはずなのであるが、あまり学習効果は出ていなかったのだろうか。鶴田健次だけの教授法を以って、宏文学院の日本語教育に対し低い評価をするのは早急である。しかし、黄尊三も自身の日記に於いて宏文学院時代に一年間の日本語を学習したが程度が低く聞き分けることができないと嘆いている。(72) 仙台に来たばかりの魯迅の日本語能力について、藤野厳九郎は「入学された時から日本語を充分に話したり、聞いて理解することが出来なかった」と証言している。(73) したがって、「聞く」「話す」教育は上手くいっていなかったといってもよいだろう。

これらの能力の不十分さは、当時の留学生界全体であると考えられる。それは教室内から一歩外に出れば問題となるのだ。つまり、日本人とのコミュニケーションが取れないのだ。一九〇六年一〇月三一日の東京朝日新聞の記事によれば以下の通りである。(74)

> 昨日の晝頃下谷區谷中坂町湯屋梶原方に入浴中の根津方町の齋藤方止宿留學生周懇就（二十）劉揆先（二十四）の二清人が頻に磨《ママ》きをかけ居るを入浴中の日本人が見て言葉をかけたるも雙方とも言語不通の處より端なく爭論を惹き起し遂に居合せし日本人五名との爭闘となり周懇就は頭部背部等に負傷し警官の出張せし頃には相手方の日本人は　早や逃走せし後なりしかば周に手當を加へ加害者を捜索中なり

慣れない日本式入浴である。これについて本書では詳細を論じないが、日華学堂では風呂の入り方を指導していたほどである。(75) したがって、上述の記事は言語問題が異文化摩擦を更に大きくしてしまった典型的な例である。

日本語能力が低いという理由で留学生どころか中国人全体が無知であるという誤解も与えてしまった。人力車に乗った某留学生に対し車夫が「日本とロシアは戦争し、日本が勝ったことを知っているか」と聞かれたが、質問の意味もわからず思わず「そうです」と答え、さらに車夫が「それなら羨ましいだろう」と尋ねられ、尚理解できない留学生はまたもや「そうです」と答えたが、暫くして車夫は日本語が理解できないと気づくと何回も「支那人は何も知らないんだ」と言い捨てたという。これを書いた夢芸生は東京在住の留学生ならば一日に何度も経験しており、聞くも悲しく口にするも恥ずかしいと評している。(76) 詳しくは後述するがその結果、留学生は母国人同士で固まり日本社会と接することは皆無に等しかった。つまり日本語を実践する場を自ら閉ざしてしまったのである。これは日本語学習の効果をなくす要因の一つであり、悪循環を生み出している。

話を宏文学院に戻そう。鶴田健次のような日本語教師は、他にも存在した。湖北普通丙班の陳傳理が嘉納治五郎に宛てた手紙である。[77]

自今年九月以来貴校之宗旨忽異教員則無故更換其更換之目的總是善者去而劣者來即如敝班上之日語教員先時是鈴木穂刈二先生近日以亀山村田二教員代之此二教員不特不知教授之法並不知日文為何物如少年老イ易ク之句而以老イ為形容詞易ク為動詞以如此教授法學生等安能受益特向大嶋先生籌商大嶋先生以先生所？為辭學生等因思敝國人來貴國學習普通科原以日語日文為正宗則日文日語之教法必詳明簡要而後易於領悟故教員宜擇其最善者先生教育名家豈昧此理而以不通日文之教員困學生等乎此必大嶋先生接引私人蒙蔽先生以欺學生等也故特稟請先生冀念學生等萬里游學之苦衷深如体恤将亀山村田二教員更換之不必拘何人總湏教法善良日文深通者

（後略）

鈴木は鈴木静、穂刈は穂刈信及、亀山は亀山秀明である。村田については、宏文学院の『職員異同一覧』に、[78]村田政夫一人しか記されておらず、しかも、退職日が一九〇五年七月である。この手紙の消印が一九〇六年一一月二三日であり、村田政夫以外の村田が存在していたのであろう。何れにせよ「少年老い易く」という文に関して、「老い」を形容詞、「易く」を動詞だと教えたことからも、亀山と村田の教え方は日本語教育以前の問題である。繰り返すが、宏文学院の全ての日本語教授陣がこのような低いレベルだと結論付けることは早急である。しかし、講道館に所蔵されている留学生からの手紙は全て日本語ではなく中国語で書かれている。「文章力」等の問題もあるが、日本語能力は予想以上に低かった証左ではないだろうか。ましてや横書きで「本日大賣出」

を書いてあるのを、思わず右読みかつ中国語語順で「出賣大日本(大日本を売り出す)」と理解し大変驚いてしまった留学生がいたといわれているほどだ[79]。確かに当時の日本語教科書では縦書きであるから、横書きについて学習していない。しかし、初級レベルの日本語能力があれば、間違いだと十分に気づくことができるはずだ。全ての留学生がこのような日本語能力であるとは考えにくいが、やはり留学生の多くはおそらくこの程度であったのではないだろうか。

教育効果のなさの要因は教師だけではない。彼等の日本語に対する姿勢も問題である。前述した彼等の日本語学習観である和文漢読法の影響、そして当時は八〜九ヶ月の間に日本語以外に普通学を学ばねばならず、会話を習っている暇はない。留学生にとって日本文さえ読むことができれば、帰国後の国家再建に貢献できる。ましてや帰国後は日本語による会話は必要がないのである。孫伯醇は当時の留学生の日本語学習の態度を、和文漢読法の影響があったとしながら、以下のように回想している[80]。

> ほんとに日本語そのものを勉強する、その必要はないと思ってるんだみんな。そういうことである。

根本的に日本語学習の必要性を感じていなかったのである。このことは多くの留学生らの日記、回想録に於いて日本語学習や日本語研究についての記述は非常に少ないことからも注目に値する回想といえよう。

5．まとめ

近代日本語教育は教える側の日本人が主体となり、外国語としての日本語教育に日本人が目覚めたといえよう。

それは体系的な日本語教育法、共通語としての日本語が確立されていない厳しい状況であった。そういった中で宏文学院は『日本語教科書』を刊行した。その内容は四技能獲得を目指し、現在でも十分に通用する体系的な日本語教科書であった。そして標準語がある程度形成されていたことは注目に値する。

また、松本亀次郎の授業のように、近代的な口語会話重視の方法をとり、魅力的で活気に富んだ内容、つまり音声教育を中心に行い、当時の小学読本教授法を取り入れ、他教科の科目の教師と協力体制を行っていた。その一方で学習者のレベルに合わせ、中国語、漢文を介し行っていた。細心の注意を払って教育をおこなっていたといってよいだろう。

さらに、三矢や松下のように日本語教育実践あったからこそ、その後の国文法研究の功績があったことは注目に値する。留学生の存在があったからこそできたといえる。

しかし、問題もあった。第一に全ての教師が高い教授法レベルで行っていたわけではなかった。その結果、留学生からのクレームがあったほどである。第二に、宏文学院と留学生の日本語学習観の差である。留学生は梁啓超等の「和文漢読法」の影響で「読む」ことだけに特化した速成日本語学習法に取っていた。また、明治期の留学生教育は速成教育が主流であり、会話まで学習する時間もない。さらに留学生は会話の必要性も感じていない。したがって留学生が日本語を本気で学習しようとしなかったのである。

この宏文学院が行おうとした日本語教育と留学生のニーズの差があることは誰の目から見てもはっきりしている。それは留学生が教室外で使用していた日本語からもわかる。さねとうけいしゅうも断定しているが彼等は「女言葉」を使っていたという[81]。これなどは女中から学んであると考えられる。また、所謂女性関係の日本語を進んで学習していたと考えられる。例えば真っ先に覚える言葉は「オカミさん」「ムスメさん」「ベッピン」「嫂さんちょいと」等であったというからだ[82]。下宿の下女や女将等と接する機会が多いがため定着したといえるが、その他にも淫売婦と接するときの実践日本語であるといえよう。淫売婦と留学生の関係の詳細は後術するが、『留東外史』や新聞等から日中双方に於いて社会問題となっていたことを指摘しておく。これらは、教科書や教室内では、けっして学ぶことのない日本語である。

留学生によかれと思い提供した日本語教育であったが、留学生の求めた日本語は違っており、彼等の学習法では十分な日本語を習得することはできなかった。留学生は日本語学習によって、近代西洋の概念や文物を翻訳する過程で日本人が考案した「新漢語」を理解し大陸に持ち込み、近代化に貢献をしたのは事実だ。しかし、いびつな日本語学習・能力では、結局は語彙程度の定着であり、日本社会・文化を理解するのは困難であった。以上のことから両者の日本語教育と学習観はすれ違いがあったと言わざるを得ない。

注

1　山口喜一郎等はフランソワ・グアン（仏人）が行った「学習者は言葉を聞いたら翻訳を経ずに事物を思い浮かべられる」という教授法を改善・応用し台湾で実践した。詳細は関正昭・平高史也編『日本語教育史』アルク、一九九七年、四二頁〜四三頁、六六頁〜六七頁を参照。

2　宏文学院編纂『日本語教科書』第一巻、金港堂書籍、一九〇六年、例言二頁

3　同上書、同頁

4　吉岡英幸「松本亀次郎編纂の日本語教材―語法型教材を中心に―」『早稲田大学日本語教育研究』第六号、二〇〇五年三月、二六頁

5　高見澤孟監修『はじめての日本語教育　基本用語事典』アスク講談社、一九九七年、六八頁によれば、ミニマルペアは「その言語において、ある音韻的な違いがあるかどうかを見る場合に用いられる二つの単語のこと。例えば、「かく」と「さく」

を比べてみると。「く」の部分は共通しているが、「か」と「さ」が違うことで「書く」と「削く」が区別される。このような一つの点だけ異なる一組のことば(「かく」と「さく」)をミニマルペアと言う」。

6 前掲注(2)書、五頁、九頁~一〇頁

7 日文研究社編集部『日文研究』一九三五年、一五頁~一六頁

8 前掲注(2)書、一〇一頁

9 日本政府が外国人留学生を直轄学校に入学を許可した最初の規定

10 宏文学院編纂『日本語教科書』第三巻、金港堂書籍、一九〇六年、一七頁

11 前掲注(2)書、九〇頁~九一頁

12 宏文学院編纂『日本語教科書』第二巻、金港堂書籍、一九〇六年、一五五頁

13 同上書、一四五頁

14 同上書、一三四頁

15 前掲注(2)書、一五一頁

16 前掲注(10)書、二〇頁

17 関正昭『日本語教育序説』スリーエーネットワーク、一九九七年、一四四頁

18 前掲注(2)書、一二一頁

19 前掲注(12)書、一三八頁

20 成城学校入学事件は、一九〇二年私費留学生九名が陸軍士官学校の予備校である成城学校に入学しようとしたが、駐日公使蔡鈞は入学証書に捺印を拒否、それに抗議をするため留学生は公使館に押しかけたが、蔡鈞は引き下がらない留学生を日本の警察に拘引させてしまった。日本のマスコミもこれを取り上げ、大部分は留学生に同情し、蔡鈞と日本の警察を非難した。

21 前掲注(2)書、一二二頁~一二三頁

22 松本龜次郎「隣邦留學生教育の回顧と將來」『教育』第七巻第四号、岩波書店、一九三九年、五三頁

23 前掲注(2)書、例言三頁

24 松村明『増補江戸語東京語の研究』東京堂出版、一九九八年、八七頁
25 文部省内教育史編纂会編『明治以降教育制度発達史』第四巻、教育史料調査会、一九三八年、六一頁
26 瀧川重義速記「文部省普通學務局長澤柳政太郎君の談」『日本之小學教師』第三巻第二五号、一九〇一年一月一五日、二頁
27 小笠原拓『近代日本における「国語科」の成立過程—「国語科」という枠組みの発見とその意義—』学文社、二〇〇四年、一一二頁～一一三頁
28 國語調査委員会編纂『口語体書簡文に関する調査報告』一九一一年、例言二頁
29 講道館所蔵「宏文学院関係史料」
30 前掲注(2)書、一二九頁
31 田中章夫『東京語—その成立と展開—』明治書院、一八八三年、一三八頁
32 文部省『口語法』一九一六年、六四頁
33 前掲注(24)書、一〇五頁～一〇六頁
34 前掲注(2)書、例言三頁
35 同上書、一四六頁～一四八頁
36 前掲注(29)書
37 前掲注(12)書、八九頁「今晩私の宅で同級會を開く筈ですからあなたも是非御出席なすって下さい」、前掲注(2)書、五三頁
38 前掲注(2)書、七一頁
39 同上書、一五〇頁
40 飛田良文『明治生まれの日本語』淡文社、二〇〇二年、一六六頁
41 同上書、一七二頁
42 前掲注(2)書、一五一頁
43 土屋信一「東京語の成立過程における受身の表現について」『国語学』第五一集、一九六二年、二五頁～二六頁

44　関正昭「三矢重松・松尾捨治郎と日本語教育」『中京国文学』第七号、中京大学国文学会、一九八八年、六七頁〜六八頁
45　三矢重松『高等日本文法』明治書院、一九〇八年、六三〇頁〜六五三頁
46　前掲注(44)書、七〇頁
47　徳田政信『日本文法論』風間書房、一九六六年、三八頁
48　松下大三郎『漢譯日本口語文典』誠之堂書房、一九〇七年、三二八頁〜三五六頁、同書によれば補助動詞を以下の如く説明している。

　又動詞ヲ分ケテ二ツトシマス。自立動詞、補助動詞、此の二ツデス。

　自立動詞ハ自分デ立ツテ一ツノ動作ヲ表ハス者デス。他ノ動詞ヲ補助シマセン。

　補助動詞ハ自分モ一ツノ動作ヲ表シナガラ別ニ他ノ用詞ヲ補助スル者デス。

　(中略)補助動詞ハ他ノ用詞ヲ補助シマス。其ダカラ自立動詞トハ違ヒマス。併シ自分モ矢張リ一ツノ動詞ニハ相違ナイノデスカラ動助詞助動詞トモ云フトハ違ヒマス。混同シテハイケマセン。

　漢文デハ可、能、足、得ナドノ様ナノガ補助動詞デス。

49　佐藤喜代治編『国語学研究事典』明治書院、一九七七年、一三四頁。尚、同書によれば「補助動詞」という術語は橋本進吉が一九三五年に著した『新文典別記上級用』に於いて最初だという。
50　前掲注(48)書、三六一頁〜三六五頁。同書によれば関係副詞を以下の如く説明している。

　副詞ノ一種ニ關係副詞ト云フノガ有リマス。
　關係副詞ハ體詞ヲ用詞ヘ連ネテ其ノ間ノ關係ヲ表ハス者デス、ソレダカラ體詞ト用詞ノ間ニ置キマス
　数年後ニ東京ニ於イテ萬國博覧會ヲ開キマス
　アノ人ハ私ニ取ッテ恩人デ御座イマス
　右ノ例ノ――ノ有ルノハ關係副詞デス。――ノ名詞ヲ――ノ用詞ヘ連ネテソノ關係ヲ表ハシマス。

日本ノ關係副詞ハ大抵モト動詞カラ出來タモノデス。(中略)關係副詞ハ漢文デハ於、以、與、為、由、用、徼、自ナドデス。漢文ノ關係副詞ハ名詞ノ前ニ置キマスカラ前置詞ト云ヒマスガ日本ノ關係副詞ハ名詞ノ後ヘ置キマスカラ後置詞ト云ヒマス。(＊太字・下線は原文のまま)

51 関正昭「松下大三郎と日本語教育—『漢譯日本口語文典』の先駆者—」『中京国文学』第五号、中京大学国文学会、一九八六年、六四頁〜六五頁
52 松尾捨治郎『國語と日本精神』白水社、一九三九年、二四五頁〜二四六頁
53 前掲注(29)書
54 平野日出雄『日中教育のかけ橋—松本亀次郎伝—』静岡県出版文化会、一九八二年、一八五頁〜一八六頁
55 前掲注(29)書
56 平松秋夫「蕨村漫遊記」平松秋夫『明治時代における小学教授法の研究』理想社、一九七五年、一九二頁
57 蔡元培『蔡元培全集』第一巻、中華書局、一九八九年、三九四頁
58 井上翠『松濤自述』大阪外國語大學中國研究會、一九五〇年、一〇頁
59 前掲注(22)書、同頁
60 古田東朔『小學讀本便覧』第二巻、武蔵野書院、一九七八年、三六三頁〜三六四頁
61 前掲注(56)書、二二頁
62 前掲注(22)書、五五頁
63 黄尊三著、さねとうけいしゅう・佐藤三郎訳『清国人日本留学日記』東方書店、一九八六年、二五頁
64 劉建雲『中国人の日本語学習史—清末の東文学堂—』学術出版会、二〇〇五年、二四〇頁
65 呉啓孫『和文釋例』華北譯局、一九〇二年、一頁
66 前掲注(64)書、二四一頁
67 同上書、二頁
68 朱京偉「蔡元培の日本語翻訳と初期の哲学用語移入」北京日本学研究中心『日本学研究』第一五期学苑出版社、二〇〇五

年、一〇二頁

69 前掲注(22)書、五三頁～五四頁

70 荘兆祥『日本遊学回憶録』非売品、一九七二年、二五頁

71 前掲注(29)書。日本文訳(意訳)は以下の通りである。尚、日本文翻訳は朱江氏(当時二松学舎大学大学院中国文学研究科在籍)に協力をいただいた。この場を借り御礼申し上げる。

去年九月より授業を受けて以来、今年四月までの間、先生方々の熱心な御指導に対して、感服の気持ちが言葉で言い切れないでございます。しかし近ごろ、柿村先生が他からの招聘を受けた故、もう学校へいらっしゃらないそうでございます。それで貴校教授の大島先生がその代わりに鶴田先生に柿村先生の授業を担当させようとお聞きしました。御学校に招聘された教師が皆教育に熱意を注ぐ方だとお聞きしておりますが、去年第三普通クラスを担当した鶴田先生はそれと違うと存じます。しかし去年第三クラスで受講していて、今私たちのクラスにいる者の話によると、鶴田先生は漢文にあまり通じないし、教え方も優れていないし、その講義に学生が中々理解できないそうでございます。昨日私たちが大島先生にその代わりに良い先生を招くようにとお願い致しましたが。大島先生がしばらくやらせてみてもしどうしてもだめだったら又変えるとおっしゃいました。このように何回もお願い致しましたが、お聞き下さいませんでした。貴国は教育が盛んで、多士済々、漢文に精通し、教授法に優れた方が少なくないゆえ、良い先生を招聘するのが難しいことではないと存じます。私たちは学生の分際で、学業に専念すべき、勝手に先生を自由選択する筋合いがございません。しかし、先生は教育の名家でいらっしゃるので、きっと我が国の教育界と同じで、常に学習者の願いをできるだけ満足させることを心にかけていらっしゃるに違いありません。しかも私たちが遠いところから学問を求めるものの故、学問に於いて少しの怠りも許せないと自覚しております。したがって、失礼を承知しながらこの願いを申し上げたわけでございます。授業が始まってから大分時間が立ちました。普通学科がだんだん増えてきましたが、日本語の進歩があまり遅い故、授業の内容が聞き取れません。したがって、貴国言葉の学習は最も重要な基礎でございます。もし日本語教授がうまく行かなければ、私たちの学問を求める道が必ず阻害されると存じます。是非とも別の先生に担当させるように大島先生におっしゃって頂こうお願い致します。なお鶴田先生に関しては、私

たちは聞いたことがありますゆえ、試しに講義させてみる必要がないと存じます。ただ時間を無駄にするだけでございますから。もし後日になって、果たして上手く授業できないゆえ、変えることになるならば、今日を以って手際よく処理した方が宜しいではないでしょうか。もし私たちの願いを聞いて下さり、勉学の道をとんとん拍子で進ませて頂ければ、感激の至りでございます。

72　前掲注(63)書、一一〇頁
73　王暁秋著、木田知生訳『中日文化交流史話』日本エディタースクール出版部、二〇〇〇年、一六二頁
74　『東京朝日新聞』一九〇六年一〇月三一日「日清人混堂を擾す」
75　さねとうけいしゅう『中国留学生史談』第一書房、一九八一年、三九頁
76　夢芸生「車夫興学生之問答」『警世小説　傷心人語』振聵書社、光緒丙午年一九〇六年
77　前掲注(29)書。消印は一九〇六年一一月二一日。日本文訳(意訳)は以下の通り。尚、日本文翻訳は朱江氏(二松学舎大学大学院中国文学研究科在籍)に協力をいただいた。

今年の九月以来、御学校の宗旨がいきなり変わったようでございます。原因不明のまま教師が変えられました。その上、上手な先生が去り、下手な先生が来るという傾向があるようでございます。例えば、我がクラスにおいては、前の日本語の先生の鈴木、穂刈のお二人の先生に代わって、近ごろ亀山先生と村田先生というお二人の先生がいらっしゃいました。この二人の先生は教え方を知らないどころか、日本語でさえあまり分からないようでございます。例えば「少年老い易く」という文に関して、「老い」を形容詞、「易く」を動詞だと教えました。このような教え方から私たち学生が何を身につけることができるのでしょうか。そしてこの件について大島先生に申し上げました。大島先生は校長先生が決められたことだという理由で我が主張を撥ね返しました。しかし、我が国の学生がわざわざ貴国へ参り、普通科を勉強するということは、本場の日本語が習得できると信じているところにあると存じます。したがって教え方は必ず、詳細簡明で、分かりやすくして頂かなければ困ります。それ故先生についても最も素晴らしい先生を選んで頂くべきだと存じます。なお校長先生は教育の名家であるゆえ、上述したことがお分かりにならなく、わざ

と下手な先生を選んで私たち学生を困らせるわけがないと存じます。したがってこれはまったく大島先生が人を贔屓するため、校長先生を騙し、私たち学生を欺くという言い訳だと存じます。故に、校長先生に私たち学生が万里に渡って留学に参ってきた大変さを同情し、人間関係を配慮せず、日本語に精通し、教え方が上手な先生を選んだ上に、亀山先生と村田先生のお二人を御替え頂きたいと存じます。（後略）

尚、講道館所蔵の全ての留学生からの手紙は中文で書かれている。このことからも、日本語学習の効果は余り出ていなかったといえるのではないだろうか。

78 講道館所蔵資料『職員異動一覧』
79 實藤惠秀演述『支那留學生教育に就いて』一九四〇年、二五頁
80 孫伯醇・述「留学生・学校教育・辮髪のこと―日本に生きる一中国人の回想（つづき）」『中国』三一号、中国の会、一九六六年六月、二九頁
81 同上書、同頁
82 早稲田健兒團總代（投）「淫風早稲田を亡ぼさんとす」『冒険世界』第二巻第二号、博文館、一九〇九年、五八頁、不肖生『留東外史』初集第一四章、民権出版部、一九二四年、一九頁

第5章　留学生活の壁

1. はじめに

来日した清国人留学生にとって学校教育だけが異文化交流の場ではない。むしろ教室外で過ごす時間のほうが長く、どのように生活し異文化に接していたのであろうか。そしてそこにはどのような悩みや葛藤があったのだろうか。これらを解明することで教室内では見ることができないもう一つの留学生の顔を垣間見ることができる。

これらについて論じた先行研究は少なからずある。その多くは対象を所謂留学エリートとし、序章で論じた留学生のフレームワークの「末期官僚志向型」や「国家近代型」である。また、留学生の定義から外れるが亡命革命の志士等の夢とロマンと苦悩に満ち溢れ、彼等に共鳴した日本人との美しい交流が描かれている。[1] しかし、それら以外、特に「市民生活堪能型」の留学生らについては解明されているとは十分にいえない。そもそも留学生数がピークを迎えたといわれている一九〇六年時点では、大多数は必ずしも満足に安定して勉強しておらず、「市民生活堪能型」を始め東洋遊学イコール新式科挙のつまりの「末期官僚志向型」が大多数であったのだ。[2] 様々な思惑を持ち多種多様な留学生が存在しており、彼等の生活実態を検証することで初めて清国人留学生の風潮としての全体像を描くことができるのだ。残念なことに石陶鈞の回想によれば彼等の多くは日本人との接触はごく稀であったという(3)。日本人との交流がほとんどないということは、予想以上に日本社会の壁が高く、距離を置き、孤立していたといえよう。ならばこの壁の高さは一体何であろうか。筆者の調査研究によれば留学生活の基本である「衣食住」が日本社会の壁と関係がある一要素である。さらに、「衣食住」と同様、壁になったのは留学先の使用言語、つまり彼等の「日本語」問題も関わってくるのだ。これらの問題が結果的に日本社会に於いて孤立の道へと導くことになるのである。

したがって、本章では、「衣食住」と「日本語」問題を分析することによって、留学生が日本社会の壁の中でどのように日本を見つめ、そこで生じる孤立の道を解明し、もう一つの留学生活の壁を考察する。

2.「衣」の壁―服装と辮髪―

清国人留学生の大半は東京に留学している。特に神田、本郷、麹町界隈で余暇を過ごしている。これらの界隈に最大規模の留学生教育機関である宏文学院を含む多くの留学生教育機関や留学生対象の下宿、書店、食堂等が軒を連ね、駿河台には清国留学生会館があったからだ。当時の様子を『支那教育の権威』は以下のように伝えている(4)。

これらの支那(しな)留学生が列をなしてぞろぞろ街上をあるきまわり、留学生専門の質屋も開かれ、煙草(たばこ)屋の娘が支那語を話すようになり、突然、東京の中央に支那人街を現出するに至り、帝都に未曾有(み

ぞう）の一景観を呈した

寺田勇吉も「又外に出てゝも清國人のみの一群列をなして市中遊歩する様恰かも海中を游泳する小魚の群れの如し」と述べていることから、(5)日本人は留学生の多さに戸惑いを感じ、留学生は目立った存在であったといえる。

さて、問題は彼等がどのような外見をしていたかである。目立つということは、同じ黄色人種なので、「衣服」の相違がまず考えられよう。そこで、来日後、彼等が着用していたものを検証してみる。彼等は主に「背広」、「所属教育機関の制服」、「和服」を着ていた。そして、これらへの思いは並々ならぬものを抱いていたのだ。留日学生が出版していた『湖北学生界』第三期によれば「辮を剪り服を易える説」を掲げ、「日本の事を先蹤とする」として「誠に変法自強をしようと欲せば、必ず辮髪を剪り服装を易えるより始めなければならぬ」としているほどである。(6)留学目的の大義名分の一つである「変法自強」は服装だけではないのだ。あくまでも辮髪と服装がセットとして行わなければならないのだ。これは重要なポントである。したがって本章の副題に「服装と辮髪」としたわけである。

「背広」と「所属教育機関の制服」は「洋服」である。この「洋服」に対し同じく『湖北学生界』第三期に於いて某留学生は以下のように論じている。(7)

西洋の服に易えてこそ、大同の世に漸進する道が開かれる。なぜなら、洋服の形式がまず具わっていれば、それなりの感触が起こらないわけにはいかず、進んで洋服の精神を講じなければならなくなるからである。洋服の精神とは発奮振作・勇武剛健そのもので、独立の気象があって奴隷の根性がない。そして、西洋の精神を講ずるからには、西洋人のいわゆる政治学、法律、工芸、農商の美点に法を取り、いちいち実行に移さなければならなくなる。それだけでなく、服装スタイルが西洋人と同じであれば、交際がしやすく隔たる虞れがなくなり、往来や視察に収穫が増えこそすれ疑忌や侮辱がなくなる。

洋服一つでこれだけのご利益が出ると考えていたとは驚きである。日本に於いても「うはべのかぎりに心を用ひ、しゃっぽを被って文明とか、洋服を着て開化とか。[8]」や「ざんぎり頭を叩いてみれば文明開化の音がする。」等と言われていたことから、富国強兵、西欧文明化を目指す国々にとって、髪型と服装という外見をまず変えることは普遍的なものであるといってよい。

次に「和服」について論じるが、ここで大きな疑問が出てくる。後述するが多くの留学生は日本食をはじめとする日本文化を軽蔑し関心を示さなかったといってよい。それにもかかわらずなぜ抵抗なしに「和服」を着ていたのだろうか。まずは彼らがどのように「和服」を着ていたか見てみよう。宏文学院日本語教授である松本亀次郎は実践女子学校に留学した革命烈士秋瑾の印象について「色白で目の切れの長い、体格は稍花車の方で、日本服の黒縞の単衣に当時流行の紫の袴をはき、纏足で、髪は日本流の束髪に結い、蓮歩蹣跚とし、毎日欠かさず通学してきたものである。」と回想している。[9] また、李烈鈞は自身の自伝『李烈鈞自伝』に於いて孫文系の活動家達は好んでマントに高下駄の出で立ちをしていたという。[10] 憂国の革命志士は男女問わず日本の壮士風や蛮カラ風を好んでいたようだ。一方遊び人の類はどうであったろうか。『留東外史』の登場人物の一人である江西出身の王甫察はパナマハットに白い薄物の和服に黒い羽織を着て、帯は薄青色縮緬、外側に非常に太い金時計のくさりをつけているという清国人風のものが全く見られず、まるで若い日本人紳士のように描かれている。[11] ますます「和服」着用が不思議でならない。これを解く鍵は周作人の論説が参考になろう。彼は「私は当時また民族革命の一信徒でもあって、民族主義は必ず復古思想を内包しているから、清朝に反対する以上は、清以前もしくは元以前のものなら何でも素晴しく思えたものだ。」と述べている。[12] 民族主義に立脚している点は着目すべきである。異民族である満州族が漢民族を支配するに当たって、服従させる象徴として満州族の服装と辮髪に変えさせたことは周知の通りである。したがって、当時はこれらを拒否することが清国の祖宗以来の支配を否定し、漢民族再興を意味すると考えるのが自然である。しかし、周は「和服」についても以下のようにも述べている。[13]

今いう和服は実は昔の「小袖」のことで、袖は本来小さくて下がまるかったのであるが、今のはまるで袋か何かのように大きくて、ハンカチや懐紙を入れることができ、ちょうど中国の和尚が着るのに似ている。西洋人はこれをkimonoと呼び、原語は「着物」と書くが、それは衣服の総称にすぎない。日本の衣裳の制はおおよそ中国に依拠し、漸次変革を遂げて今日のようになったわけで、思うに、これがその家屋にとって立居にもっとも便利なのだろう。

「和服」を清朝の満州族でなく、中華古来の漢民族に通じる服装として着ていたのだ。少し時代を遡るが、一八七七年に参賛官として来日した黄遵憲でさえも同様の事を述べている。[14] また、周作人は生活上の便利さ、つまり和服の機能性のよさも指摘しており、『留東外史』にも同様なことが描かれている。[15] さらに、『暴風雨前』の登場人物である日本帰りの葛は和服の優越性を誇らしげ「ほら、見ろ、この和服はどうだ、カッコいいだろう。(中略)わが中国服ときたらまったくの中途半端、動きも不便だし、だいいちだらしなくみえる。国内にいればまだしも、外国に行って人のを見れば恥ずかしく品が落ちる。[16]」と力説している。民族主義、機能的、ファッションセンスが入り混じり、母国の服装を否定し和服を着用していた傾向はあったと推測できよう。

厳安生の説である「服装政治・文化論が多く行われたのは再三、亡命・運動・真理探究など思想の士に圧倒的に多い」というのは間違いないだろう。[17] それと同時に服装政治・文化論まで語らないまでも留学生にとっては機能的かつ新しいファッションセンスへの強い憧れがあったといってよい。何れにせよ外見にこだわる傾向は清国人日本留学生全体に見られたものといってよい。

しかし、いくら新しいファッションを取り入れようと日本人の反応は鈍く冷たかった。『留東外史』では「和服」を着用したことで、それを見た日本人がどこの国の者かわからず、国籍を質問することに腹を立てた留学生が描かれている。[18] 皮肉にも新しい時代の象徴といってもよい「和服」着用が留学生のアイデンティティを隠してしまう結果になってしまったのだ。また、同じく『留東外史』で所属している留学先の学校の「制服」を着用して芸者遊びしようとする王甫察に対し、隣の部屋にいた日本人芸者の一人がすぐに中国人と見破っているが、どうしてそれがわかったのか聞くもう一人の芸者に対し、日本橋で仕事をしていた当時の経験から学生服を着用して芸者遊びをするような身分を考えない愚かな者は中国人しかいないと馬鹿にしている。[19] 日本社会の西洋崇拝の心理を逆手に取り、「洋服」そのもので日本人女性の歓心を買おうと思ったのだろうが、「常識的な時間帯・場所・場面」まで考えることができなかったのだ。

この「常識的な時間帯・場所・場面」問題は着こなしの問題にも発展してくる。もちろん前述した憂国の士のように上手く着こなしている者がいたことは否定できないが、多くの留学生は新しいファッションをそう簡単に着こなすことができなかったのではないだろうか。生れ落ちてから着用してきたものに対するファッションセンスが身についているので、急に新たなファッションセンスに変えるといっても難しいことにかわりはない。湖西出身の夢芸生によれば、上下洋服を着ているが、雲模様の緞子織の靴を履き、和服の下には緞子の中国服を着たり、冬の時期になれば皮の綿入袖なしの服を数枚着てその上に学生服をはおるので着膨れでまるで牛の化け物のようになっていたという旨を指摘し、このような留学生の装いに対し「恥を感じるべき」と切り捨てている。[20]

「和洋中折衷」を無理に実践したわけだが、このような奇妙な外見では日本人からも馬鹿にされるのも仕方がなかっただろう。黄尊三ら留学生らは嘲笑の的になったことに対し「国の体面丸つぶれ[21]」と心境を記している。自分自身がこのような外見をしたにせよ、しなかったにせよ、同胞の留学生らのこのような外見に対し恥を感じていたのであった。

これらはあくまでも教室外での出来事であるからまだ救いがある。教室内という逃げ場があったからだ。しかし驚くべきことに教室内でも同様のことが起こる。馮延鋳は『東游鴻爪録』に於いて宏文学院の教室内に於いて教師までもが留学生らの装いを指して「驢馬がライオンの皮をかぶる」と嘲笑したことを証言している[22]。弱小国の分際で列強国の装いをして何になるとも言いたいのだろうが、これが留学生教育の最前線の立場にいる者の発言では身も蓋もない。教室内外でこの有様であるから、留学生らは行き場を失ったのも同然であろう。

奇異なる外見は服装だけでなかった。前述した辮髪も関わってくる。宏文学院で学んだ魯迅の言葉を借りれば「頭の上に辮髪をぐるぐる巻きにのせ、かぶった学生帽のてっぺんを高々とそびえ立たせて、富士山の形をつくっていた。また辮髪を解いて、平ったくしてのせたものは、帽子をぬぐと、油がテカテカに光り、まるで娘さんの結髪のようだったが、そこで首をくねくねとさせると、全く艶っぽいことこの上なしであった。」という[23]。魯迅の場合は進んで辮髪を断髪したからこそ、前述のように評することができたわけで、何れにせよ日本人の目にも何やら奇妙なものと映るのも仕方がないだろう。当然、日本人からは「お玉杓子の泳ぐものゆゑチャンの頭[24]」と陰口を叩かれたり、子供から「チャンチャン坊主[25]」等とはやし立てられたりしていた。このことが原因で、早くも一八九六年の所謂初の留学生の中からも途中帰国した者がいたほどである。

前述した通り辮髪と服装のセットで変えることをよしとしたはずだが、魯迅が見た光景は辮髪姿の留学生であった。ようするに辮髪に関しては服装のように簡単にはいかなかったのだ。その理由として辮髪を切ることで留学生仲間から嫌われ、挙句の果てには監督官に官費を止められ帰国させられた例もあるからだ。単純に考えるならば辮髪断髪は打倒清朝を意味する。しかし、それでも辮髪断行する者は多かった。蛇の道は蛇というが、「チャピエンツ(26)」という辮髪のかつらが考案されたので、多くの官費留学生はそれを購入すれば何とかなった。ここで留意しなければならないのは、打倒清朝だけの理由で全員が辮髪断髪を断行したわけではない。黄尊三(27)や魯迅等のように「別に深いわけがあったわけではなく、とにかく不便であったからだ(28)」と述べているように便宜的な理由で断髪した者もいたのだ。留学生活上、辮髪のままだと制帽の着脱ときはもちろんのこと、学校に於いて体育のときなどは怪我をする恐れがあるからだろう。また、一九一〇年に皇帝が剪髪令を下すべきだと意見が朝廷内やジャーナリズムや資政院に於いても盛んに議論されたことも見逃してはならない。したがって、多くの留学生の辮髪断髪の根本的理由は、魯迅やノンポリ組の黄尊三らが論じたように日常生活に於いて不便であったからと素直に受け取ってもいいのではないだろうか。

留学生らは「変法自強」のため、そしてファッションセンスと機能性から新しい「服装」への熱い気持ちを持っていた。「大同の世に漸進する道」のためや、日本人の西洋崇拝心理を逆手に取った方法の一つで「洋服」を着始め、中華古来の漢民族に通じる「和服」着用など、新しい時代の象徴を用いたのだ。しかし、ここ日本では裏目に出てしまった。「和洋中折衷」で統一性のない摩訶不思議な装いとなり、日本人から嘲笑の的になる。さらに辮髪姿もそれに加味された。日本人は彼等の「衣」に対するこだわりなどというものを理解できるはずもなかったのだ。しかも、奇異なる外見の留学生が少数でなく、前述した通り「海中を游泳する小魚の群れの如し」目に付くのだから、日本の庶民の嘲笑が沸き起こるのも自然であろう。もちろん彼等の装いだけでなく日清戦争の勝利者心理も働いていたことはいうまでもない。さらに本来ならば文化摩擦の対策を講じながら留学生教育を行うべき教師の中からも、蔑視に加担すべき言動を発する者がいたほどである。詳しくは後述するが宏文学院等多くの教育機関では教育内容・方針や学校規則等を巡って留学生と対立していた。教師と留学生らの間では十分な信頼関係が構築されているとはいえなかった。教室内でも教室外でも「国の体面丸つぶれ」の嘲笑の的となることは、相当屈辱的であったであろう。そして留学を断念し帰国する者も出てくるのだが、たとえ帰国せずとも日本社会を避けたくなる傾向となるのは必然的であろう。わずか三ヶ月から六ヶ月の留学期間さえ耐えられればいいのだからだ。

3.「食」の壁

留学先の「食」に慣れることができるかは留学生活を左右すると言っても過言ではない。幼少の時に慣れ親しんだ食生活は簡単に変えられるものではない。それ故、清国人留学生らは「食」に悩まされ、それが原因で帰国する者も多かったのだ。

宏文学院出身の黄尊三は初めて食べた日本食について「すこぶる簡単で、一汁一菜、味は至って淡白(中略)夕食は汁と卵、飯も小さな箱に盛り切り。初めて食べてみると、具合が悪い。」と記している。[29]彼等の日本料理に対する感想は「淡白な味と簡素」の一言に集約されているといっても過言ではない。特に黄は辛党の湖南出身であるから、食べた気にならなかったであろう。筆者は日本語教育に従事しているが、来日した多くの中国人学習者が「量が少ない」「味が薄い」等と同様の感想を持っているのは注目に値する。

当時、中華料理は日本では殆ど知られていない。日華学堂教授の宝閣善教は留学生教育に従事してから、初めて中華料理を食べた節がある。彼の日記によれば「其種類の多きと器物の何れも小なるは珍しき心地せられ、滋味は和洋料理を折衷せしが如きもの多し。何れ油臭きは支那料理の特色とぞ覚ゆれ。」と記している。[30]黄尊三が日本料理に抱いた感想とほぼ正反対であることは注目に値する。しかし、この食文化の差が宝閣自身の学校で騒動になるとは夢にも思わなかったであろう。「すこぶる簡単」な日本料理を出された留学生らは、賄い方が着服をしたのであろうと思い騒動となったのだ。「民は食を以て天と為す」という国から来ている彼等にとって、食に対するこだわりは日本人の想像を超え、簡単で量が少ない日本食を気に入るはずがない。騒動はこれだけでない。出された食材そのものが、彼等のプライドを逆なでした。「日華学堂日誌」に以下のように記されている。(31)

午餐一尾八銭ノ香魚ヲ菜ニ供ス。生徒中往々不満ノ言ヲ発シテ曰ク、我国ニテハ是猫ノ食フモノニシテ、人ハ食セズト。日清食物嗜好ノ異ナル斯ノ如シ。

日本で高級魚である香魚が猫の食べ物とは驚くが、日本食専門の日本人賄い方がその情報を予め得ることは無理な話であろう。留学生らはこの日本人賄い方を巡り解雇運動まで繰り広げたのであるから、(32)騒動を抑える側の日華学堂の教職員らの心情は計り知れぬものがある。王景禧は『日游筆記』に於いて袁世凱から派遣された教育視察官が東京女子高等師範学校を参観したとき、吾国の学生は常に食事のことで騒動するとし、この紛糾を鎮め徳性を養うことをするべしという旨を報告しているほどであるから、(33)留学生の食に対するこだわりは相当なものであった。ただ、このような騒動は母国の新式学堂の寄宿舎でも頻繁に起こっていたというから、(34)仕方がなかったことであろう。

日本食の特色のひとつに「生」の食があることは有名である。時代をやや遡れば一八七七年の初代駐日公使の参賛(書記官)であった黄遵憲も「生ものを多く食う。魚を好み、薄く切ってただちに箸をつける。」と記している。(35)おそらくこれは刺身についてのものだろう。しかし、火力を使った料理に慣れている彼等にとっては食指を動かすとは言い難い。黄尊三は足掛け約八年間留学生活が終わろうとし帰国間近の時、日本人の家主の細君が刺身を進めた際、断り切れず、結局、刺身を火にあぶって食べたのだ[36]。いかに生ものを嫌っていたのかがわかる。

これが牛鍋ともなれば尚更複雑である。せっかく火力で調理した牛肉を生の卵につけて食べるからだ。刺身や生卵等のような生ものについて『留東外史』に於いて陳蒿に「日本人は野蛮人と変わらない。なぜ生臭いのを嫌がらないのだろうか」と言わせてしまっている[37]。食文化の差が相手の民族への軽蔑まで至ってしまうのである。軽蔑に至れば、日本食そのものに関心がいかなくなる。実は黄遵憲も『留東外史』も日本食についての記載は非常に少ない。野蛮人の料理に食指と関心を持てというのが無理な話であり、「日本料理を食べる留学生の中で、メニューの中から一〇の日本料理の名前を言える者はおそらく百名中三、四名しかないだろう」ということからも[38]、全く食指と関心が湧かなかったといってよい。

野蛮人たる軽蔑すべき日本食、彼等がこれを拒否するならば、一体何を食したのであろうか。考えられるのは西洋料理と中華料理である。後述するが彼等の借りる代表的な下宿には「旅館」と日本人の民家から一部屋借りる「貸間」がある。これらはほとんど賄い付きであり、当然日本食を提供していたであろう。『留東外史』にも描かれているが中には朝食にパンと牛乳という西洋料理を提供していた所もあった[39]。これは下宿側が彼等の食の好みに配慮したと考えられよう。しかし、西洋料理を提供することができる巷の下宿屋はそう簡単にあるものではない。となれば外食となるが、周作人によれば日本の西洋料理店はうまいものではないという[40]。もちろん、欧米崇拝を逆手に取り日本人に対する見栄を張る手段として西洋料理店を選ぶ者もあろうかと思われるが、やはり味覚上、彼等が選ぶものはやはり中華料理しかない。

黄尊三の日記や『留東外史』等によれば、彼等は中華料理を外食で賄っていることがわかる。中華料理店と留学生の関係は、単なるお客と料理店の枠を超えた非常に深いものであった。一八九九年に神田で一番古い中華料理店「維新號」の店名は付近に下宿していた中国人留学生によって、日本の明治維新に学んで祖国を再建したいという願いを込め命名されたほどである。そして中華料理店は社交場であると同時に日本社会からのシェルター的役割を果たすことになる。特に留学生政治活動家にとって中華料理店を隠れ蓑にし、会合や決起集会などを行っていた。一九一八年五月六日、「維新號」に於いて宴会を名目に会議を行っていた留学生らが日本の官憲に検挙された所謂「維新號検挙事件」は、中国人留学生史にとって重要であるが、これは日華共同防敵協定に対し一斉帰国し反対するための会議であった。『東京日日新聞』一九一八年五月七日によれば検挙された留学生は帝大、高工、早大、明大、その他都下の各校にある官私費生であった。現在の「維新號」専務取締役の鄭東耀氏が父である鄭勇昌から聞いた話によれば官憲が踏み込んだとき厨房に逃げてきた留学生にコック用の服を着せ匿ったという[41]。

当時の維新號の写真
＊株式会社赤坂維新號より資料提供。

中華料理店出現によって留学生らに対し大きな助けになったが、日本社会の眼は厳しかった。臓物料理を丼に載せて出されるので、やはり日本人の口にはなかなかあわなかった[42]。日中双方の共通点は、中華料理も日本食も味覚上合わなかったのだ。中華料理が日本人の間にも普及するには大正末期まで待たなければならないが、この普及も日本風にアレンジされたものであった。実は普及しなかった要因は日本人の味覚上問題だけでなかった。大塚力は以下のように述べている[43]。

中国料理を摂取するのは中国人を除けば、ごく限られた一部の日本人の間においてであったといっても過言ではなかった。その理由は中国蔑視であり、中国料理摂取の対象を賤民視したことにある。

留学生にとって日本食は食文化の差からの蔑視の対象となったが、日本人は中国だからという理由で中華料理もそれを食する者に対しても蔑視していたのだ。

留学生は中華料理店に集い中華料理を食べるのであるが、日本のマスコミはその様子を以下のように痛烈に批判したという[44]。

支那留学生の食欲が近頃異常に膨れ上がってる。数年前支那人の経営した料理店は二三軒に過ぎなかったが、最近では神田や本郷辺りに三十軒あまり増えてきた。日曜日になると休暇の留学生らが三々五々群れを為してそれを呑む。手を鳴らし、人を呼び、皿を叩き、芝居をし歌ったりする。宴もたけなわになれば、彼等の狂態が極限に達し、店の女中にちょっかいを出し、じゃれあい、官能的な笑い声、淫らな唸りなど百種ぐらいの声が聞こえ、隣の家を震わせるほどである。このような現象は日曜日に数十件起き数え切れない。例え日曜でなくても大勢で店に殺到することも少なくない。（中略）今日の支那の情勢を見れば、国が破れ、家が滅びるということが目前に迫っている。若者が異国まで遠く遊学しているが、祖国のため学業を励むことを知らず、日々ひたすら口腹の欲を満たす代わりに学業を荒廃させる。我日本人はこれを見て鳥肌が立たない人がいないだろう。

訪れる多くの留学生らが宴会をしている光景である。日頃のストレスを解消しているのを大目に見てやればいいのだが、中華料理店で繰り広げられるのは、乱痴気騒ぎの留学生に映ってしまったのである。

上述した文献は一九〇六年当時のものである。一九〇五年当時、各区警察署調査によれば中華料理店は東京に於いてわずか二軒であった。[45] 翌年に出店数が一五倍になることから驚くべき増加率といえよう。しかし、この調査記録に前述した「維新號」がないことから、おそらく無届の中華料理店があったと考えられる。したがって実際はそれ以上の出店数であったといえよう。ただ、一万名もの留学生の胃袋を満たすほど中華料理店数があったとは考えにくい。また外食となれば非経済的である。となれば下宿で自炊する者も出てくるということだ。[46] 中華料理はニンニクを朝鮮料理ほどでないにせよ多く使う。日本に於いては一部の健康維持と療養以外、ニンニクはけがわらしいものとして忌み嫌われており、伝統的、慣習的に蔑視していた。[47] それにニンニクから発する強烈な臭気も清潔好きな日本人には適さず徹底的に嫌われる要因だろう。したがって、この臭いも下宿生活や日本人と接するとき摩擦があったと推測できよう。

留学生が軽蔑する日本料理、その一方で日本社会から軽蔑される中華料理、つまり日中食文化相互軽蔑となっている。ただこの相互軽蔑の内容は、留学生にとっては調理法や味覚からくるものであるが、日本人にとっては味覚の問題に加えて中国だからという理由もあることが大きな違いである。そして留学生が中華料理店での宴会も、自炊も、摩擦が生じ、さらなる中国・中国人・中国人留学生の全てに軽蔑すべき対象へ発展していった要因の一つであると推測できよう。これでは八方塞がりの留学生活である。もちろん日本食に適応できた留学生らもいたが多くの者はそうはいかなかった。かといって留学生らは日本料理を完全拒否できなかった。現実には下宿の賄い料理も食べなければ生きていくことができなかったのである。清国留学生監督処『官報』には医療費支給についておびただしく出ているのも、これは食生活の乱れによるものが大きいのであろう。現に留学生総会に於いて「飲食があわないため胃病になる」旨を駐日公使楊枢に提出しているほどである。[48]

食一つを取っても、これほどの摩擦が生じているのは注目に値する。したがって日本社会と距離を置こうとするのも当然であろう。

4.「住」の壁

『留東外史』全般で描かれている内容を参考にするならば、彼等の借りる代表的な住居は、日本人や清国人が経営する「旅館」、一軒家を借り数人で住む「貸家」、日本人の民家から一部屋借りる「貸間」の三種類である。そして、これに付け加えなければならないのが、留学教育機関の「寄宿舎」である。

留学生にとってこれらの普遍的な印象は狭さである。一四歳の少年留学生の孫伯醇は、来日直後の日本の印象を貧弱とし、「日本は非常に貧弱な所。（中略）下宿屋というのはだいたい四畳半か六畳半です。ところが中国では四畳半、とても居られない。たとえば道具ですね、どんな小さな家でも四畳半にはぜったい入り得ないんですから。まあ、机というのはですね、方袖の机はないんだから、要するに何でもみな小さい、貧弱で。これは大変なことになった、悲しくて泣くんですな。」と回想している。[49]母国で当たり前に生活していた必需品を持ち込むが、いざ蓋を開けてみたら予想だにしなかった狭い部屋であったのだ。大陸に於いてそれだけ、日本の生活事情の情報がなかったといえる。

彼等の持ってくる生活必需品の数は日本人の眼から見ても驚いている。日華学堂教授の宝閣善教は新入生の六三個もの荷物の多さを見て同様の感想を記している。[50]荷物の数だけでなくその大きさも島国日本の狭い部屋には合わなかった。張子平はホロを立てた中華式ベッドまで持ち込み、下女から仏壇みたいだと笑われたと証言している。[51]

一方このような居住空間の狭さに魅力を感じていた者もいた。周作人は「効能の格別」と評価し「机に向って読み書きする際など、前後左右どこでも本や紙を置けるから、部屋全体が大きな書卓のようなものである。来客は坐りたいところに坐ればよく、六、七人はいってもさほど窮屈なことはない。疲れたらそのままひっくり返ればよいので、わざわざソファーを備えるには及ばぬ。夜更けて押入れから蒲団を取り出し、展げさえすれば、そのまま正規の就寝とあいなる。（中略）一種せいせいした心地よささえある。」と述べている。[52] しかし、人間はそう簡単に長い間培ってきた習慣を変えられるものではない。おそらく周作人のような者は少数派で、多くの留学生らは狭苦しいと感じていたに違いない。

注目すべき点は居住空間が狭いにもかかわらず、留学生らは母国人と固まって生活していたのである。これまで見てきたように日本社会に対するストレスや恐怖心もあるが、同胞と一緒に居れば何かと楽であるからだ。宏文学院出身の黄尊三の日記から日頃から留学生仲間と過ごしている事がわかるが、黄は常に母国人と一緒に居る清国人留学生界について悩んでいる節があった。一九〇六年七月二〇日の日記に於いて以下の事を記している。[53]

近頃、友達の往来が毎日続き、時間の半分は交際に費やされ、まことに惜しいことである。しかも、これは留学界の一般の気風となって、どうするわけにもいかない。それに、留学生としては、神経を使い心配も多いので、友人の往来によって、心配を減らし神経を和めている。だから、時間の浪費だと分かってはいても、それを続けているのである。

留学生仲間と過ごすことはストレス対策にはなるが、それと同時にプライベートの時間が取れない葛藤が見えてくる。これでは自宅学習ができない。そうは言ってもストレスや寂しさ等を紛らわすには母国人と共に過ごすのが最良の方法である。しかし、これが日本社会とのトラブルに繫がった。前述の中華料理店の様子でも触れたが日本人の眼には例え宴会でも軽蔑すべき乱痴気騒ぎに映ったのだが、これは騒音問題の要素もあったのだ。羽目をはずした宴会は頻繁に行われたとはいえないが、黄尊三の日記に留学生らの騒々しさを記している。(54)

今日は学科を復習しようと思ったが、どっこい、そうはいかない。この下宿にいる中国人留学生は音楽をしたり、拳をやったり、大きな声で歌を唄ったり、時には下女とふざけたりで、窓も障子もガタガタ動いて、勉強など出来たものではない。そこで先日月琴を弾いたのは、いけなかったな、と後悔する。

黄は約一週間前に以前の下宿で気晴らしに月琴を弾いていたら下宿の主人に注意されことに頭にきて新しい下宿に移ったのだが、(55)因果応報、今度は自分がその被害に遭ったのだ。しかも当時の日本人の日常生活は彼等にとって不気味なほど静寂であった。蕭紅は「彼ら人民の暮らしには、ちっとも自由がない。毎日、朝から晩まで声ひとつ聞こえない。すべての住宅は、空家で誰も住んでいないみたい、朝から晩まで、歌声はない、泣き声も笑い声もない。夜など窓から外をのぞいてみたら、家々はすっかり暗くなり、明かりまで戸板などで封じ込まれている。日本人の生活は、じつに哀れなもので、黙々と働け働けだけで、鬼のように働かされる。彼等の生はなんと陰惨たるものか！」と述べている。(56)前述した黄は、騒音問題を意識できるようになったが、果たして他の留学生も同様の境地に立つことが出来たのであろうか。おそらく無理だったに違いない。騒音の苦情が来ても、当初の黄のように逆に腹を立てたであろう。留学生による『留学生自治要訓』にも「道で友人にあっても大声で呼んではいけない」「見物にいったときには出口・入口をよくたしかめる。また大声ではなしてはならぬ」「夜は大声をだしてはならぬ」と記載されていることからも、[57] 日常的にこの問題はあったといえる。彼らとしては当り前の音の大きさであっても、日本社会にとっては騒音と捉えてしまう。ここに両国の音に対する認識度の違いが大きいことがわかるのだ。

不潔さも摩擦に拍車をかけた。『留東外史』に鳥居栄子が多くの同文学校生が住んでいる民興館を訪れるのだが、そこは壁の至る所に落書きが書かれ、畳もスープや油で汚されており、栄子の心の中で「中国人は自己管理する能力がない」、「ここは下宿なんかじゃない、動物園そのものだ」と言わせている。[58] 大概の若い青年ならば自分の部屋を常に整理整頓、清潔に保つ者の方が少ないが、前述のような部屋ならば栄子のような感想も頷けよう。ただ、これは彼等にしてみれば習慣に則ったものもあった。夢芸生は留学生の落書きについて母国で幼い頃から身につけたものとしながらも、留学生が後にした部屋は壁に龍やら蛇やら何ともいえないようなものが残されているとし、夢自身は、片時もいたたまれないと評している。[59]

習慣に則ったものは他にもある。『留学生自治要訓』に「ところかまわずタンをはいてはならぬ」と記されている。[60] ほどである。一八九九年に初来日した章太炎は、室内の畳の上に痰を吐き、日本人家政婦から笑われたというが、[61] 畳も床の一部であるから痰を吐いても咎められるとは思わなかったのであろう。さらに靴を脱ぐ習慣がないことも摩擦の原因となった。一九〇六年六月五日の『東京朝日新聞』に「下宿屋攻撃の貼札」という記事がある。これによれば、湖南省の留学生李が土足のまま座敷に上がったり、手荒く障子を開閉し他の止宿客に迷惑をかけた理由で下宿を追い出され、その腹いせに下宿屋に待遇が冷淡であると怨みつらみの中国語の貼り札を貼ったという。土足と騒音の摩擦であるが、なぜ追い出されたか理解できない典型的な例であろう。また、中国語の張り札から同国人留学生らに訴えたいと考えられるが、普通ならば下宿屋に抗議したくなるはずだ。ここに日本語能力の問題も見え隠れしているといえよう。この件で警察沙汰になるほどであるから、日本人は留学生に対しある種の恐怖心を抱いていたと考えられる。

前述したが日本社会と摩擦を避けるために留学生自身が『留学生自治要訓』を作成した。それは留学生自身で問題解決を図ろうとしたのだが、その内容は主に道徳に関してである。振武学校に留学した蒋介石はこのような留学生の行為を通し、大陸の一般大衆をして国民道徳を具備させることが必要であると感じ、それが国家と民族復興に繋がると考えたのであった。そして帰国留学生を中心に一九三四年には「新生活運動」を展開するのであった。蒋介石は「衣・食・住・行」を全て「礼・儀・廉・恥」に合致させる必要があると強調し、以下の説明を付け加えた。[62]

明治維新以後日本人は野蛮な習慣を改革しなければ列強各国との平等を語ることができないことを知り、一般大衆の生活の全てを改めるようになった。その結果、痰を吐くことについていえば、以前はところかまわず痰を吐いていた者が、身についているちり紙の中にとるようになった

さらに、清潔の習慣を身につけさせ健康促進を図る「清潔運動」、そして日常生活を「礼・儀・廉・恥」に適合させ生活の合理化を図る「規矩運動」を中心にした。「清潔運動」は「早ね早起き」「顔はきれいに洗え」「勝手なところで痰をはくな」等四一項目もの規定であった。[63] また、「規矩運動」は「服はきちんと着用せよ」「釦はきちんとはめよ」「約束の時間は守れ」「乗車乗船する際大声で談笑するな」等五三項目の規定があった。[64] 日本留学生が日本社会で問題となったことと重なる部分が多いといえる。

蒋介石は日本が発展したことは日本人の「衣・食・住・行」等全ての行動が「礼・儀・廉・恥」にかなっていると考えたのであった。蒋介石が留学した振武学校には『振武学校規則』がある。その中の「斎房条規」（学

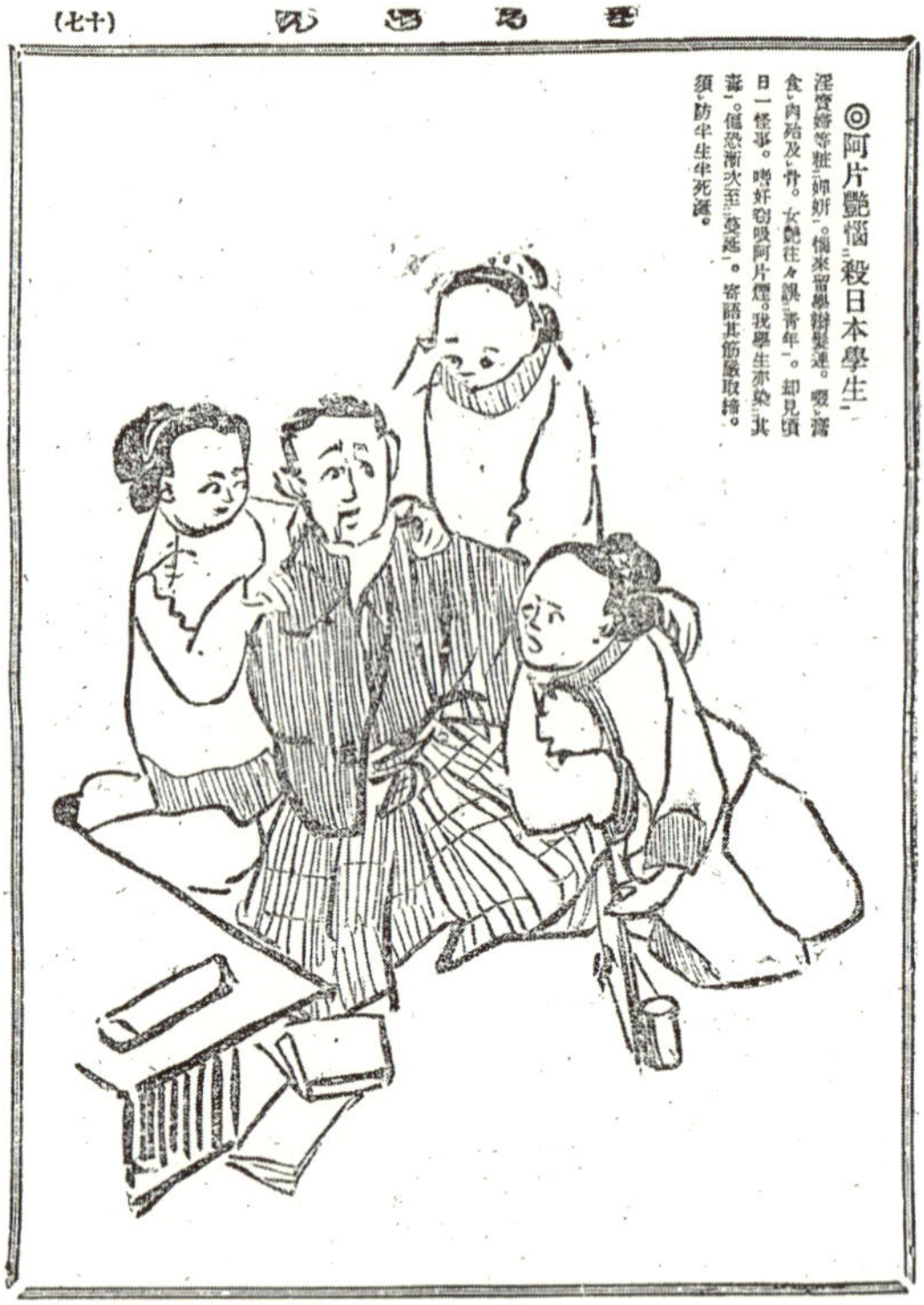

「阿片艶惱殺日本學生」『團團珍聞』1906年9月15日

生心得）によれば講堂・寝室・風呂・喫茶室・応接室・手洗い・自習室・食堂・談話室・養病所・清掃・外出・外泊・帰国・服装等様細かく規定されている。(65) これはほぼ「衣・食・住・行」と重なるといってよいだろう。この新生活運動は蒋介石の日本留学体験の影響が大きかったことはいうまでもない。

留学生にとって一歩外出するにも、重苦しく感じストレスが溜まることは、これまで論じてきたことから容易に想像がつく。その結果、母国人らと狭い生活空間に篭り、自分たちの習慣に則って生活することになり、必然的に小さな留学生コミュニティーが誕生するしかなかったといってよい。しかし、閉鎖的なコミュニティーで繰り広げられる母国の習慣とその行為はあまりにも日本社会の習慣性と隔たりがあり、新たな摩擦を引き起こすという悪循環になってしまうのだ。日本人の眼から見れば、留学生が住むことによって住居や近所の生活環境そのものが悪化していくわけであるから、住居提供を拒否する者も出てくるのも仕方がない。その証左に留学生らは頻繁に住居を移転している。つまり、日本社会に於いて彼等は流動的な存在となっていたのだ。日本社会と距離を置くことは、警察の取り締まりも行き届かない所を住居として選ぶ者も出てくる。彼等はそれをよいことに、下宿内で賭博、売春、阿片窟に手を染めるのである。特に売春や阿片事件は度々マスコミで報道されている。そして、「血涙を揮って警視總監及び學校當局者に訴ふ」とし「腐敗せる清國留學生を此神聖なる日本帝國より放逐すべし」とする投稿や[66]、「阿片艶惱殺日本學生」というタイトルで留学生らが日本人学生にその悪影響を与えていると批判されることとなる[67]。もちろん多くの下宿屋の主人は日本人及び清国人である。彼等はこのような留学生の行状を知らないはずがないだろう。むしろ商売のため留学生らを利用している節があるといえる。一九〇六年七月一一日の『東京朝日新聞』の記事に「素人下宿の取締厲行」という記事には許可を得ず留学生相手の下宿屋が横行し、風俗を乱していることを危惧し取り締まりを強化していると報道している。このような報道等から、留学生界全体に悪いイメージが増幅され、その結果ますます留学生は孤立する道へ歩んでいくのである。周知の通り一九〇五年文部省は所謂「留学生取締規則」を公布した際、留学生らは大規模な反対運動を引き起こした。特に第九条の「選定ヲ受ケタル公立又ハ私立ノ學校ニ於テハ清國国人ヲシテ寄宿舎又ハ學校ノ監督ニ屬スル下宿等ニ宿泊セシメ校外ノ取締ヲナスヘシ[68]」は当初問題になった条項の一つである。反清朝革命運動の温床となりつつある日本留学生を取り締まる狙いで、清朝が日本政府に働きかけたという説もあるが[69]、これまで論じてきたことから考察するならば、留学生住居問題に付随する風俗騒乱と犯罪の防止も狙いの一つであったといえよう。

留学生教育界も住居問題は留学教育に悪影響を及ぼすと危惧していた。上田万年はこの問題に早くから注目していた。彼は「清國留學生に就きて」に於いて、起床就寝から余暇に至るまで規則正しい時間を設定し、教場、自習室、寝室、食堂、浴場その他完備し、天井の高さや空気の流通を考慮し、徹底した留学生監督を強化する寄宿舎の必要性を訴えた(70)。しかし、実際には資金的な理由から全ての留学生教育機関で実現するには難しかった。後にこの問題は帝国議会等でも取り上げられることになるが、大正・昭和なっても具体的な解決までには至らなかった(71)。

5. まとめ

「衣食住」の観点から留学生活を論じてきた。日本社会に於いて統一性に欠け奇異なる留学生の外見からの蔑視、狭い居住空間、音の問題、食文化や習慣の相違、そして日本人と接しようにしても言語の問題等、以上の点だけをみても、留学生にとって教室外の壁は想像以上に高く、母国人同士で固まる傾向になるのは自然である。そして、日本社会と距離を置く環境の中、下宿内で賭博、売春、阿片窟に手を染める者も出現した。いたずらに好奇心を煽るマスコミの存在を否定できないが(72)、彼等の行状が報道されることによって、日本社会に於いて清国人日本留学生界全体のイメージをさらに悪くさせるという悪循環が日本社会との距離を広げたといえる。しかも本来留学生を守らなければならない教育機関の心無い教師からも蔑視を受け、文字通り教室内外からの八方塞となってしまうのだ。したがって前述した石陶鈞の回想通り現実は留学生と日本人との接触はごく稀であったというのも致し方がなかったといってよい。

日本社会と距離を置くということは進んで日本社会・文化を理解しようとしなかったともいえる。この理由の一つに明治期の中国人日本留学生の特徴である短期留学も関係があったことも付け加えなければならない。というのも多くの者にとって留学に於いて修学する最終目標はあくまでも科挙に変わる出世システムの上に乗ることである。したがって、六〜八ヵ月で帰国するわけであるから、日本社会・文化と深く考察する必要性もなく、ただ自身の学科の修学を目標にすればいい。たとえ日本社会・文化を理解しようと思っても、この短期間では日本の生活すら慣れることも困難である。周作人が「留学生の多くは日本の生活に馴染めなく(中略)こういう連中を私どもはいつも嘲ったものだ。(中略)わずかばかりの技術を学び取れても瑣末にすぎず、生活から着手し身をもって体験していかなければ日本を深く知るすべがない。[73]」と述べている。つまりこの真意は「多くの留学生は日本文化・社会を理解しようとせず、日本の生活に馴染めないまま早く留学を修了し帰国する」という典型的な留学生界の風潮を批判したものといえよう。その一方で蒋介石のように日本留学体験を通して大陸の一般大衆生活を変えることによって国家と民族を復興させるための「新生活運動」を展開したことは注目に値する。

複雑な要素が絡み合い孤立してしまう留学生活の中で基本的な「衣(辮髪と服装)・食・住」という要素が想像以上に多くの問題を抱えてしまっている。この後、昭和に入り大岡山に留学生を中心とする一大中国人街が誕生するが、ここでも明治期と同様の問題が生じることとなる。本章で論じたことは時代を超えた大きな問題といえよう。

注

1　例えば魯迅と藤野厳九郎先生、黄興、宋教仁と宮崎滔天等の関係は有名である。詳しくは阿部兼也『魯迅の仙台時代―魯迅の日本留学の研究』(東北大学出版会、一九九九年)、宋教仁著、松本英紀訳注『宋教仁の日記』(同朋舎出版、一九八九年)、王暁秋著、木田和生訳『中日文化交流史話』(日本エディタースクール出版部、二〇〇〇年)を参照。

2　厳安生『日本留学精神史』岩波書店、一九九一年、三〇二頁によれば大多数は必ずしも満足に安定して勉強しておらず、東洋遊学イコール新式科挙のつまりの「銀メッキ組」、物見遊山ひいてはお楽しみ目的の「視察組」が大多数であったという。
3　同上書、三一〇頁
4　柴崎信三「留学一〇〇年前の物語」『日本経済新聞』一九九八年八月一八日夕刊
5　寺田勇吉「清國留學生問題」『中央公論』第二〇年第一號、一九〇五年一月一日、一八頁
6　前掲注(2)書、二七〇頁
7　同上書、二七〇頁〜二七一頁
8　家永三郎『日本人の洋服観の変遷』ドメス出版、一九七六年、二七頁
9　松本亀次郎『中華五〇日游記』東亜書房、一九三一年、二八頁〜二九頁
10　前掲注(2)書、二七六頁
11　不肖生『留東外史』第三集第四〇章、民権出版部、一九二四年、一六頁。『留東外史』は中国人留学生史研究にとって重要なものであるから、簡単に解説しておく。向愷然(一八九〇年〜一九五七年、湖南平江の人)が不肖生と名乗り日本での目撃者、伝聞者、部分的関与者と称し、中国人留学生や亡命客の自堕落な生態を書いた。初集〜第一〇集であり、これに続き『留東外史補』『留東新史』がある。向愷然によれば、彼は一九〇八年に私費留学し、目的も計画もなく宏文学院を卒業し一九一三年に一時帰国、再度同年来日したという(木山英雄「『留東外史』はどういう小説か」大里浩秋・孫安石編『中国人日本留学史研究の現段階』御茶ノ水書房、二〇〇二年、一四九頁)。しかし、『留東外史』は周作人や志希等から黒幕小説であると批判された。
12　周作人著・木山英雄訳「日本管窺の二―日本の衣食住―」『日本談義集』平凡社、二〇〇二年、一九一頁
13　同上書、二六頁
14　黄遵憲著、実藤恵秀・豊田穣訳『日本雑事詩』平凡社、一九六七年、二〇三頁
15　不肖生『留東外史』第二集第二三章、民権出版部、一九二四年
16　前掲注(2)書、二七五頁〜二七六頁

17 同上書、二七〇頁
18 不肖生『留東外史』初集第一四章、民権出版部、一九二四年、一〇〇頁
19 不肖生『留東外史』第四集第五五章、民権出版部、一九二四年、五頁
20 夢芸生「装束之怪異」『警世小説　傷心人語』振earlier書社、一九〇六年(光緒丙午年)(尚、頁は無記載、以下同様)
21 黄尊三著、さねとうけいしゅう・佐藤三郎訳『清国人日本留学日記　一九〇五～一九一二年』東方書店、一九八六年、三五頁
22 前掲注(2)書、二七六頁
23 魯迅著、増田渉訳「藤野先生」『阿Q正伝』角川書店、一九六一年、一五二頁
24 『東京朝日新聞』一九〇六年三月八日
25 さねとうけいしゅう『中国留学生史談』第一書房、一九八一年、五七頁。同書によれば一八九八年一〇月七日の日華学堂教授宝閣善教の日記に「晩餐後、学生一同を伴ひ、上野公園に遊び、本郷街を散歩、途次見聞せるものに就て種々説明を与ふ。時々児童のチャン〱呼ばはりて付き纏ふには閉口せり」と記されている。
26 孫伯醇・述「家塾・同文書院・民報社―日本に生きる一中国人の回想(つづき)」『中国』三一号、中国の会、一九六六年、三三頁
27 前掲注(21)書、三頁
28 前掲注(2)書、一二八頁～一二九頁
29 前掲注(21)書、二九頁
30 前掲注(25)書、六一頁
31 同上書、八六頁
32 同上書、九五頁
33 王景禧『日游筆記』一九〇四年、二六頁
34 前掲注(2)書、二四四頁
35 黄遵憲著、実等恵秀・豊田穣訳『日本雑事詩』平凡社、一九六八年、二一三頁

36 前掲注(21)書、三二〇頁
37 不肖生『留東外史』第九集第一三五章、民権出版部、一九二四年、二七頁
38 同上書
39 前掲注(11)書、第二一章、六頁
40 前掲注(12)書、二〇二頁
41 二〇〇四年一二月一日、維新號事務所本部(新宿区若葉)にて、筆者が鄭東耀氏に対する聞き取り調査より。
42 矢吹晋編、鈴木博訳『周恩来『一九歳の東京日記』一九一八年一月一日～一二月二三日』小学館、一九九九年、三九頁～四〇頁
43 大塚力『「食」の近代史』教育社、一九七九年、一四七頁
44 「東京支那之料理」前掲注(20)書
45 東京市編纂『東京案内』上巻、一九七四年、二六二頁
46 前掲注(15)書、第三〇章、九三頁
47 小湊潔『にんにくの神秘』叢文社、一九七二年、三八頁
48 さねとうけいしゅう『増補　中国人日本留学史』くろしお出版、一九七〇年、四六六頁
49 孫伯醇・述「家塾・同文書院・民報社—日本に生きる一中国人の回想」『中国』三〇号、中国の会、一九六六年、二八頁
50 前掲注(25)書、七五頁
51 前掲注(2)書、二五一頁
52 前掲注(12)書、一九四頁～一九五頁
53 前掲注(21)書、一〇九頁～一一〇頁
54 同上書、一六二頁～一六三頁
55 同上書、同頁
56 前掲注(2)書、二六七頁
57 前掲注(48)書、一九三頁～一九四頁

58　不肖生『留東外史』第五集第七五章、民権出版部、一九二四年、二〇頁
59　「自修室之墨畫」前掲注(20)書
60　前掲注(48)書、一九四頁
61　前掲注(2)書、二六七頁
62　段瑞聡『蔣介石と新生活運動』慶應義塾大学出版会、二〇〇六年、六五頁
63　同上書、六六頁。これによれば南昌新生活運動促進会が定めた「新生活須知」から抜粋。
64　同上書、同頁
65　前掲注(48)書、七〇頁
66　早稲田健兒團總代(投)「淫風早稲田を亡ぼさんとす」『冒険世界』第二巻第二号、博文館、一九〇九年、五七頁、六〇頁
67　「阿片艶惱殺日本學生」『團團珍聞』一九〇六年九月一五日、一七頁
68　文部省令第一九號『清國人ヲ入學セシムル公私立學校ニ關スル規定』
69　實藤恵秀『中國人留學史稿』日華學会、一九三九年、一三〇頁
70　上田萬年「清國留學生に就きて」『太陽』第四巻第一七号、博文館、一八九八年八月二〇日、一三頁～一四頁
71　帝国議会に於いて中国人日本留学生問題が初めて上ったのが一九一八年、第四〇回帝国議会衆議院である。一九二一年二月九日、第四四回帝国議会衆議院に於いて内藤濱治他二九名の賛同者を得て「支那共和國留學生ニ關スル質問主意書」を提出し、この中で下宿問題について述べている。
72　押川春浪「早稲田學生諸君並びに淸國留學生諸君に答ふ」『冒険世界』第二巻第三号、博文館、一九〇九年、六七頁によれば、留学生に対するマスコミ報道について「當時無責任なる新聞雑誌、徒に世人の好奇心に投ぜんが爲め、彼等の長所を蔽ひ失策を訐き來り、漫然誇大の吹聴を爲せしが爲に、我國人中其言を信ずる者多く、淸人即ち淫猥民族也と云ふが如き、寔に悲しむべき誤解を招くに至りし也。」と評している。
73　前掲注(12)書、三三三頁

第6章　もう一つの留学生活

1．はじめに

留学生にとって異国での留学生活は多かれ少なかれ様々の悩みがあったであろう。では、清国人留学生の最も大きな悩みは何であろうか。宏文学院出身の黄尊三は自らの日記に於いて「留学生が一番解決できず困っているのは、この性欲の問題だ」と記している。[1] 多くの留学生は若く多感な男性である。第5章でも論じたが多くの留学生は日本社会と積極的に交流しなかった。同胞の女子留学生と交際を求めたとも考えられるが、当時は女子留学生の数が圧倒的に少なかった。[2] ならば当然日本人女性との交流に興味はあったと考えられるし、享楽的な生活をしていた者たちも存在していたといえよう。

残念なことにこれまで留学生の異性文化交流、特に暗部の実態解明はされていないに等しい。唐権は『海を越えた艶ごと』に於いて、明治期の留学生について所謂「漁色組」の存在を忘れてはならぬと戒め、[3] 彼等の生活が享楽的な雰囲気に包まれていたことは一六八〇年代頃の渡崎熱の再来ともいえると述べている。[4] 様々な思惑を持ち多種多様な留学生が存在しており、彼等の生活実態を多角的に検証することで初めて清国人留学生の風潮としての全体像を描くことは、意義あるものである。ただ、これを論じることは困難である。その理由として現時点での資料不足、さらに、石陶鈞の回想の通り現実は留学生と日本人との接触はごく稀であったというからである。(5)

しかし、ここで諦めることは早過ぎる。当時の小説、新聞記事等から彼等の実態の一端を検証することができよう。特に宏文学院出身の向愷然が著わした『留東外史』は、発禁処分となり否定的な評価が下されているとはいえ、全一〇集一六〇章約五三万字という大長編であり、日本社会に於ける留学生や亡命客の自堕落な生態を描いている。(6)当時の新聞記事と検証しても重なるところが多い。さねとうけいしゅうも『留東外史』を副資料としての一面を持つと述べている。(7)また、新聞紙上に於いて留学生の風紀上のトラブルや異性交流について報道されている事実があるにもかかわらず、これらについて取りあげた先行研究がない。過去に於いてこれら両者の検証が行われていなかったことが不思議なくらいである。したがって、本章では清国人留学生の学校以外の時間の過ごし方、つまり余暇の過ごし方、そのときの日本人女性との交流、さらに暗部の実態をも小説、新聞記事、証言等を分析・検証し考察する。

2. 微笑ましい余暇と異文化異性交流

留学生の余暇の時間はどのくらいあったのだろうか。宏文学院の授業時間から推測してみる。普通科は週三三時間である。(8)月曜日から金曜日まで毎日六時間、即ち午前四コマ・午後二コマ、土曜日は午前三コマとすれば合計三三時間になる。同じく宏文学院に留学した魯迅が、来日前に在学した礦路学堂では、午前二コマ・午後二コマである。[9] 仮に宏文学院が規則通り行っていたならば当時の留学生にとって、かなりの負担があったといえよう。しかし、黄尊三の宏文学院時代の日記を検証すれば、学校での勉強はほとんど午前中のみであり、午後からは自由であった。はっきりと断定はできないが、多くの留学生はかなり余暇の時間があったのではないだろうか。

第5章でも述べたが多くの留学生教育機関が集まる神田、本郷、麹町界隈で過ごしていた。[10] これらの界隈にあるもので、留学生らの重宝したものの一つが古書店である。読書を何より重視していた彼等は古書店を「臨時図書館」と心得ていたという。[11] これは立ち読みしても店主が厳しく注意せずそのままにしておくことを許していたからであろう。日に日に店先に置かれる多くの本に対し魯迅は「また誰か無名の文学者が死んだんじゃないだろうか[12]」と述べていることからも豊富な量の書物が安く供給されていることに留学生らは驚嘆していたといってもいいだろう。

留学生は日本の自然、特に富士山と桜に魅了されていた。友人らと野山へ遠足に行ったり、砂浜をぶらぶらと歩いたりしていたという。[13] 黄尊三は自身の日記で以下のように記している。[14]

午後、友人と上野に桜見物。花は満開で、あでやかで、かぐわしく、目を悦ばせ心を楽しくさせる。遊女、雲の如し、というところ。散歩しているもの、低い椅子に腰掛けて茶を味わっているもの、いろいろな遊戯をしているものが、あちこちにおり、雅俗ともに花を観賞している。桜は日本の特産で、ほかの国々にはないということだ。

魯迅の『藤野先生』にも、「上野の桜花爛漫の時節は、まことに薄紅色の軽雲かと思われるながめであったが、花の下にはいつも隊を組んだ「清国留学生」の速成班がいて、頭の上に辮髪をぐるぐる巻きにのせ、かぶった学生帽のてっぺんを高々とそびえ立たせて、富士山の形をつくっていた。」と描かれている。[15] 日本の象徴である「富士山」を比喩に持ってきたのもそれだけ魅せられていたからであろう。辮髪姿の清国人日本留学ブームの中、多くの留学生が花見を楽しんでいる光景が目に浮かぶであろう。

日本文化の象徴の一つである桜に魅せられた中国人は多い。時代を遡れば明末に日本に亡命した朱舜水が中国にも桜があれば第一の花にすべきだと大いに讃えており、また『日本雑事詩』で有名な黄遵憲も桜の美しさに、日本人の花を愛する心に賛辞の筆を惜しまなかったことからも、[16] 桜に対する中国人の心情は普遍的なものであるとは言い過ぎではないのではないだろうか。

留学生らは名所を見物しているだけではなかった。水泳、スケート、スキー、乗馬、登山、柔道等のスポーツを活発に行っていた。[17] 講道館所蔵記録に宏文学院出身である魯迅こと周樹人が嘉納治五郎の門下で柔道を行っていた記録が残されている。留学生が水泳を行う場所は海水浴場であった。海に縁遠い湖南出身の黄尊三は湘南での海水浴について、強い海水の力に対し恐怖感を持つと同時に日本人の男女が手をとって海水の中を泳ぎまわる姿に、母国では風紀上問題になるのではないだろうかと述べている。[18] 初めての海水浴に戸惑い、さらに純情な大陸青年には刺激が強すぎたようだ。

一九〇六年発行された日本留学案内書である『留學生鑑』では、上野公園等多くの公園以外にも靖国神社、帝室博物館、東京教育博物館等が紹介されている。[19] したがって留学生らはこれらの所に足を運んでいたと考えられる。ただ靖国神社に関しては微笑ましい光景とはいかない。黄尊三の日記では靖国神社について「石造で、すこぶる宏荘。社前には、大砲とか弾丸とか船体などの戦利品が、数え切れないほど並べてある。」と記している。[20] これらの戦利品は日清・日露戦争のものであるが、兵器以外にも纏足靴、阿片キセル、万民傘、名門旧家の扁額等があった。特に日清戦争ではかつての中華文明圏を誇った母国がまさかの敗戦を期し、負けたことをまざまざと見せつけられることに対して留学生の眼にはどのように映ったのであろうか。東京同文書院生の王朝祐によれば靖国神社にこれらの戦利品の数々を見て日本人が嘲り批判している光景を目にし、ある事件が起こったことを以下のように述べている。[21]

有留學生陜西某君及士官學校之學生也往遊該社目撃此種可憤可恥之情形激昂之餘遂舉一巨石向匾額撃去遊人大譁警察赶至某君竟就逮焉

黄尊三も同日記で「甲午(日清戦争)の海戦のとき分捕ったもので、砲身には、その時の戦争の実況を記した文字が刻み込んである。これを読むと憤慨せずにはおられない。中国留学生の某君が、この大砲を見て、それをひっくり返して帰ったことは、痛快なことである。」と記している。留学生らの強い民族的屈辱且鬱屈感、そしてそれを晴らしたい気持ちが実力行使になったのだろう。[22]

その一方で王朝祐は、戦利品を見ている日本人の姿に意気込みを感じ、また、フビライを撃退する日本軍の様子が描かれた絵画を見て、日本人の心の中に捨て身奮戦する気概が生まれるであろうと評している。さらに天皇が靖国参拝の際、日本人が脱帽敬礼し異口同音に万歳を叫び、これを見た天皇が手を額に当て感謝の意を表す光景を見て、上下の隔たりがなく、君臣一体となっていることに感心までしていることは注目に値する。[23] 君臣一体とはいえない当時の母国の現状に複雑な胸中だったには違いない。

さて、前述した通り留学生は余暇を利用し日本の自然を満喫し、博物館、靖国神社等に足を運んでいたが、ここで問題なのは誰と一緒に出掛けたのかである。前述した石陶鈞の回想通り日本人との交流は皆無に等しかったのだろうか。特に日本人女性との交流はどうであっただろうか。廖希賢は、日本人女性達はよく中国人留学生と共に郊外へ遠足に行ったり、食事をしたり、歌を歌ったりしていたという旨を証言し、廖希賢自らも留学生仲間の劉汝琮、韋徳周、龔農瞻（江津県留学生）らと一緒に日本人女性を誘い、同様な余暇の過ごし方をしていたという。(24)どのような階層の日本人女性かは不明であるが、留学生と日本人女性の間に開かれた日中異性交流があったのだ。しかもこれら両者が一緒に歌を歌っている光景などは微笑ましいといえよう。

開かれた日中異性交流に於いて目の前に積極的な日本人女性が現れたらどうするのだろうか。王朝祐は、一九〇五年の来日直後、長崎旅行の帰りの電車の中で日本人女性と知り合い、その女性は王の流暢な日本語と英語に驚きながらもひと時の談笑を楽しんだのであった。帰り際にその女性から所謂「男女交際」を求められ、王はその積極性に驚き、学業を理由に断ったが、東京に戻った後、自分の行為を悔やみその女性を探したが時既に遅く見つけることができなかった。(25)王は積極的かつ開放的な日本人女性に戸惑い、一度は拒絶したものの、日本人女性に対し並々ならぬ興味以上の感情を持ってしまったのである。

ここで注目に値する点がある。一点目は王の日本語と英語能力、すなわち「外国語能力の高さ」。そして二点目は、王と日本女性との談笑、すなわち「和やかに笑顔で応対する態度」である。これらについて宏文学院出身の向愷然は『留東外史補』に於いて興味深い分析をしている。

まず、一点目の「外国語能力」であるが、日本人女性は「外国語」ができる男性を好み、特に「英語」は日本人の男女問わず崇拝するという。(26)明治期の日本は一八八六年頃から英語ブームが到来し、「あれも英和これも英和」と風刺されたほどであったことを考えれば、向の分析は当を得ているといえる。(27)一方、中国人女性は「歌賦詩歌」ができる男性を好むと分析している。(28)

二点目の「和やかに笑顔で応対する態度」について、中国人女性は「哭」を好むのに対し、日本人女性は「笑」を好むという。(29)そして、留学生は日本人女性の「笑」に魅せられてしまうのである。『留東外史』第二集では、蘇仲武が日光の宿屋で加藤梅子を見初めたところを「日本の女が笑を好み、中国の女が哭を好むことは世界の見解となっている。梅子の笑は必ずしも蘇仲武に対し気持ちがあってのことではない。しかも蘇仲武は彼女の一笑により、もう彼女の許を得たかのように、未来の幸福を色々と空想したのである」と描いている。(30) 日本人女性に対し同胞の女性と正反対の女性像を構築させ、そしてその笑顔に勘違いする留学生が多かったといえよう。これについて、黄尊三も日記に於いて「帰り道で、身形も悪くない東京者らしい一人の女が劉君を見て、にっこり笑う。劉君もそれに答えて、にっこり笑う。僕は知り合いかと思って、後で劉君に聞いてみると、知らない人だと言う。なるほど、日本の女が人を見ると笑うということは、普通のことであって、なんでもないのだ、ということが分かった」と記しているほどである。(31) さらに向愷然は日本人女性の笑いこそが、日中親善政策の先鋒隊とするに限るとまで述べている。(32) 魅力的な笑顔の日本人女性、それ故に勘違いをしてしまう留学生という構図が浮かぶのである。

積極的かつ開放的な日本人女性に対し戸惑った留学生であったが、廖希賢は「当時古い習慣に束縛されていた中国人女性より日本の女性は社交面に於いて比較的開放的であった。」と評している。(33) また黄尊三も「中国はまだ開けていないので、女子は男子を見ると、消え入るように恥らってしまう」と開化されていない状況を原因の一つとしながら、民族性と習慣によるものだとも論じている。(34) 当時の中国人女性は「部屋に閉じこもって、国があるとも知らない。」(35)、「片田舎の旧式の考えでは、婦女はよほど近い親戚でもなければ会ったりしない」という実態であった。つまり外の世界とは遮断された世界で生きているのである。向愷然は日本人女性がどの身分であろうとも一人で劇場や映画館に行ける事を指摘しており、母国では考えられない自由で活発であると評している。(36) 留学生の多くは市民階層レベル以上の者が多かった。清国の高い階層の女性ならば纏足をし、労働もせず家に籠りがちである。それと比較しての観察であったのであろう。したがって、当時の一般的な日本人女性の開放的な姿に強い印象を覚えたのである。

黄尊三は、日本人女性は自由を主張するが一旦結婚するとその服従性は高いと評価する一方で、母国の女性は「表向きは礼教の邦と請われ、女権を尊ばないけれども、実は女子が男子を圧伏するということは有りがち」と述べ、最後に研究を要する問題だと結んでいる。[37] さらに、「男の軽薄な挙動に対して極めて普通のことに考え、決して中国の体教ある家庭の女のように男子の道理に合わない行為に対し寛容のないことはない」としている。[38] つまり日本人女性は力強さがあり自由で活発、しかし婚姻後は男性に服従する。さらに軽薄なことをしても口うるさくなく大目に見てくれるのだ。日本人と中国人だけでなく世の男性ならば理想的女性像であろう。このような理想的女性像が日本人女性であるから、留学生が驚きと憧れを持つのは自然なことであろう。そして逆に日本人女性も異国の留学生に興味を示す。双方の健康的であり明るく微笑ましい交流が見えてくるのである。

しかし、日本人女性、特に若い女子大生と男性の交際には厳しいものがあったのも事実である。例え明るく健全な交際としてでもある。ましてや相手が清国人留学生ともなれば事が大きくなる。一九〇六年一〇月二五日の讀賣新聞に「女子大學生退学處分に就いて」という記事がある。この記事によれば栃木県の宇都宮高等女学校を卒業した土澤町子が東京の女子大学で学んでおり、夏休みに入って寄宿舎を出た後、素人下宿を借りた。その下宿には清国人男子留学生も止宿しており、お互いに日本語と支那語の交換教授をしていた。このことがよからぬ噂となり、大学の寮監に呼び出され「貴嬢は夏期休暇中歸國もされず神田邊にありて清國留學生と云々の行爲ありしやの端書本校へ到來したれは退學を命ぜらる〃も知れず」と注意された。土澤町子は身の潔白を主張したが、退学に追い込まれたという。後に新聞記者の調査したところ事実無根であったことが確認されているが、誰かしらの嘘の密告から退学に至ったのは何という不運なことであろう。当時は留学生の風紀上の問題が新聞紙上をしばしば賑わしていた。したがって大学側の判断は単なる男女交際に対するもの以外に相手が清国人留学生という理由もあったに違いない。

3. 愛欲の日々――『留東外史』と新聞記事からの検証――

一．売淫国日本

一般の日本人婦女子との交流があれば、裏の世界の婦女子との交流もあるのは容易に推測できよう。留学生の多くは日本に対し「売淫国」のイメージがあったと考えられる。

『留東外史』第五集に、登場人物の一人である正則予備学校生の黄文漢等が蒲田の梅屋敷の梅見に行くと、日本人の美少女が入場券を売っているところを見て「日本人は、人の心理を察するに妙を得ている。どんな遊技場でも勧工場でも、女を選んで応対させ、興味をそそらせるのだ。売淫国の名はこんなところから来たのだ。」と、黄文漢に言わせている。[39] 応対及び気配り上の問題であるにもかかわらずこのような強引な論に結びつけることと自体が驚きであるが、それだけ日本に対する「売淫国」のイメージが強いのであろう。確かに日本人である正岡藝陽も日本は「嗚呼賣淫國」と述べたように、[40] 芸者屋、遊郭、各級の私娼窟、銘酒屋、ちゃぶ屋、酌婦まで公的私的双方の機関の多種多様な売春組織が留学生の周りにあった。

一九〇〇年当時、日本は全国の売春を画一的に取り締まるために娼妓取締規則を発布し、さらに同年、行政執行法が公布されこれらの法により公娼制度を確立させたのであった。当時の東京に於ける公娼数を表10に掲げた。

それによれば一九〇〇年～一九〇四年までの東京の平均公娼数は五四三〇名である。公娼だけでなく私娼の存在も忘れてはならない。周作人は、日本の看護婦が娼妓淫売の一種であることは日本にいる中国人なら誰でも知っているというような旨を述べた留学生がいたと証言している。[41] 山尾清實によれば、当時の日本では下婢、女中、

表10　東京の公娼数

＊山尾清實『賣春ロマンス』東京醫事協會 1916 年 159 頁〜 160 頁より酒井作成

年　次	員　数
1900 年	5,622
1901 年	5,158
1902 年	5,531
1903 年	5,172
1904 年	5,669

女工、女義太夫、遊芸の師匠、保母、女按摩、看護婦、農婦、女学生、内縁の妻まで様々な層で、私娼として密売淫を行っており、その数は公娼数の一〇倍乃至二〇倍に上るという。(42)つまり留学生の身近に彼女らは存在していたのである。一九〇三年当時の東京の人口は一五七万一五〇〇名である。(43)公娼数に私娼数を加えれば、最大でざっと約一一万四〇〇〇名である。東京の女性人口が七〇万一〇〇〇名(44)であるから約一六％が売春婦である。幼年・老年層は除かれるわけであるから実質はそれ以上の割合で売春婦がいたわけである。この数字から多いかどうか判断するのは早急であるが、『留東外史』全般に於いても日本人女性のことを「日貨」と呼んでいることからも、彼等の中で日本は「売淫国」であるイメージが定着していたといってよい。

二．女学生及び女学生風淫売婦

留学生と異性並びに売春問題は特に一九〇六年〜一九〇七年にかけて多くの報道があった。本章では東京朝日新聞を例にとって分析し論じる。そもそも清国人留学生について新聞報道に於いて大きく取り上げられたのは一九〇五年の所謂「留学生取締規則(45)」騒動からである。騒動最中の同年一二月だけでも一八日間三五記事も報道されている。それ以前は数える程度であり、「留学生取締規則」騒動の記事によって、留学生の存在は一般に知らされたといっていいだろう。その後一九〇六年は七三記事、一九〇七年になると九三記事に上る。そのうち異性・売春及び犯罪関係記事はそれぞれ一四記事と三〇記事である。そして当時、風俗上大いに注意を払える三大要注意グループがあり、その中に日本人グループと共に清国人留学生が含まれていたのである。(46)

では、最初の留学生の異性・売春関係の報道記事を見てみよう。一九〇六年三月八日「淫賣女の一團捕はる」であるが、それによれば以下の通りである。

神田小川町の素人下宿経営者村田お國(五十一)と云ふ洋妾上がりの婆さん方には昨年以來数多の式部連止宿し毎朝洋書を小脇に抱へて繋がり行く學校通ふ誰が目にも感心とこそ思へ是が怪しい女共とはリボンの形が蝶に似ても夢?か考へられず近隣の者も不審などは決して打たずに居たところ近來清國留學生の同家へ出入する者多きより岡目八目の噂取り〳〵女學生は菫を喜ぶさうだが菫の邊りの小流れにはお玉杓子の泳ぐものゆゑチャンの頭の格好も歡迎せらる、譯ではないかと蔭言を利いて居るうち神田署の警官逸早く目を注け一昨夜清人三名が泊込みしを突留めて突然二階へ飛込みしに果たせるかな止宿の女共は女學生變じて地獄生となり書を讀むよりも鼻毛を讀む連中にて青森縣人田中さよ子(二十一)長野縣人青木蝶子(二十一)富山縣人和田きた子(十九)など相方になつて色を鬻ぎ不都合な所爲に及ぶ事明瞭に分つたので淫賣女史等は其場より直に拘引せられし(後略)

近所の住人らが「お玉杓子の泳ぐものゆゑチャンの頭」と陰口を叩いているが、留学生の辮髪からきているものだ。拘引させられた彼女達は公娼ではなく私娼である。そして着目すべき点は「女学生」と「留学生相手」の二点である。

まず一点目の「女学生」であるが、前述した通り様々な階層に於いて私娼の存在があったが、その中でも留

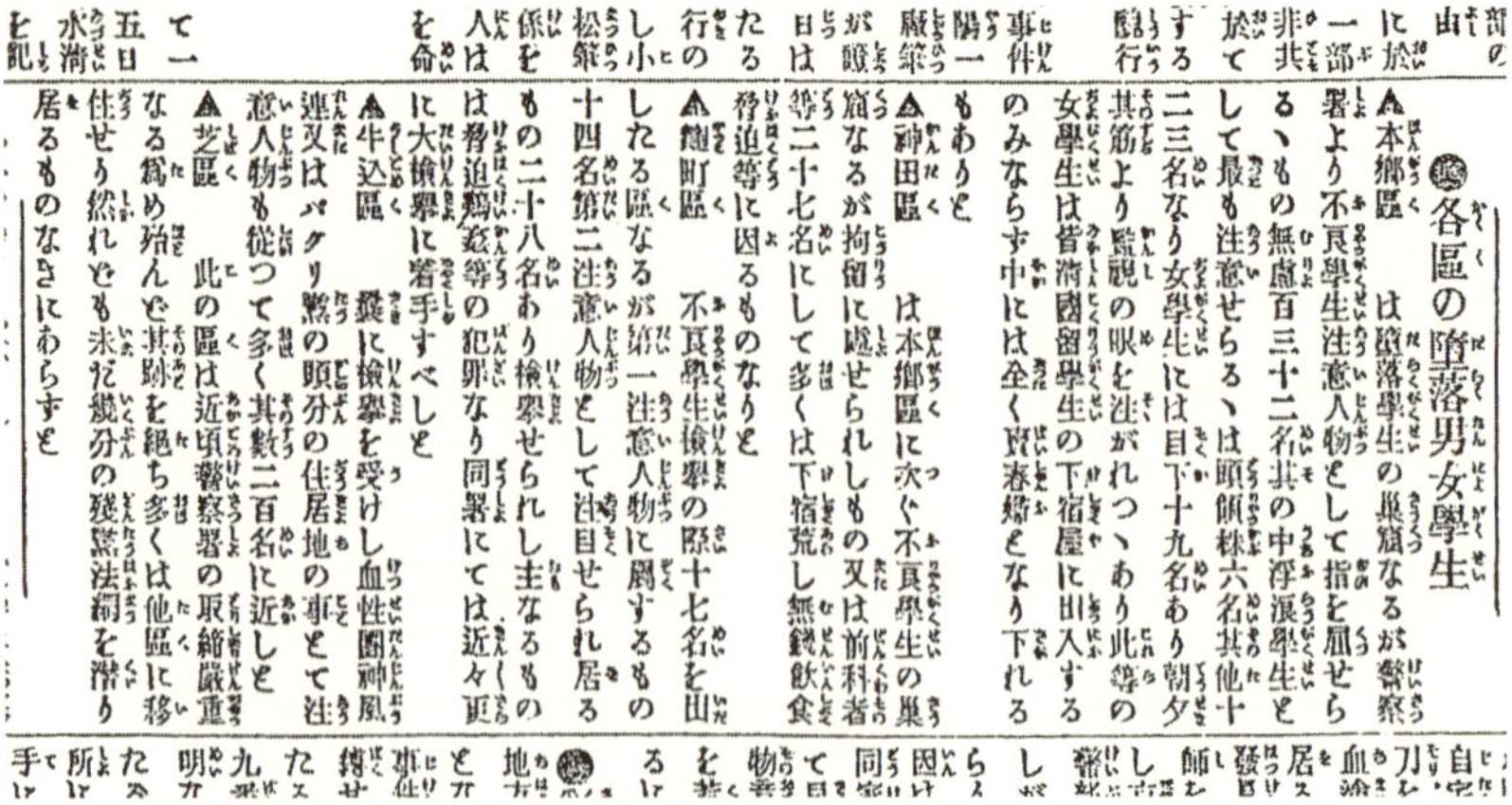

各區の墮落男女學生

△本鄕區　は墮落學生の巢窟なるが警察署より不良學生注意人物として指を屈せらるゝもの無慮百三十二名其の中浮浪學生として最も注意せらるゝは頭領株六名其他十二三名なり女學生には目下十九名あり朝夕其筋より監視の眼を注がれつゝあり此等の女學生は皆淸國留學生の下宿屋に出入するのみならず中には全く賣春婦となり下れるもありと

△神田區　は本鄕區に次ぐ不良學生の巢窟なるが拘留に處せられしもの又は前科者等二十七名にして多くは下宿荒し無錢飲食脅迫等に因るものなりと

△麴町區　不良學生檢擧の際十七名を出したる區なるが第一注意人物に屬するもの十四名第二注意人物として注目せられ居るもの二十八名あり檢擧せられし主なるものは脅迫鷄姦等の犯罪なり同署にては近々更に大檢擧に着手すべしと

△牛込區　曩に檢擧を受けし血性團神風連又はバクリ黨の頭分の住居地の事とて注意人物も從つて多く其數二百名に近しと

△芝區　此の區は近頃警察署の取締嚴重なる爲め殆んど其跡を絕ち多くは他區に移住せり然れども未だ幾分の殘黨法網を潜り居るものなきにあらずと

当時の新聞記事『東京朝日新聞』明治40年11月27日

学生は「女学生」との関係を望む者が多かったと考えられる。例えば一九〇七年一一月二七日「各區の男女學生」によれば、本郷区に於いて警察署より不良学生の注意人物とされる者が一二三名存在しており、その内不良女学生は一九名で、女学生全員が清国人留学生の下宿屋に出入りし、中には売春婦になる者もいるという。同年二月一一日「不埒なる二學生」によれば、「女学生」及びそれを装った私娼が留学生を誘惑しているという。同じ「学生」ということで心許させる方略なのか、それとも「女学生」が好まれていたのであろう。特に「女学生」については馮延鋳が『東遊鴻爪録』の中で、清末の教育視察団や速成班留学生が高等女子師範学校や同附属幼稚園を参観している様子を「目はこっちをジロジロ、あっちをジロジロ、もっぱら女学生に注がれる」と述べていることからも興味を持っていたことが窺えよう。(47) また、張子平の短編小説『一班冗員的生活』では、以下のように描写している。(48)

土曜日、青年会の人がX区の女子職業学校を全員参観に行くから行かないかと言いにきた。Cは心の中でつぶやいた、青年会の幹事たちもじつにつまらないな、今週も参観、来週も参観、再来週また参観と見てまわるばかりだが、その参観先は女子大学、女子高等師範、女子美術学校、女子家政学校、女子医学校の一色に塗りつぶされている。今度はまた女子職業学校というふうに、見識と見聞の増進にもっと役立つはずの男子校に関心がなく(後略)

留学生はもとより清国人男性にとっても「女学生」は魅力的存在だったのである。その背景は彼等にとって「女学生」が珍しい存在であったということだ。清国に於いて女子教育が制度上公認されたのは、ようやく一九〇七年に至ってからである。日本の女学校制度に倣ったもので、女子学堂や女子師範学堂を創設した。これらの教育機関は女性教員養成のためのものであり実用重視の教育内容であった。しかし、富裕層は一五歳~二〇歳で結婚するのが通例であった。したがって嫁ぐ前は父に、嫁いでからは夫に、夫亡き後は子に従うべきだという三従の教えや、婦徳(婦人の守るべき道徳)、婦言(女らしい言い方)、婦容(女の身だしなみ)、婦功(機織などの女の仕事)の四徳を女子教育に求めた。そのような女子教育は庶民層の生活実情とはかけ離れており、当然受け入れることはなかった。その証左に当時の女子教育の就学率は著しく低い。よって留学生らにとって母国で女学生に出会える機会は限られたものであった。日清戦争後、経済的発展と民族自覚を背景として急激に女子の就学率が上昇した日本に来た留学生らは、母国で珍しかった女学生を身近に感じることができたのである。特に袴に下駄及び靴の日本の女子学生のファッションは人目を惹いた。黄尊三も来日し女学生に遭遇し、そのファッションの有様をわざわざ記し、母国の女性とは違う趣と感想を述べているほどである[49]。

留学生の中には女学生だけを狙い艶書を送り拘束された者もいた。一九〇六年五月一二日「支那留學生の醜態」という記事によれば、経緯学堂学生である崔恩衙は、ハイカラ男で学績極めて悪く、酒色に耽り、常に女学生を慕い歩き艶書を送っていた。しかし、同年五月一一日に日本人の正則英語学校生である中島一男に報酬を与え艶書を送ることを依頼し、二人で意中の女学生を待ち伏せしていたが、内偵していた麹町署員に拘束されたというのだ。現在でいうストーカー行為なのかもしれないが、崔はおそらく日本人学生ならば女学生の警戒心も低くなり艶書を受け取ってくれると思ったのであろう。つまり清国人のマイナスイメージを気にしたが故の行動と考えられる。『留東外史』第二集に於いて、同文書院生である周正勲は子爵鳥居正一の娘である女子大生とも知らず、学校帰りの後を付け積極的に話しかけるのだが、その娘に自宅前で逃げられ、周は子爵邸から出てきた二人の男に捉えられ、蔑視語である「チャンコロ」と浴びせかけられたことが描かれている。[50] 前述した「チャンの頭」等、清国人に対する差別からくるマイナスイメージは根強かったといえよう。どちらにしろ「女学生」を装った私娼までもが出現したことからも、「女学生」に憧れを持つ留学生は多かったといえよう。

「女学生」でも「一般の女学生」は特別であった。しかし、彼女らと交流を持つのは難しかったのだ。一九〇七年一二月二七日「滑稽日清同盟　清國留學生と日本女學生　出來た私生兒の價四百圓」という記事の中で、江南省出身留学生である胡鼎元が「僕の妻は諸君のと違ひ素性の正しい女學生だ。」と留学生仲間に誇らしげに語ったという。これは清廉潔白な女学生がいかに魅力的であったことを意味しているのであろうが、逆に考えれば多くの留学生は素性の定かでない所謂一般ではない女学生と交流していたといえる。前述した経緯学堂学生である崔恩衙の例などからも、一般女学生との交流を願っても成就できないケースは、やはり多かったと推測できるよう。それでも近づきたい者は『留東外史補』の登場人物の一人である宏文学院出身の賀鉞白のように一般女学生に近づき匂いを嗅ぎ満足するしかなかった。[51] 以上のことから考察すると、微笑ましい交流はあるものの、やはり前述した石陶鈞の回想通り日本人との交流はもとより女学生を含む一般女性との交流も難しかったといえる。また、娼妓達は留学生らの好みを知り、女学生の装いを利用することは自然な流れであり、憧れの女学生と深い交流ができるとなれば留学生も喜んで関係を結んだといえよう。

次に二点目である「留学生相手」を論じよう。これについては前述した新聞に於いても報道されているが、彼女等の目的は日本人ではなく清国人留学生なのである。『留東外史』初集に於いても留学生周撰の妻となる渡辺女学校に通う櫻井松子は、早稲田界隈を縄張りに義母と組んで売春をし、警察沙汰になった後、女学生を装い今度は清国人留学生目当ての高等淫売婦になったという件がある。[52] なぜ彼女達が日本人でなく清国人、それも留学生であったか疑問である。ましてや日清戦争後ともなれば勝利者心理が働き、敗戦国の清国人に眼を向けない傾向になるはずであると容易に推測できよう。現に日清戦争後、上海に渡った日本人娼婦は清国人男性に身を委ねなかったという。これについては唐権が詳細に論じているが、その理由の一つには前述した勝利者と敗戦者の関係を挙げている。[53] 留学生との関係は資料不足のためはっきりと断定はできないが、第一に考えられるのは、彼女達が留学生の懐を狙ったのではないだろうか。まずは、私費・官費生の懐具合を探るために留学費用を分析してみよう。

表11は『日本留學指掌』から留学経費を、表12は『経費報鎖冊』から官費留学生支給額を、それぞれまとめたものである。一九〇六年当時の日本人大卒者の銀行員の初任給が三五円だった[54]ことを考察しても、医薬・帰国経費・実験費等の雑費まで支給されている官費留学生は安定かつ恵まれた状況にあったといえる。中には故郷に余った官費を実家に送金する者もいたほどである。[55] 特に遊びに耽る官費留学生の生活ぶりを『留東外史』は以下のように記している。[56]

『嫖・賭・吃・喝』の四に尽きる。女色に耽る、賭博する、美食に酔い、酒を飲む、というのが彼等の生活である。中でも最も盛んなのは第一の『嫖』で、特に日本の女性を嫖することがその重なるものである

表 11　崇文書局編輯『日本留學指掌』1906 年

＊崇文書局編輯『日本留學指掌』1906 年 10 頁〜 11 頁より酒井作成

	月　額	年　額
授業料	1 円〜 4 円	12 円〜 48 円
寄宿料	10 円〜 15 円	120 円〜 180 円
書籍費	1 円〜 1 円 50 銭	12 円〜 18 円
筆墨費	1 円〜 2 円	2 円〜 24 円
雑　費	2 円〜 3 円	24 円〜 36 円
合　計	15 円〜 25 円 50 銭	170 円〜 306 円

表 12　『経費報鎖冊』（1907 年〜 1911 年）

＊孫安石「経費は游学の母なり―清末〜 1930 年代の中国留学生の留学経費と生活調査について―」『大里浩秋・孫安石編『中国人日本留学史研究の現段階』御茶の水書房 2002 年 174 頁より引用

	月　額	年　額
一般官費生	33 円	400 円
官立大学	41 円	500 円
官立高等専門学校	37 円	450 円
陸軍官費生	35 円＋手当て	―
大学堂官費生	6 円　小遣い	―
五校官費生	35 円	―
その他（医薬・帰国経費・実験費等）支給		

一方、私費留学生に関しては、下僕まで伴って留学する私費留学生の存在もあったが[57]、その懐具合は格差があったのではないだろうか。

官費留学生か私費留学生か不明であるが相当な経済力を有する留学生もいたのである。前述した一九〇七年一二月二七日「滑稽日清同盟　清國留學生と日本女學生出來た私生兒の價四百圓」という記事である。留学生の胡鼎元は、一八歳の女学生である悦子と結婚するのだが、悦子の知人から借金を申し込まれたり別の留学生から悦子は自分の前妻と言われ取り戻しの談判を受けたりし、ようやく胡は自分が騙されていた事に気がつき、離婚を申し出た。しかし、悦子からは「この腹を何うして下さいますか」と迫られ、胡は悦子に四〇〇円を払ったという。悦子の妊娠が嘘か誠か定かではないが、一般官費留学生の年額支給額にも相当する四〇〇円を払うことができるのは驚きであろう。

留学生は妾を持つ余裕もあった。一九〇六年四月九日「清國留學生風紀取締」という記事では法政大学生の康慕淘ら三名の留学生が月六円～八円で日本人の妾を抱えていたが、麹町署の取り締まりを受け妾を手放さなければならなかった。この妾を紹介したのは雇い人口入業者の日本人であった。懐を狙うのは娼妓達だけではなく、紹介人、妾候補、はたまた留学生を渡り歩く女まで存在していたのである。

同胞である清国人女性留学生も男子留学生を狙っていた。一九〇六年八月八日「怪しの清國女學生」という記事に二名の清国人女性について報道している。これによれば、母国で日本に留学する上流階級の子弟らと情を通じ、渡航資金はその子弟に任せ一緒に来日し、留学生に日本人女学生を紹介していたという。暫くして彼女らは美術学校に入学しようとしたが、売春婦上がりで同国人留学生を誑かしているという注意が学校側に達していたため、入学は叶わなかったという。厳密には名目上の留学生になり損ねたわけであるが、渡来してまでも同胞の留学生の懐を狙い実行したのであるから恐れ入る。

懐具合のいい留学生が日本人女性と関係を持ちたがり、またそれを目当てに群がる日清両国の様々な女性や口入業者の構図が浮かび上がるのである。

三、「不遇に泣く」のは日本女性か留学生か

さねとうけいしゅうは、当時、留学生に関係した多くの日本女性について「不遇に泣いた日本の女性も如何に多かった」と論じている。[58]確かに留学生の「漁食組」の存在は報道され批判の的となった。そうした背景から日本人女性に対し留学生と安易に関わることへの警告も出てきたのである。一九〇六年八月八日の重慶在住者からの投稿である「清國留學生と日本婦人」という記事をみてみる。それによれば、留学生達は無妻と称し騙し日本人女性と結婚し一緒に帰国するが、実は留学生達は既婚者であり日本人女性は単なる妾扱いであった。それ故に泣く泣く帰国する者が多いので、今一度よく考えて行動せよというものである。無妻と称し騙し結婚する方法は『留東外史』初集でも描かれている。留学生の周撰が美少女である渡辺女学校生櫻井松子に目をつけ、下宿まで移してまんまと同棲に持ち込み、独身と偽ってと結婚するという件があるのだ。[59]このような例はおそらく多かったに違いないだろう。

しかし、留学生に対し日本人女性はそれほどまで「か弱い」存在であったのであろうかという疑問は残る。これまで検証してきた内容から、留学生と日本女性は対等関係であるどころか、留学生は騙され、押され気味であったといえるからである。特に次の記事は着目すべき価値がある。一九〇六年一一月一九日「悪風潮の實例(女學生と清國留學生)」という記事である。この記事によれば、男女交際のこじれから日本人女学生が留学生を脅迫した容疑で警察が動いたという。日本人女学生が留学生に送った一通の書面が掲載されているので一部抜粋してみよう。

過日○氏の手をて經若しくは妾より再三再四書面を送るも遂ひに一回の御返信さへあらざるはそも如何なる御考へなりや約束の履行は如何にせらる、御所存にや最早妾の郎に對する愛情・友誼は毫もなし併し乍ら幸ひに記憶せられよ妾も日本の女なり碌々たる一清人の爲めに有形無形に翻弄せられ指を咥へて引込み居るが如き意氣地なきにあらざる事を妾は此上尚幾多の言ひ度き事は山の如くなれど百の分責は一の面責に如かず妾は直に是より○○學校の舎監を請ひ是迄の一伍一什を披陳して郎と對決相互の曲直を明かにすべければ其つもりにて後悔あるべからず云々

留学生が無妻と騙して近づいたかどうか不明であるが、彼女のただでは済まさないという力強い決意がここに読み取れよう。「日本の女なり」と述べ、それはまるであたかも「宣戦布告」のようである。さらに彼女には脅迫容疑がかけられている。やはり留学生が日本女性を騙して泣かす、そして彼女達は「か弱い」存在であるというのは単純に断定できないといえる。かえって留学生が後悔し泣きたくなる状況といえるのではないだろうか。

詳細は後述するが、留学生の花柳病問題が出てくる。実は花柳病にかかったほとんどの者は母国ではなく来日してからである。(60) 多くの留学生は富裕層であり士大夫も少なくない。母国で「漁食」をしていてもおかしくなく、花柳病に罹って来日した者も多かったはずである。しかし、前述した通り来日してから花柳病に罹った者が多かったという。このことは、来日してから女性経験をした者が多かったのではないだろうか。したがって女性との経験が浅い彼等は開放的日本女性に戸惑うのもわかる。

ここにペンネーム老Ｙが残した『遊學日記』がある。これは一日中ノラリクラリして飲み食い遊びごとであった留学生活を告白したものであるが、それによればある日、子犬を連れた明朗な洋装の日本人女性が丸木橋を渡れず、助けてやったが、その際手を差し出し握られたとき、「何だかモヤモヤした霧の香に陶酔させられた様

で、何もハッキリ見えないかの如く、呼吸まで迫って來る」と感想を述べ、手助けした後の彼女との会話の途中で逃げ出したが、ちょうどそこを登校中の中学生らに見られ、顔が赤くなり後ろを振り返る勇気がなかったという旨が書かれている。(61) つまりいくら不貞生と自称したところで、この程度のことで戸惑うようでは海千山千の彼女らには敵わないといえよう。

四．花柳病

留学生の異性問題は東京に於いて数多く報道され問題となった。一九一一年六月二九日、ついに大陸の新聞に於いても報道されてしまうのである。報道したのは北京国民公報である。この報道は外務省も注目し、注意を要すると判断していたのである。外交史料館所蔵史料一九一一年六月二九日公第一一五号、在清国特命全権公使伊集院彦吉発、外務大臣小村寿太郎宛「在東京清國留學生誘惑ニ関スル新聞記事送付ノ件」によれば以下の通りである。(62)

本日発刊ノ當地國民公報ハ「毒害我留學界之日本人」ト題シ東京神田須田町萬世橋監院同西紅梅町回春病院ハ主トシテ清國留學生ノ為ニ花柳病ノ療治ニ従事シ裏面ニ於テ山尾清實西尾朝三北村利吉ナル悪漢ヲ利用シ早稲田神田附近ニ於テ淫賣婦又操縦シテ清國留學生ヲ誘惑セシメ其羅病者ヲ自家ノ病院ニ送リテ治療ヲ受ケシムルノ悪手段ヲ講シツゝアリトノ記事ノ掲載致候右様ノ弊害ハ従來既ニ御注意ノ事トナリ居リ候事トハ在候共現ニ病院ノ稱號及悪漢ノ氏名ヲ明記セル以上特ニ警視廳ヘ調査取締方御注意ノ参考トシテ為念石切抜相添及御報告候敬具

「病院・ぽん引き・売春婦」が一体となって留学生に対し「性」を提供し、さらにその後も面倒を見るという体系が稼動していたのである。実に上手くできているといえよう。しかし、実名報道されたからには、日本留学生並びに日本留学の評判の悪さがより一層大陸に広められたであろう。

留学生の花柳病問題は深刻であった。『留東外史』初集でも、淋病と思い神田の病院に行ったが、実際は梅毒の一種であった件がある。[63] 一九〇六年八月九日「清國留學生と花柳病」という記事では、留学生の花柳病患者数が多く、彼等は神田辺りの某医師に密かに治療を受けていると報道している。当時、どのくらいの留学生が花柳病に罹っていた具体的な数字は残念ながら不明である。しかし、当時の娼妓らの花柳病感染率からある程度参考にできよう。表13は内務省令の娼妓の健康診断の結果をまとめてみたものである。この数字は私娼ではなく公娼である。ならば東京の私娼の花柳病に関して医学士の栗本庸勝によれば公娼の八倍以上に上るという。[64] 表13の数値を合わせてもかなりの数であろう。栗本が「有毒の數の多き事を示して居るのは實に寒心すべきである」[65] と論じていることからも娼妓の花柳病問題は深刻であったといってよいだろう。前述の外交文書と『留東外史』と神田周辺に留学生御用達の花柳病の治療医師が存在していたことを併せて考察すれば留学生の花柳病患者数は多かったといえるのではないだろうか。

留学生にとって日本人女性は魅力的に映っていた。

表13　公娼の花柳病百分率

＊栗本庸勝『賣春ノ害毒及其豫防』南江堂書店1911年112頁より酒井作成

年　別	100人中に付き
1900年	4.64名
1901年	3.85名
1902年	3.63名
1903年	3.94名
1904年	3.52名
平　均	3.92名

その一方で「淫売国」の者であり、「日貨」であると考えていた。ただでさえ日本社会と接することを拒絶していた彼等にとって一般の日本人婦女子との交流は難しかったのはいうまでもない。結局、唯一日本社会との交流の窓口であったのは日本人の娼妓であったといえるのではないだろうか。

五．裸足と纏足

一九〇六年、初めて東京に着いた夜を兄魯迅の下宿で過ごした様子を周作人は『知堂回想録』に於いて以下のように記している。[66]

私が伏見館で最初に見かけたのは、そこの主の妹で手伝いをしていた十五、六歳の少女であった。乾栄子といい、客の鞄を運んだりお茶を出したりしていた。何をさておいても格別に思えたのは、素足で家の中を歩き回っていたことだ。

坂元ひろこによれば、日本人女性の裸足は清末の日本留学生を感動させたと指摘しており[67]、周作人も例外なく魅了されたのである。当時、留学生の多くは富裕層である。母国に於いて彼等の身の回りにいるそれらの女性の足は裸足でなく纏足であった。よって、裸足は珍しいものであり感動したのも自然であろう。

纏足は明代以降広く行われた。三、四歳くらいのまだ骨の柔らかい時期に、親指以外の指を足の裏に折り曲げて布で縛った上で、小さい靴を履かせるのである。その後七、八歳の時に足の甲骨を脱臼させ、弓状に曲げて、足そのものをハイヒール型に変形させる。その結果、三寸程の小さな足ができるのである。纏足が完成するまで睡眠時も縛り付けられ、激痛、発熱に襲われる。それが痺れて感覚がなくなるまで続くのである。当然、非衛生的であり発酵臭が強い。おそらく最も不便なのが歩行時であろう。常時鬱血状態で傷を負いやすいからである。筧久美子によればこの纏足が定着した確かな理由は不明だが、宗代には小足が美女の条件となり、男性に強い性的快感を与えると信じられていたという(68)。一九世紀後半からキリスト教系伝道者をきっかけに反纏足運動が展開されることになった。しかし、一九二〇年代以降になっても国民党政府が各地で繰り返し纏足禁止令を出すほど完全に絶つことができなかった。

纏足は留学生にとって深刻な問題を宿すこととなる。時代は下るが李宗武が陳望道に宛てた文書で当時の東京を以下のように記している(69)。

> 纏足の女性は東京の街にも多くなってきた。日本人はそれに出逢うと自然にじろじろと眺めるが、中国の学生たちはきまって顔をさっと紅潮させて、その場から逃げてしまう。見られた女性たちも気が気でなくて、極力普通の歩き方をしようとするが、無理をすればするほど様子がおかしくなり、全く始末が悪かった。(中略)国内でなら、何とも思わなかったのが、ここでは見知らぬ女性にも恥じかきの責任を分担させられてしむような感じになる。二十世紀の新しい文明世界にいながら、文明の祖国を自称する中国に今なお、このような野蛮な痕跡、残酷な陋習が残っていることは、面目ないこと極まりなかった。

日本人に見られ恥ずかしさの余り逃げ出していく有様がわかる。ただ、日本人が纏足に目が行くのは仕方がない面もあった。宏文学院日本語教授である松本亀次郎は実践女子学校に留学した革命烈士秋瑾を留学生会館で教えたことがあり、彼女の事を「色白で目の切れの長い、体格は稍花車の方で、日本服の黒縞の単衣に当時流行の紫の袴をはき、纏足で、髪は日本流の束髪に結い、蓮歩蹣跚とし、毎日欠かさず通学してきたものである。」と回想している。[70] 松本は悪意をもって描写しているとは考えにくいが、やはり纏足は日本人にとっては心に残るといえよう。

前述の李宗武の文書に戻そう。彼は意識さえしなかった母国の古式習俗である纏足を、来日して野蛮であると受け入れてしまった。しかし、単にそのように受け入れたのだろうか。相当複雑なものであるのではないかと考えてしまう。というのも周作人の気持ちの揺れがそれを物語っているからである。確かに周は日本の民間の裸足を「健全で美しい」と讃える一方で纏足を中国文化の四悪とし、五〇年たってもこの印象は変わらず、繰り返し纏足に対する嫌悪感を書き記すのであった。[71] しかし、それと同時に彼は『知堂文集』に於いて複雑な胸中も見せている。[72]

私の文明人を自認するうぬぼれは、たちまちどこかへすっとんでしまった。もし、彼女がおばさんだったら、私の伯父の代がこの種の醜観を好む野蛮なものだったのを証明し、もし彼女が若い女であれば、自分の同輩兄弟が野蛮である証明になる―要するに、自分の野蛮であるのを免れ得ないのは確実なのである。そう思うと、あたかも彼女から一枚篠編みの盾と一本の竹槍を、恭々しいながら押しつけられたようで、私はいやでも言うことはなく、それを恭々しく受け取り、正式に何とか社の生蕃のレッテルを拝受するしかなかった。

母国の風習を完全には否定できない複雑な胸中がわかるであろう。

留学生にとって纏足が野蛮であることを受け入れる複雑さもさることながら、これが博物館等で周知の目に晒されるのは侮辱に値するものであり耐え難いものであった。その典型的な騒動となったのは一九〇五年大阪で開催された内国勧業博覧会であった。湖南留学生が出版していた『游學訳編』第六冊にその調査報告が掲載されている。それによれば学術人類館で台湾人と説明されている中国服を着用した纏足の女性が実は湖南人であると噂が立った。湖南留学生同郷会が調査のため高等大同学校留学生である周宏業を派遣した。その結果、台湾人に間違いないと判明したのであった。周は日本側スタッフに「中国の国勢は今はこのありさまだが、人種からいえば、文明のランクのごとき生活程度は日本人・アーリア人とも甲乙つけがたい。ところがあなたがたはいくつかの劣等民族を並べてわれらをひとしなみにせんと欲している。これがわれらの遺憾とするところだ」と述べ、それに対し日本側スタッフは、当初西洋人も全て展示する予定だったが、経費不足のため、近隣諸族で間に合わせたもので侮辱行為ではないと答えたという[73]。

この後、府庁役人、人類館代表、大阪警察署長立会いの下で周に対し「御答書」を渡し一件落着したかに見えた。この後、周の報告書がそのまま留学生刊行の『江蘇』や『浙江潮』にも転載されてしまったのである。例えば『浙江潮』三期には「人類館なるものを博覧会の正門に設ける。そこに支那、朝鮮、琉球、印度、蝦夷、台湾生蕃、爪哇など七種類の民をやしない、それぞれの頑習悪習を演じさせて参加者の観覧に供する。嗚呼、此の挙の甚だしきなりや[74]」ということが述べられている。特に台湾について亜盧「台湾三百年史」(『江蘇』七期一九〇四年)は、「人種としてはアメリカの土人、日本の蝦夷と同じく世界の劣等民族である」と切り捨てている[75]。自分達が卑下していた「劣等民族」と同等に扱われることは許しがたいものでありその怒りは大きかったに違いない。

古来風習の纏足をそう簡単に野蛮であると甘受できない。かつては世界の中華文明を誇っ大国である。それが劣等民族と同等に扱われることはプライド高き老大国の留学生らにとって許しがたいことであった。日本人女性の裸足に魅力を感じた新鮮な気持ちの奥には、自分達の古来の風習・文化に対する誇りを揺るがす感情が渦巻いていたといえよう。

4. まとめ

本章では留学生の余暇の過ごし方とそこで行われた日中の異性交流について論じた。授業時間以上に確保することのできる余暇の時間はあった。そこで眼に映る日本人女性は母国の女性とは対照的で魅力的であった。日本人女性との交流は彼等の純粋に意識しすぎるが故の戸惑いがあり、また裸足と纏足のような例から文明と反劣等民族の強い意識も垣間見ることができる。しかし、一般の日本人女性との縁は遠かったのである。

留学生は魅力的な日本人女性像を持つ一方で「淫売国」のイメージも強くあった。彼等の難題は「性欲」であった。これを救ってくれたのは日本人の娼妓達であった。日清戦争後の勝利者心理に動かされなかった彼女達は経済的に裕福な留学生を目当てにし、また留学生も身近に届く彼女らを求め、さらに彼女達は留学生に人気の女学生の装いを活用したのである。娼妓と接する多くの留学生は東京で初めて異性交流を体験したと考えられる。したがって女性経験が少なく、また花柳病に罹る者も多かった。そのような状況に病院まで紹介する「ポン引き・娼妓・病院」という体系も生まれたことは注目に値する。

これらの留学生の行為は日本社会の中では目立ち、批判の対象になったのも事実だ。さねとうけいしゅうに代表されるような留学生に騙され泣く被害者の日本人女性という論説も出てくる。また、風俗上最も注意すべき三大グループに挙げられ、マスコミはもちろんのこと、日本人の国民感情までに影響を与えた。明治末、大学生生活を始めた村嶋歸之は隣の下宿に住んでいた李という裕福な留学生が赤坂の芸者を落下して同棲している様子を見て「一種異様な国民主義が擡頭して、鉄拳でも見舞ひたい昂奮を覚えるのであった」という[76]。そして李がその芸者に貴重品と着物を持ち逃げられ悲しむ様子を見て「彼をあはれむと共に、それが当然の帰結のやうに思

はれ、又ざまア見ろという気持さへ心の底に湧いた」と述べている。(77)

ここで見逃してはならないことは当時の日本人学生の中にも堕落・腐敗学生が存在していたことである。少し時代は遡るが読売新聞の一八九五年下半期から翌年上半期までに日本人学生問題の関係記事は管見の限り一六六件にも上り、その内容は娼妓に入れあげて退学した者、情死、若い女性を誘惑したもの、殺人、有夫の女性との不倫行為、詐欺等であった。(78) 日本人学生も留学生もさほど変わりはない行為である。前述した村嶋歸之のように異国人ということで日本人の心に一種のナショナリズムが喚起されてたのであろう。

これらの留学生の行状に対する批判は日本国内だけでなく彼等の母国にも拡がっていく。それが恰も日本留学生界全体の傾向と捉えられ日本でも母国でも批判されることとなる。留学生は行き場を失い、孤立し、社会との扉を閉じてしまうのである。しかし、その隙間から彼等にやさしく手を差し伸べたのは裏の日本人女性達であったといえるのではないだろうか。

注

1 黄尊三著、さねとうけいしゅう・佐藤三郎訳『清国人日本留学日記　一九〇五～一九一二年』東方書店、一九八六年、二八六頁によれば、黄尊三の留学生仲間の羅が発言したものである。

2 清国人日本留学ピークは一九〇六年であるが、女子留学生はやや遅れて一九〇九年である。外交史料館所蔵『在本邦清国留学生関係雑纂　雑ノ部』、同上『在本邦清国留学生関係雑纂　支那留学生ノ部』、同上『在本邦清国留学生関係雑纂　日華学会』等の外務省が把握したものによれば一九〇六年の留学生総数は七二八三名、そのうち女子留学生数は四五名、一九〇九年の留学生総数は五二二六名、そのうち女子留学生数は一四九名である。

3 唐権『海を越えた艶ごと』新曜社、二〇〇五年、二五九頁

4 同上書、三二四頁~三二五頁
5 厳安生『日本留学精神史』岩波書店、一九九一年、三一〇頁
6 『留東外史』については本書第5章の注(11)を参照。さねとうけいしゅうの調べによれば(『中国文學月報』第一二號一九三六年四月一七日六頁)、『留東外史』の登場人物の数は中国人男性二〇五、女性三四、日本人男性六一、女性五六、西洋人男性一、という。
7 『中国文學月報』第一二號、一九三六年四月一七日、一〇頁
8 講道館所蔵『宏文學院一覧』
9 阿部兼也『魯迅の仙台時代—魯迅の日本留学の研究』東北大学出版会、一九九九年、二一〇頁~二一一頁
10 本書第5章、一五二頁
11 前掲注(1)書、九六頁
12 周作人「東京における魯迅」唐木順三編『外国人の見た日本』第四巻、筑摩書房、一九六一年、三五四頁
13 沈殿成編『中国人留学日本百年』上冊、遼寧教育出版、一九九七年、二三一頁~二三三頁
14 前掲注(1)書、八八頁
15 魯迅、増田渉訳「藤野先生」『阿Q正伝』角川書店、一九六一年、一五二頁
16 張偉雄『文人外交の明治日本—中国初代駐日公使団の異文化体験—』柏書房、一九九九年、六二頁
17 前掲注(13)書、二三二頁
18 前掲注(1)書、二七一頁~二七二頁
19 『留學生鑑』啓智學社、一九〇六年、六六頁~六八頁
20 前掲注(1)書、九一頁
21 王朝祐『我之日本觀』京城印書局、一九二七年、一一二頁~一一三頁。日本文訳(意訳)は以下の通りである。尚、翻訳は朱江氏(当時二松学舎大学大学院中国文学研究科)に協力をいただいた。

陳西出身の留学生である某君と士官学校生は、靖国神社に行き、この怒るべきかつ恥じるべき有様を目の当たりにし、

怒りに耐え切れず、ついに巨石を持ち上げ扁額へ投げた。見物人らは大騒ぎになり、警察が駆けつけて彼は逮捕されてしまったのである。

22 前掲注(1)書、九一頁
23 前掲注(21)書、一一二頁～一一三頁
24 前掲注(14)書、二三三頁
25 前掲注(21)書、一一〇頁～一一一頁
26 不肖生『留東外史補』第二章、大東書局、一九二七年、四頁～五頁
27 『団団珍聞』一八八六年四月一七日号
28 前掲注(26)書、四頁～五頁
29 同上書、四頁～五頁
30 同上書、一六八頁～一六九頁
31 前掲注(1)書、二七四頁
32 不肖生『留東外史』第二集第二二章、民権出版部、一九二四年、一〇頁
33 前掲注(13)書、二三三頁
34 前掲注(1)書、一四一頁
35 坂元ひろ子『中国民族主義の神話―人種・身体・ジェンダー―』岩波書店、二〇〇四年、一頁、六頁
36 前掲注(26)書、一四一頁
37 前掲注(1)書、一四一頁
38 前掲注(26)書、四頁～五頁
39 不肖生『留東外史』第五集第七七章、民権出版部、一九二四年、三六頁
40 『買売春問題資料集成　戦前編　第一巻　廃娼運動編一　一八七二～一九一一年』不二出版、一九九七年、二五三頁～三六六頁

41 周作人「排日的悪化」『談虎集』岳麓図書出版、一九八九年、一三頁
42 山尾清實『賣春ロマンス』東京醫事協會、一九一六年、一六五頁～一七〇頁
43 内閣統計局編纂『国勢調査以前日本人口統計集成九(明治三八年～明治三九年)』東洋書林、一九九三年、五二頁
44 同上書
45 「清國人ヲ入學セシムル公私立學校ニ關スル規定」が正式名称。これは一五条からなる規定で、自由の権利を侵し保護国に対するが如きものであるとし、留学生の猛反対にあい、同盟休校まで発展した。
46 『東京朝日新聞』一九〇七年八月四日「麹町署の學生取締」によれば、風紀上要注意する三大グループは日本人中等学生、法政大学生、そして清国人留学生という。
47 前掲注(5)書、三四七頁
48 同上書
49 前掲注(1)書、四八頁
50 前掲注(32)書、第三一章、民権出版部、一九二四年、一〇一頁
51 前掲注(26)書、四頁
52 不肖生『留東外史』初集第二章、民権出版部、一九二四年、八頁～九頁
53 前掲注(3)書、二四六頁～二四七頁
54 株式会社アカデミー編集『増補改訂物価と風俗一三五年のうつりかわり—明治元年～平成一三年—』同盟出版サービス、二〇〇一年、五五一頁
55 前掲注(13)書、二三三頁
56 孫安石「「経費は游学の母なり」—清末～一九三〇年代の中国留学生の留学経費と生活調査について—」大里浩秋・孫安石編『中国人留学史研究の現段階』二〇〇二年、一七七頁
57 實藤惠秀『中國人日本留學史稿』日華学會、一九三九年、一一四頁
58 同上書、二七三頁
59 前掲注(52)書

60 『東京朝日新聞』一九〇七年三月七日「五日會例會」梅毒専門の医学博士談
61 老Y「遊學日記」信濃憂人譯編『支那人の見た日本人』青年書房、一九四〇年、二一四頁～二一八頁
62 『在本邦清国留学生関係雑纂』雑ノ部・第一巻
63 前掲注(51)書、第一二章、八六頁～八七頁
64 栗本庸勝『賣春ノ害毒及其豫防』南江堂書店、一九一一年、八六頁
65 同上書、一一三頁
66 前掲注(35)書、一四九頁
67 同上書、同頁
68 関西中国女性史研究会編『中国女性史入門』人文書院、二〇〇五年、一二〇頁
69 前掲注(2)書、一一九頁
70 松本亀次郎『中華五〇日游記』東亜書房、一九三一年
71 周作人「日本管窺の二—日本の衣食住—」周作人著、木山英雄訳『日本文化を語る』筑摩書房、一九七三年、三一頁
72 前掲注(2)書、一二一頁
73 前掲注(35)書、六九頁～七五頁
74 前掲注(2)書、一〇一頁
75 前掲注(35)書、七五頁(亜盧「台湾三百年史」『江蘇』七期一九〇四年、五四頁～五五頁)
76 村嶋歸幸「歓楽の墓」津金澤聰廣・土屋礼子編『売買春と女性』第四巻、柏書房、二〇〇四年、二〇頁～二一頁
77 同上書、同頁
78 竹内洋『立身出世主義—近代日本のロマンと欲望—』世界思想社、二〇〇五年、五頁

第7章　明治期清国人日本留学生の終焉

―宏文学院閉校―

1. はじめに

第5章、第6章では留学生と日本社会との交流がいかに困難でぎこちないものであったかを論じた。本章では留学生機関と留学生の関係、そして彼らに対する日本社会の感情の変化、それによる留学生教育機関の対応を分析することによって明治期の清国人日本留学生の終焉を追ってみる。

2. ぎこちなき留学生と教育機関の関係―嘉納治五郎と楊度の論議―

一. 論議のはじまり

明治期の清国人留学生の特徴の一つに授業のボイコットやストライキがある。これらの要因は様々であるが、基本的には留学生と留学生教育機関との間に根本的な信頼関係を構築できなかったためだと考えられる。嘉納治五郎と楊度の論議はその根本的な要因を映し出しており、その後の教育機関と留学生の関係を位置づけたといえよう。

楊度は法政大学及び早稲田大学に学んだ。帰国後は袁世凱の帝政運動に参加し、後に共産党に秘密入党するという極端な経歴を持つことで知られている。嘉納と論議した当時、楊度は遊歴官として来日し、約四ヶ月間の宏文学院聴講生であったことからも正式には留学生とはいえない。しかし、大陸の日本に留学しようとしている者達や既に来日している留学生の間でも両者の論議は知らされている。また、彼等の間でも両者の論議の内容に即した問題についてよく議論されていたのではないだろうか。

両者の論議は一九〇二年の『新民叢報』に「支那教育問題」と題され報道された。[1] また、『楊度伝』には「留学日本」の章に両者の対立として記されている。[2] しかし、『新民叢報』によれば対立だけでなく両者一致していた論もあるので留意しなければならない。したがって相違点だけを強調するのは公平な解釈とはいえない。

一九〇二年一〇月、湖南省派遣の速成師範科生が六ヶ月の留学期間を卒業し帰国する際に嘉納が講話をした。楊度もこの講話に参加していた。彼は学生として質問乃至意見を述べ、嘉納はそれに対し丁寧に対応している。両者の論議は四回にも上り、嘉納は時を惜しまず自宅にまで招いたほどであるからいかに両者が真剣であったか窺えよう。ここではまず『新民叢報』と『楊度伝』を基にその概略を追ってみる。[3]

初回は同年一〇月二一日、最初の嘉納の講話が宏文学院にて行われた。参加者は湖南省及び各省の師範科学生多数、聴講生は楊度と戴展誠の二名である。

嘉納は普通教育の必要性、教員養成の方法、大学・専門学校の開設を自身の清国教育視察に基づいて述べた。そして話題が法学専門学校の開設に移ったとき、法学を学ぶものは道徳教育の必要性を語った。その理由として現況の清国では政府高官に頑固な保守派が多く、民間の急進派は進歩主義の実行する力がなく政府から敵視されている。かといって反乱によって政府を打倒するのでは内乱を呼び込み外国の蹂躙を招くだけである。したがって下の者は上の者に対し誠意で心を動かし信頼を得て徐々に才を伸ばせばよいとした。また、嘉納は清国教育視察の際、政府高官からの質問を紹介した。それは法制経済を学ぶ留学生が自由民権を唱えるがいかがであろうか、という問に対し、清国には憲法、議会もない、現行の旧法も守られず治外法権も回収されていないので他国の法律を知る者がいなければならないと答えたということである。そして最後に「権利義務」を「自分には都合よく、人に責任を負わせる」と吐き違わぬために法学を学ぶ者は道徳教育が必要であると答え講話を終えた。

嘉納が去ろうとした時、楊度は質問をした。保守派と急進派の衝突を恐れているようだが、高官の多くは身の保全を第一とし国民国家のために働く心はない、このように感じるべき心を持たぬ者に対しどうすればよいのかというのである。ここに両者の論争の幕が切って落とされたのである。嘉納はこれについて後日論じることにするとした。

二回目は翌々日の一〇月二三日に宏文学院で行われた。参加者は第一回目と同じである。嘉納は専門的な実業教育は普通教育が必要であるが、実学的な実業教育ならば不要であると述べ、次に清国の実業不振については団結力がなく、その理由を愛国心が希薄であるからとした。嘉納はこれについて教育者は愛国心養成に注意を払わねばならぬと述べた。

この後、いよいよ嘉納は前回の楊度の質問に対し答えた。北京政府は私費留学生を禁止することもできるので、過激な行動は将来を塞ぐ事になる。仮に官僚が腐敗していたにせよ公衆の敵として排除するのではなく個人としての劣悪さを理由とすべきとした。

これに対し楊度は権力者の悪事は大権力者の後ろ盾があるので、個人的悪事を暴いてもどうにもならない、後ろ盾の大権力者と手を携えよというのかと質した。嘉納は今は論議が尽くせないので三〇日に自分の部屋で行うので参加したい者は集まるよう答え終了した。

ここまでをみれば嘉納は普通教育と実業教育の振興、道徳教育の重要性、清朝を維持し漸進的改革を進めよと主張したかったことがわかる。日本での教育実績、既に清国人留学生教育の成功と高い評価、清国への教育視察旅行の体験等からも自信を持ってこのように答えたのであろう。特に清国への教育視察に於いては悲観的な見方をしていた部分もある。その要因に日本で受け取った情報との落差を挙げると共に、清朝内の守旧派が明治維新の教育改革に対する無理解とそれを受け入れることへの抵抗を見て「今日の清國は未だ急激の論によりて其開發を成就し得べき氣運に到達し居るものに非ず。急激の論を爲すものあらば、今日清國の要路者は必ず之に反對するなるべし」と分析し「漸次的改革」を導き出したのであった。(4) さらに、成城学校入学事件や唐才常蜂起で自身の教え子が犠牲になったことも影響していたと考えられよう。

それに対し楊度は教育の振興に賛同はするものの、腐敗した清朝体制の下では国家再興は難しいと主張したかったといえる。そして少しでも早く結果を得るためには革命が必要であるというのである。留意しなければならないのは、これまで嘉納が受け入れた多くの留学生は楊度のような者とは違う点である。当時は清朝高官や各省が日本側に依頼し留学生を派遣した経緯があるので、留学生は清朝官僚志望で占められており、当然、清朝維持が大前提であったからである。したがって、楊度のような者に対し具体的な対応策を持っていないことは明白であり戸惑いを感じていたに違いない。そして、嘉納と楊度の論議は激しさを増していく。

二．服従教育から公理主義教育へ

この後、三回目（一〇月三〇日）と四回目（一一月五日）と続くことになる。三回目の参加者は楊度、戴展誠、浙江省師範科の学生一名、湖北省の考求警察委員二名、通訳として一八九六年の初の留学生であった唐宝鍔である。四回目は浙江・江蘇・広東・湖北省師範科学生一〇余名、湖北省の考求警察委員一名、通訳として唐宝鍔である。そして、この二回は嘉納の講話が主ではなく両者の議論が中心となる。ここでは注目すべき点に絞り、取り上げてみる。

楊度は保守派と急進派が衝突したならば将来どうなるかを尋ねた。早く国家再興を目指したいがための焦りにも近い気持ちが現れているのだろう。しかし、嘉納は外国の侵略による分割を招くことになると述べ、続いて清国には国民の公意がないので、国民全体の思想形成が大切であり、そのためには教育の振興が重要であるとした。そこで年少者と年長者に対する教育方法、学校と学会の設立、新聞や出版物を活発にする必要性を説き、さらに小説の効用の速さを述べた。あくまでも革命ではなく清朝維持であり教育による漸進的改革というスタンスである。

楊度にとってこの答えでは満足できない。保守派と急進派が衝突、楊度の言葉で言うならば「騒動」である。楊度はフランス革命以来の欧州の革命、明治維新の倒幕と立憲を例に挙げ、「騒動」によって文明の進歩を促し、民気を奮い立たせ、民度の向上に繋がるのではないかと述べた。明治維新の例を指摘された嘉納もさすがに反論ができず、騒動によって文明が進歩する点に賛同を示した。しかし、清国と日本では状況が違うと述べ、外国の干渉があったらどうするのかと反駁した。嘉納の主張する「漸進的改革」、楊度の主張する「騒動」すなわち革命、これでは平行線を辿るしかないであろう。

この後、国民の教育普及、その程度を論議し、嘉納は内外の学説を参考にし、折衷した上で教育を定めるべきであると述べた。しかし、楊度はそのような人材は清国にいないと答え、ならば支那人(漢民族)教育は具体的にどうするべきかと質問した。嘉納は問題が大きすぎるので答えられないと述べた。

ここから「種族上」と「学術上」の観点から清国の教育を論じた。嘉納は現在「種族競争」の世界であり、白色人種が最強で黄色人種はこれに敵わない。したがって我々は互いに手を取り合わねばならないとした。清国の国体は「支那人種(漢民族)」が「満州人種(満州族)」の下に臣服することで成り立っている。また、その期間は長く「名分」は既に決まっている。故に「支那人種」の教育は「満州人種」に「服従」することがその要義であると述べた。そして、そのためには儒教を旨としなければならないとし、さらに、清国は古くから保守的であり外国からの新しい学説を取り入れようとしないと言い放った。嘉納は何が何でも欧米列強に対抗するため黄色人種提携を強調し理解させようとしている。しかし「服従」という発言に対して楊度のような漢民族は敏感に感じ取り素直に受け入れることができないのは明白である。留学生教育に携わる者としては安易な発言であろう。また、儒教については楊度の考えがわからないが、宏文学院学監の大久保が留学生を御茶ノ水の孔子廟へ敬礼に連れて行った際、多くの留学生が失望をしたという。嘉納の古い大陸的教養に裏打ちされた教育理念は当時の清朝側も大きく期待をしていたが、新知識を修めようとする若者にとっては違和感があったといえよう。

楊度も黙ってはいなかった。「日本」と「満州」と「支那」の力関係はわかる。しかし、日本は西洋列強諸国にはかなわない。また、支那(漢民族)が服従の地位に甘んじ、その主人である清朝支配者も列強諸国の服従者であり、結局は勢力のない者が手を取り合って黄色人種を守ることはできないとしたのである。

嘉納はついに英国人の「満州支那両人種優劣比較論」を引っ張り出し「満州」と「支那」はその性質からそれぞれ支配と服従に向いており、それは長期間かけて自然とできあがったものである。よって今さら民族性を変更できるものではないとした。黄色人種提携で白色人種と闘おうと威勢よく述べたにもかかわらず悲しくもその白人種の論を引用してしまう有様である。

楊度は承服できなかったであろう。しかし、この指摘は当時の情勢を見れば痛いところを突かれたに違いない。さらに嘉納は清国での教育視察の時に見てきた民衆の公徳のなさを挙げ、官吏、商人はほとんど俗物化しており、官吏は民のことを考えず商人は専利一筋で貪欲であると指摘した。結局、楊度は満州人には圧制に長けた「悪根性」を、そして「支那人」には服従に長けた「悪根性」を取り除くために、平等と同胞愛を以てそれぞれが自立できるよう教育していただきたいと頼むのであった。楊度にとって屈辱的であっただろう。自分達の手では為すすべもなく日本に教えを請わなければならなかったからである。

一方、嘉納も考えが変化してきた。おそらく服従教育、人種優劣比較論と述べたことを後悔したのであろう。楊度の申し出に賛同し、抑圧と服従の「悪根性」を取り除き、愛情を以て連帯し、「満州人」は喜怒を法として権威を欲しいままにしてはならず、「支那人」は「奴隷之性」によりその下に伏することに甘んじてはならぬと述べた。さらに「公理主義」が教育の最大方針と結論付けた。

楊度はこの「公理主義」を教育の根幹とすることについて敬服を表し、嘉納の教えにより清国国民の精神を奮い起こしたいと述べた。この「公理主義」は、集団・社会の利を公徳を以て追及する公理に服し、強い力には服従してはならぬとするものである。楊度が求めていたものはまさにこれであったといってよい。両者の帰結点は「公理主義」であり、一応納得した形で終わったといえよう。

三. 楊度の疑義と嘉納の変化

この後、楊度は同胞から外国人と深く論議したことを責められたが、自分の胸の内を抑えることはできなかったとしている。これは両者共に本音で論議した証左である。ただ楊度は重くのしかかる疑問が残ってしまった。楊度の嘉納に対する感想を見てみよう。(5)

わが国の教育を問題にするのはまさに今日に始まったことであるが、みんな日本にのっとるのを適切とし、日本もまた教育を代わって興すのを自任している。(中略)今日、日本に来て教育を学ぶ者は殆ど各省あまねくいるだろうが、しかし教育を学ぼうと口々に言いながら、嘉納君が教えたところの奴隷教育を持ち帰って国民に施すの免れる者ははたしていく人あるだろう。

楊度は嘉納の留学生教育に一定の評価をしていたのは確かである。しかし、嘉納の「服従」発言に対する疑義は拭い去ることができなかったといえよう。結局、日本の留学生教育は清朝維持を第一とするから漢民族にとっては「奴隷教育」であると結論付けるに至ったといえよう。楊度は嘉納の「騒動」への反対は日本の下心であり当面の力不足を隠すための牽制策に過ぎないとメモを残している。[6] この日本の下心は大陸進出のことであるとも考えられるが、メモを残すほどであるから相当強い疑義を持っていたといってよい。そして、嘉納に対しても警戒心を持ってしまったといえよう。

ただ、この論争のとき嘉納は日本に於いて清国人留学生教育を行っていることに対し、教育の結果、清国が日本に復仇するのではないかと批判されていることを告白し、あくまでも嘉納は日清一緒になって白人と競争するために留学生教育を行っていると述べている。

したがって楊度も飛躍しすぎる観がある。一九〇一年に発表した「盛んに海外に出でよ」に於いて嘉納は清国について以下のように論じている。[7]

未開劣等の國に踏み出すの結果はただに一身を利し、本國に留まらず、またもって世界文明の進歩に貢献する甚大なるものあらん。近くその例を求むるに清國のごときすなわちこれなり。今日清國の勢いはなはだ振るわず。西洋の列強はこの機に乗じてこれを威圧し、もってその飽くなきの野心を満足せしめんとせり。この時に方りて東洋の先進國をもって自ら居れる日本國は、かの憐れむべき四億の清國人を提撕誘導し、これに授くるに二十世紀の新智識をもってし、彼の蒙昧を啓き彼が天与の利源を開拓し、もって廻覧を既倒に起こすがごときあに絶大の快事にあらずや。清國のごとき、今後日本人のためには、実に雄飛の好舞台なり、我らは教育家といわず、実業家といわず、學者といわず、政治家といわず、邦人の続々かの國に赴きて鋤犁を投ぜんことと希望するものなり。

この時点では楊度に会う前であり、既に清国人留学生教育を行っていた。アジアの先進国の自負から清国を指導し日本人の大陸進出を図ることを主張している辺りからもやはり嘉納の狙いは楊度の疑義通りであったと考えられよう。

しかし、今まで指摘されていないが実際の嘉納は楊度が疑義を持つような露骨な大陸進出、奴隷教育を施すような意図が感じられなくなってくる。一九〇二年に発表した「清国」をみてみよう。これはようやく嘉納の留学生教育の理念が固まり発表したものである。欧米の列強諸国が清国を巡り分割競争をしている中、清国と唇歯輔車の関係である日本も必然騒乱の渦中に巻き込まれる危険がある。だからこそ「清国保全」の必要性を主張している。この点は変わらないが、以下のように述べている。(8)

歐米諸國をして衝突の原因に遠からしむるものなれば、清國は必ず保全せられ自ら防禦し、發達し得る様之を助けざるべからず。然して其保全發達を助くるに於ては、我日本國の最も適任なること疑ひなし。

あくまでも清国自身で対処しなければならず、日本は助力するに過ぎず、その適任は日本であるということである。さらに、大陸へ渡る日本人に対し以下のことも述べている。(9)

唯自己の利益をのみ考えず、眞に清國の利益を圖る考を以て往かざるべからず

そして上述してきた主張を宏文学院の設立の理由であると結んでいる。嘉納は一八九六年以来、留学生やその関係者と接することにより露骨な自国利益優先から相手国利益優先というように変化していったことがわかる。もちろん楊度との論議でも嘉納の気持ちは変化していたことは明白である。また、楊度との論議に於いて嘉納は「騒動」がなければ日本はさらに進歩しているだろうと述べ、日本の轍を踏まないよう警告もしている。楊度の疑義通りならば見習うなと言えるであろうか。ましてや、嘉納は東京高等師範学校の学生を日露戦争の戦跡を見せるために満洲に修学旅行をさせ、その教育目的を「戦の凶事なることを知らしめて成るべくこれを避けんとの念」としている。(10) 決して力で以て大陸へ打って出る考えを戒めているのである。詳細は後述するが、さらに指摘すれば嘉納は宏文学院の経営悪化の時には私財を投げ打ってまで支えている。楊度の疑義通りの理念ならばここまでのことができようか。したがって、嘉納の真意は楊度が思うような露骨な下心を以て留学生教育を行おうとしていたとは考えにくい。しかし、「服従教育」と一度発言したことや、清国の状況や多様な留学生界の様相を把握しきれておらず、結局楊度に真意を理解させられなかった。一つのボタンの掛け違いが大きなしこりとなってしまった観がある。

楊度にとって日本留学はただ形式だけを学ぶ欧米留学とは違い精神をも学ぼうとする大きな期待を抱いていただけに嘉納との議論に対する失望もまた大きかったであっただろう。ただ救いだったのは維新を成功させ生き抜いてきた嘉納の経験、清国人留学生教育の経験、清国視察旅行から導き出された考察を楊度は認めるべきものを認め、両者の白人種への共通の危機意識、公理主義教育の是認に帰結できたことであった。

嘉納も楊度も日清両国の教育交流の相互理解のきっかけを作ったかに見えたのであるが、残念ながら結局これ

以上進展しなかった。そればかりかこの後、楊度が感じた疑義は予想以上に大きなものとなって深刻化していくのである。

四．留学生の関心と影響―宏文学院同盟退学騒動―

嘉納と楊度の論議はそこに参加していた留学生が同席していたことからも他の留学生にも知れ渡っていたであろう。特に最終日の四日目は浙江・江蘇・広東・湖北省師範科一〇余名が参加し、前回よりも参加者が増えていることからも留学生の関心は高かったといえよう。また、朱徳裳が来日前に「発卯日記」に於いて『支那教育問題』を閲す、これは楊度と嘉納の問答の辞で至って透徹、懐中先生それを推して許すこと甚だ至れり」と記している。[11] 懐中先生は一九〇三年に宏文学院に留学し、後に毛沢東から最高の師と慕われ尊敬された楊昌済である。『新民叢報』は横浜で発行されている。「支那教育問題」は一九〇二年に発表されているので翌年には大陸の留学生予備軍にも読まれていたということである。したがって、日本国内も大陸でも注目されていたと考えてよいだろう。

問題は留学生にどのような影響を及ぼしたかである。それは早くも宏文学院に於いて「騒動」という形で現れてくる。講道館所蔵記録に「此月本学院多数同盟シテ荷物ヲ携ヘテ妄ニ外泊ス」というのがある。[12] 四八名の留学生が行動しその中に文豪魯迅と許壽裳の名前も入っている。講道館所蔵記録には詳細が述べられていないが、『浙江潮』に「記留學日本弘文學院全班生與院長交渉事」に報道されている。[13] それを以ってどのようなことが起こったのか見てみよう。

「騒動」は、一九〇三年三月二六日、宏文学院が学校規則を留学生代表に示したことから始まる。留学生代表は即断できないので他の留学生とも相談したいと答えが、宏文学院の会計（庶務幹事）の関順一郎は学院が定めるものであるから相談する権利はなく四月一日から実行すると一方的に言い放ったという。留学生代表は再三に亘り相談の要求をし、ようやく規則を持ち帰り相談することができた。

その後、留学生側は規則の中で最も重要な三ヶ条を修正し、会計(庶務幹事)の関順一郎に伝えた。宏文学院側と留学生の修正案は以下の通りである。[14]

宏文学院側

一　除告退外無論臨時告假歸國及夏假中歸國者毎月須納金六圓半
一　洗濯一月三次毎次一套自備之物宜由學生自理
一　患病者兩週之内醫藥金皆由學院支出逾則學生自理

留学生修正案

一　臨時告假歸國者如議夏假中歸國者不納
一　洗濯一月四次被單等亦宜洗　被單亦宜洗者因弘文學費雖同成城而破褥等皆由學生自備也
一　診醫以十四次爲度藥費亦如之逾則學生自理

ここまでならば単なる意見の相違であり、すぐにでも解決できる案件である。しかし、翌日、宏文学院側は回答しなかった。それに対し留学生側は何と授業放棄を通告したのである。三月二八日、宏文学院側は留学生の修正案の内一つを認めるとしたが、留学生側は全てを受け入れるよう要求した。しかし、学院側は再び留学生代表を集め変更はできないと宣言した。北岡正子によれば、その時に同席していた後の国文法の大家となる教務幹事の三矢重松が留学生に以下のことを述べたという[15]。

諸君等は、心の中で弘文学院は劣っていて成城学校や同文書院は優れていると考えているのだろうが、学校にはそれぞれの性格がある。弘文学院を成城や同文と較べることはできないのだ。このことについては、学院長に一定の考えがあるのだ。諸君がこのように争うとはどういうことなのか。退学(退校)というのならやむをえない。強いて留めはしない。

留学生側は退学するとは宣言していないにもかかわらず、三矢は嫌ならば退学しろと述べたのである。これは失言と言わざるを得ない。

ここで興味深いのは三矢が述べた宏文学院の学生は同文書院や成城学校に対しコンプレックスを持っていた観があるということである。成城学校は参謀本部長川上操六が校長を務める陸軍士官学校の予備校である。しかし、早くも一九〇三年七月にはあの成城学校事件を契機に留学生受け入れを中止しているほどであるから、留学生との関係は必ずしもスムーズであったとは考えにくい。また、同文書院は「東亜保全」を掲げて近衛篤麿率いる東亜同文会が設立した留学生教育機関「東京同文書院」である。しかし、その教育内容は宏文学院と同様であった。何を以てコンプレックスが生じてしまったかは不明である。表14の卒業生数だけを見ても成城学校と同文書院は宏文学院よりはるかに規模がはるかに小さかったことから留学生への細部に亘る対応が違っていたと推測できるものの、隣の芝生は青いという心理状態になっていたのではないだろうか。

表14　各校卒業生数

＊講道館所蔵『宏文學院一覽』1906年10月末日調査、『東亜同文書院大學史—創立80周年記念誌—』非売品1982年63頁、阿部洋『中国の近代教育と明治日本』福村出版1990年63頁より酒井作成

学校名	卒業生数
宏文学院	3,810
東京同文書院	864
成城学校	168

その後、留学生側は退学を決意し、翌日の三月二九日に荷物をまとめ宏文学院を後にした。留学生の実力行使は典型的な行動である。嘉納は各省の留学監督、総監督に働きかけこの事態収拾に努め、一応留学生は復学することとなった。しかし、復学する際にもまた問題が生じてくる。留学生側は以下の更なる要求を行った。(16)

一　撤去荒謬之教務幹事及會計
二　學生平日得與校長直接議事
三　特開通學之例以便自費學生　通學即走讀日本學校之大半皆有此例
四　各科課程皆須更訂以圖改良
五　保送本校卒業學生入各專門學校不得有官費私費通學不通學之歧視
六　實行學生請改之二條規則
七　實行原訂學校代備教科書之規則

宏文学院側から見ればこれほどまで拗れるとは思わなかったに違いない。新たな要求をされその代償は高くついてしまった。嘉納は「一」と「七」には言及しなかった。それ以外は受け入れると承諾したのであった。

この新たな要求を見れば、留学生側から見た学校運営の欠点がわかる。第3章でも論じたが上述した「四」の課程改良はこの後も留学生から教師変更等として要求される。また、「三」の通学制度は留学生の寄宿舎及び下宿、さらには一九〇五

年の所謂「留学生取締規則」の第九条を巡る問題へと発展する。第5章でも論じたが日本社会との摩擦が生じているので通学制度を簡単には許可したくないであろう。これら留学生からの要求は宏文学院が拡張したばかりのこの時期に出されていたことは注目に値するといってよい。これで一件落着となるはずであったが、事はそう簡単ではなかった。通学制度がネックとなってくる。

四月七日、留学生総監督の汪大燮は同盟退学しようとした留学生側に復学ができる旨の書簡を送った。その後、留学生側は通学制度を希望している私費留学の入学生が一〇余名いるので、通学制度の取り決め及びに学費について嘉納と交渉するよう総監督に要請した。しかし、嘉納は一度は承諾した通学制度を拒否してしまったのである。総監督からその旨を聞いた留学生側は通学制度を拒否されたならば他の要求も拒否されると判断した。

再び「騒動」が起こっては何もならないと考えたのであろう。嘉納はすぐさま通学制度の件を許可し以下の条件を留学生側に提示した。(17)

一　弘文學院于住院生外添設通學生

一　通學生祇限于自費生

一　通學生之權利義務如住院生一律

一　通學生之入學按其志願學力分編各科各班但志願一科者滿二十人以上者得另添一斑

一　通學生暫不設額學院教室可容即得編入

一　通學生按月納在學費四圓其餘房飯書籍衣服等費概歸學生自理

一　通學生須同住一寄宿由院長派人同住監督品行照料學事至監督費由學院支給

一　通學生須着學院制服

一　通學生寄宿舍應用器具學院得量力借與應需各欵學院亦得代墊

嘉納の提示した条件はかなり譲歩したといえよう。さらに嘉納は復学式まで行うと決めた。そこまでしなければ関係修復ができないと考えたのだろうか。そして、復学式では問題となった宏文学院職員の処遇について述べ、教務幹事の三矢重松更迭を発表した。それと同時に今回の騒動に対して学生の謝罪を要求したのであった。教育機関の面子を保とうとしたのであろう。

留学生側は清国留学生会館で話し合うことになったが、参加者は大変少なかったという。おそらく多くの留学生は嘉納の対応に満足したか、面倒臭くなったのではないだろうか。しかし、一〇数名の留学生が嘉納の条件の中には実行不可能のものもあり、ましてや謝罪するなど侮辱を受けることであり国際的名誉にかかわると主張した。結局、参加者全員この意見に賛同し改めて以下の条件を提示した。(18)

一　速成師範之通學生按月納在學費四圓其餘房飯書籍衣服等費概歸學生自理惟並通科年限較長且無譯人準納半額

一　通學生滿十人以上者同住一寄宿舍惟如有陸續踵至之少數學生不便特住一寄宿舍者准其暫寓旅館至監督之有否一惟學院自便

一　回院式先校長演説次學生答辭

嘉納から見ればどんな対応をしても拗れる一方であったといえよう。留学生側は通訳無しの場合、学費の半額を要求しているが、多くは日本語能力が低いため実際には皆無に等しいであろう。それに、各学生一人ずつ通訳が付いている訳ではないので、学費が半額となれば我先に申し出ることとなるであろう。また、復学式に謝罪ではなく答辞を行うことも留学生側の最後まで教育機関よりも精神的有利に立ちたいという気持ちの表れといえよう。留学生側は留学生総監督の汪大燮に上述の条件を嘉納に提示するよう要請したが、さすがに汪大燮は留学生側の要求が度が過ぎると思ったのであろう。汪大燮はこの要請を断ったのである。

再び留学生側はこの条件について話しあうこととなった。極端な挙に出るのかと批判する者も現れ、ついに話し合いは紛糾してしまった。明治期最大の留学生騒動であった所謂留学生取締り規則反対運動でも、最終的に留学生の分裂、紛糾するのだが、当時の清国人留学生界の特徴といえよう。

嘉納も謝罪を必ずしも求めていないことを表明し、四月一六日に復学式が行われた。そこで何と嘉納は留学生側に謝罪をしたのであった。しかし、留学生側は謝罪をせず答辞をしたにすぎず、その後、留学生側の要求は受け入れられていくこととなる。留学生側の勝利といってよいだろう。

この騒動の経緯だけを見れば前述した嘉納と楊度の論議「支那教育問題」がどう関係してくるのか疑問であろう。これを報道した『浙江潮』は浙江省出身の留学生が中心となって作られている。同盟退学騒動を起こした四八名の留学生の内、浙江省出身者は一六名にも上る。[19] したがって、留学生側の考えの一面を表しているといえる。彼等は嘉納が清国の教育に熱心なことは有名でよく理解できるとしながら、「巧妙狡猾な篭絡の術（巧猾牢籠之術）」[20] 巧妙狡猾な篭絡であり「服従教育」で清国の教育を奪おうとしていると記した。この騒動だけを見てこのような結論を下すのはどうかと思うが、やはり楊度との論議を報道した「支那教育問題」の影響が大きいといえるのではないだろうか。さらに今回の同盟退学は以前から問題であったもので決して一時の公憤ではないとしながら、万感胸に迫る思いを以下のように述べている。[21]

現在、わが国では学堂開設の議論が朝野に満ちているのに「課程の腐敗、職員の頑迷、形式の不備」ばかりでその精神を論ずることなどはできない現状である。しかるに、わが国の無思想にして覇気のない者は、外国人の代理教育を安易に喜んでいる。彼らが久しく計画をめぐらせ教育の権を奪おうとしていることを知らないのだ。諸君よ決然として立ち上がれ、国民を造る精神を奮いたたせ、その熱誠をかきたて「常識」を普及して普通教育の基礎を確立せよ。(中略)わが国の教育の任に当たる者は、速やかに精神を奮い立たせ教育を普及し、まず「常識」を完全なものにしてから東渡せよ。「扶桑三島」はわが国の「学林」を創るところ、人材を育てる「福地」であると、夢想してはならぬのだ。

当時の清国の教育現状を嘆く一方で日本及び留学先に対して警戒心を露にしていることがわかる。また、普通教育を修めた後に日本留学をすることを提案しているところからも、全てを日本に頼るのではなく教育の基礎は母国で行う重要性を訴えていることがわかる。後に清国は海外に於いて普通教育を授ける速成教育の必要性を否定していくが、この時点で留学生のほうから発せられていたことは注目に値する。

この同盟退学騒動は元はと言えば宏文学院の学校運営に対する単純な問題から生じたものである。嘉納もすぐに解決できると思っていたはずである。しかし、単純な問題が留学生側にとって嘉納の学校運営とその対応に対し「巧妙狡猾な篭絡の術(巧猾牢籠之術)」と映ってしまった。そして、取り消したとはいえ、一度は謝罪を要求した嘉納に対し、「服従主義」、「臣僕之臣」が根底にあると不信感を抱き、ついには日本留学そのものに警戒心までも持たせてしまったのである。嘉納にとって計算外の結果であっただろう。留学生側に謝罪し彼等の要求を受け入れるしか解決する方法はなかった。

嘉納側にも同情の余地がある。定期的に留学生が入学するわけでなく、その数も決まっておらず急増するばかりである。そして、教職員、宿舎、教育内容等全てが完璧に対応できるとは普通に考えても無理であった。まして や、文化が違う人間同士である。混乱は想定内としてもこれほどまで拗れるとは嘉納だけでなく留学生側も想像できなかったであろう。前述した「扶桑三島は我国の学林を創る所、人材を育てる福地と夢想してはならない。」というのは、単に日本に警戒しろというだけのメッセージでない。多くの留学生は異文化交流の準備教育並びに基礎である普通教育も修めていない。しかも、彼等は日本留学に過度の期待を持ち来日している。しかし、教育機関の受け入れ態勢が十分整っていない。当然、これらの現状に直面すれば失望し、ついには騒動を起してしまう。これらについて批判しているともいえないだろうか。

この後、同年に拒俄運動[22]、そして大小さまざまな騒動が生じ、一九〇五年には明治期最大の留学生騒動である所謂「留学生取締規則反対運動」となる。騒動は清国人留学生の特徴の一つである。周一川は拒俄運動が留学生の最初の大規模な運動であり、それ以前は実際的な抵抗運動が殆どなかったという[23]。確かに規模でいえば拒俄運動は大規模な留学生運動の嚆矢であり影響力もあったであろう。一方、この宏文学院の同盟退学騒動は拒俄運動よりも早い。前年の七月には成城学校入学事件が生じ留学生が帰国する騒ぎが起きた。これら一連の騒動の影響は否定できないだろう。だからこそ宏文学院に於いても力ずく同盟退学の騒動まで至ったといってよいだろう。しかも、『浙江潮』を始めとして留学生編集の出版物にも取り上げられ、当事者以外にも留学監督までも巻き込むこととなった。清国人留学生教育機関の大本山で起こったことに日清の留学生教育関係者にとっては衝撃的なことであり、後の留学生にも影響を与えたといってよい。そして、後の一連の留学生運動は、その問題の所在以外に、嘉納・楊度の論議の争点であった日本に対する警戒心、服従主義教育を取上げ批判することが常套手段となってくる。魯迅と一緒に宏文学院で学んでいた許壽裳も常に中国の民族性の欠点について語り、楊度の「悪根性」、征服される奴隷根性を「騒動」、つまり革命によって取り去らなければならないと結論付けていることから多くの留学生の心情若しくは潜在意識の中にこの事が蓄積されていったであろう。結果的に「騒動」を起す留学生側の帰結点は常に嘉納・楊度の論議の争点であり、それを取り上げることが一番し易かったといえる。本来ならば嘉納・楊度の論議は相互理解を深めるいい機会であったはずである。この相互理解を怠ったがため、負の遺産となってしまったといえよう。

3. 日本社会の清国人留学生に対する感情の変化

一九〇二年以降留学生数は急増する。それにつれて日本社会は留学生及び教育機関に対する印象が変化し、特にマスコミに於いてそれが顕著に現れてくる。

国立教育研究所名誉所員である阿部洋を代表とした近代アジア教育史研究会が蒐集した七八八点の教育雑誌に掲載された清国人留学生に関する記事(近代アジア教育史研究会編『近代日本のアジア教育認識—明治期教育雑誌所収 中国・韓国・台湾関係記事 資料編』附巻Ⅱ龍渓書舎、二〇〇二年)と讀賣新聞の留学生に関する記事を追い、マスコミに於けるそれの変遷を見てみる。図4にそれらの記事数の変遷を示した。

図4から教育雑誌も讀賣新聞もほぼ同じ変移であるといえる。一九〇二年以降から留学生数は急増し一九〇六年にはその数はピークに達する。したがって記事数の変移は留学生数に比例しているといってよい。また一時的に記事数が一九〇二年、一九一一年が増えているが、それぞれ成城学校入学騒動、辛亥革命で留学生帰国者続出といった報道が多かったことから騒動が生じると一時的に報道が急増することがわかる。資料調査の余地はあるがおそらくマスコミで報道された留学生関係の記事数変移は同じであると推測できる。時間軸に沿って見てみよう。一九〇〇年前後では非常に少ない。ほとんどの記事は留学生の来日や留学生教育機関の状況を報じるもので

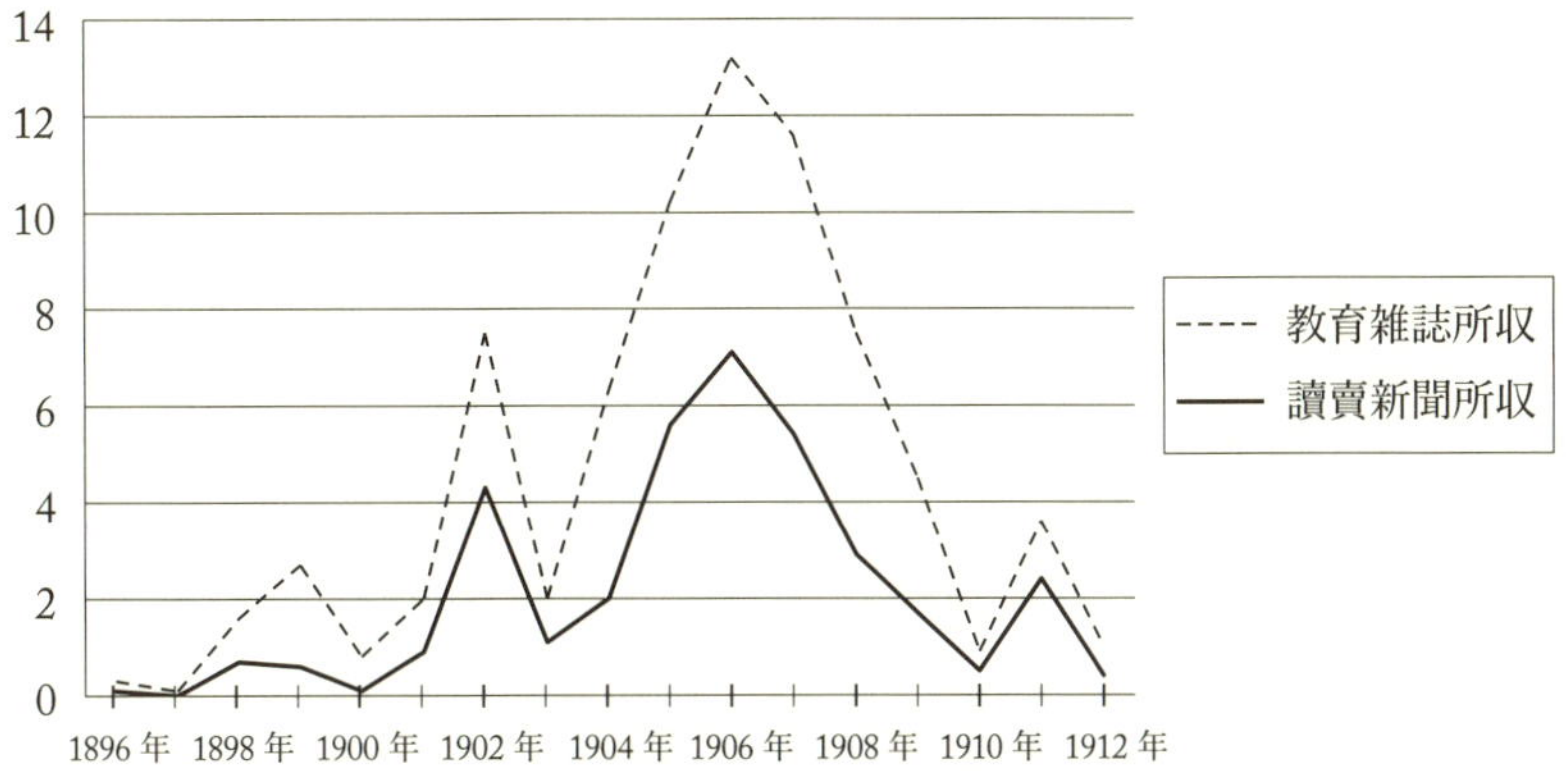

図４　清国人留学生関係記事数

＊『讀賣新聞』、蔭山雅博「明治日本の中国人留学生教育—その諸相—」近代アジア教育史研究会編『近代日本のアジア教育認識—明治期教育雑誌所収 中国・韓国・台湾関係記事 資料編』附巻Ⅱ龍渓書舎 2002 年、『讀賣新聞』（1896 年～ 1912 年）より酒井作成

ある。例えば一八九九年三月一五日の讀賣新聞では「清國留學生二〇余人、上京」と報道している。そして同年四月一〇日『東亜時論』では「第三回清國の留學生來る」と題し留学生の名前と出身地までも報じている。[24]記事数は少ないものの細部まで記されていることから留学生に対し注目をしていたといえよう。

この時期、留学生に対し好意的かつ細やかな配慮を訴える記事が多い。例えば一八九九年に『東亜時論』は日華学堂の近況について「新來せるものは未だ單語練習の初歩にありと雖も彼等に熱心倦まざる有様なれば將來頗る光望なりと云ふ」と将来性に期待し報じている。[25]また、一八九八年七月二五日『教育時論』では「清國留學生の待遇に就て」に於いて「(前略)二十七八年戦役大捷の威を籍り、或は、目するに戰敗國の學生を以てし、徒に傲慢疎暴を以て、彼等に對するものなきを保すべからず。(中略)極めて叮嚀に、極めて嚴肅に、之を教育し、之を監督し、以て清國が鋭意學生派遣するの心情誠實に酬い、飽くまで我邦が善隣國に對するの誠意を示し(後略)」と日清戦争後の複雑な心理を理解し誠実に教育をしなければならないとしている。[26]

さらに留学生の生活面も配慮をしている。同年八月一〇日『女學雜誌』では「留學生に親切を盡すべし」と題し以下のように記している。[27]

我國に留學せる支那、朝鮮の書生に對しては、待遇、愛顧、いかにも不足の様に感ぜられる。其の教えは學問計りで、其他に何もの、無くてならぬかを考へてやる人も少ない様である。（中略）彼等留學生は、家を離れて來て居る。其の最上の慰めは、家らしき家を得ることである。田舍の書生が東京の學校に來て居る時でも、塾や下宿の生涯は如何にも不愉快であるから、ツイ、牛肉屋などに分散して、せめて慰めを得んとすることであるが、東京に親類でもあるか、心やすい家でもあつて、日曜日などに折々出入りすること出來ると、ソレ〳〵愉快極まることで、たゞ家庭といふもの、中に入れて貰つて、其の空氣を吸わせて貰ふ丈けで、空いた腹が一パイになるやうな心持のするものである。同じ日本人で、日本の中の、その都に留學した丈けでも、既に斯様である。故に海外より來た留學生で、何處を見ても、他人、否な他人所ではない、（中略）學校の休日になつても、何處へも行く所がない。にぎやかで人の多い所へ行つても、心安い人が無いければ、にぎやかな程、實は心さびしいものである。偶まに、飲食店に上つても、何んだか馬鹿にされて、高く取られるやうな心持がする。眞とに不愉快極まることであらふ。夫で、此の不愉快を慰さめ、其の滿しがたい不滿足を滿すものは、親切な家庭に往來するやうになつて、心安い、優しい、婦人の待遇を受ることである。（中略）其には、此主意に關して婦人の心得を要すること勿論であるが、婦人がソウしたいと思つても、男子が賛成せねば、夫も出來ぬことである。夫故、男子、女子、共もに此主意に賛成せられ、今少し留學生に親切を盡すやうに爲されたいものだと思つて居る。

温かく留学生活支援を社会全体で行おうという姿勢であったのである。このように将来性を買い、誠実に教育をし、生活面までも家庭的温かさを以って行おうとした背景には、「東亜保全」の目的もあるが、当時の日本留学生の総数が一六〇名に満たされておらず(28)、気持ち的にも余裕を持って支援できたのであろう。

一九〇二年に記事数は一時的に増加するが翌年は減少する。この理由は一九〇二年の清国公使蔡鈞の日本留学阻止の密書、成城学校入学騒動を数多く報道したからである。清国公使の蔡鈞の日本留学阻止の密書について言えば、例えば一九〇二年四月五日『日本人』では「清人遊學阻止の妄」として蔡鈞を批判している(29)。また、成城学校入学騒動について一九〇二年八月二五日『教育時論』では「清國留學生問題」では「留學生等の公使に對する擧動を見るに、學生の本分として恕すべからざるものあり」と留学生の行動を批判している(30)。しかし、「蔡公使と清國留學生との衝突」に於いて「殊に夫の密書事件以來、公使に對する感情、常に善からざる其上に、近因の保證問題の如き、公使の處置頗る疑ふべきものあるに於ては、決して獨り學生のみを咎むべからず」と留学生をかばっている(31)。そして入学保証問題については「成るべく入學の便を與へ、彼等に文明日新の學術を教授し、以て隣國の富強に資益せんことを謀るべし」と入学の緩和を訴えている(32)。

後述するが日本社会は一九〇五年に所謂留学生取締規則反対運動に対して痛烈に留学生が起した騒動を批判するが、成城学校入学騒動に対してはそうではなかったのである。規模的には成城学校入学騒動の方が小さいとはいえ清国公使館、官憲、留学生教育機関を巻き込み四〇〇人の留学生が帰国しようとしたほどである。しかし、清国公使蔡鈞の日本留学阻止の密書の件と関係していると捉え、留学生が騒動を起したこと自体には批判的ではあるが、それ以上に清国公使蔡鈞の対応の仕方と密書への批判の方が上回り、留学生に対しては同情的であったといえる。あくまでも留学生側に立っていることは注目に値する。

生活面では例えば一九〇三年一〇月一五日の讀賣新聞「清国留学生を悩ます運送詐欺　神田で開業、荷物を

「清國留學生のマゴツキ」『東京パック』第22号

先払いにして現金詐欺」では、被害者になった留学生に同情している。以上から、この時期は留学生を大切に扱う姿勢が日本社会に広まっていたといえよう。

その後、記事数は一九〇六年まで増加していく。留学生の来日や卒業、留学生機関状況、留学生の生活等を報道している。特に一九〇五年一二月から翌年頭にかけては所謂留学生取締規則反対騒動一色になっている。

留学生数がピークになる前年の一九〇五年頃から日本社会の感情は変化してくる。漫画雑誌『東京パック』第二二号に「清國留學生のマゴツキ」と題し掲載された(33)。その漫画の横には「日本へ渡来したがさて何處の學校が果して自分に適當だが選擇に困り巡査に聞いても判らずそんなら此邊に隱陽《うらをい》師《しや》はありませんか」と書かれてある。来日したのはいいが、どこで学べばよいかわからず、交番で尋ねる留学生が現れたことを風刺したのである。日本社会が描いた「真面目に勉学し将来有望な留学生」

のイメージが崩れ始めたのである。
一九〇五年一二月、マスコミは挙って所謂留学生取締規則の反対騒動を報じる。この騒動は明治期清国人日本留学生史にとって重要なものであり、日本社会に清国人留学生の存在をより大きく示したものといえよう。しかし、一九〇二年の成城学校入学騒動とは違い留学生に対し厳しい目を向けることとなった。例えば一九〇五年一二月七日、東京朝日新聞は以下のように報道した。

東京市内各學校に在學する清國留學生八千六百餘名の同盟休校は大學教授聯盟辭職に次ぐ教育界刻下の大問題となり右は去月二日發布の文部省令清國留學生に對する規定に不満の念を懐きたるものにして該省令は廣狹何れにも解釋し得るより清國學生は該省令を餘り狹義に解釋したる結果の不滿と清國人の特有性なる放縱卑劣の意志より出で團結も亦頗る薄弱ならずとし(後略)

留学生の反対運動騒動を教育の危機と捉えている。いかにその衝撃が大きかったかがわかる。また、留学生騒動を通して清国人全体までも「放縦卑劣」と切り捨てており、同情の気持ちは無く批判的である。この「放縦卑劣」と称されたことに留学生である陳天華が自らの命を絶ち抗議したことは有名である。同年一二月一四日東京朝日新聞の「時事小言」に於いて「支那の公館の保證が入用とならば、公館からそれをもらつたら良からう。公館がそれを呉れる呉れぬは日本の知つた事ではない。支那官民の争ひの末、日本の文部省に喰つてかゝるのは譯が分らぬ。(中略)歸國するといふ仲間はどし〳〵歸國す可し。つまらぬ喧嘩に扱ひは入れぬぞ。こんな事に喧嘩する生徒なら、日本でも教育し甲斐がないといふものだ。」と述べている。しかし、公使館の保証は取り締まり規則には書かれていない。詳細を検討していないまま、ただ闇雲に実力行使を以って運動をしていることだけに特化し批判し、ついには留学生教育の拒否を謳っているのである。約二〇〇〇人の帰国者を出したのであるから無理もないが、感情的になっているといえよう。『教育時論』では「彼等に要求せられたる爲め、取締法を撤回するが如きことあれば、吾が國の失體を如何ん。」[34]というように取り締まり規則撤回に反対の姿勢を貫いている。日本社会は成城学校入学騒動とは違い一歩も引かない姿勢を表し留学生を批判しているのである。温かく歓迎していた分だけ留学生に裏切られた気持ちになっているのではないだろうか。

留学生数がピークになった一九〇六年、それに比例し記事数もピークを迎える。その翌年から留学生数は激減すると共に記事数も減少していくが、留学生バッシングの記事が一層多くなる。その一連の記事は以前では皆無に等しかった留学生の犯罪・生活までにも及んでいる。留学生の生活については第6章でも論じたが、主に衣・食・住・女性関係について報じられている。しかも、それらは日本社会だけでなく母国でも問題視されることとなる。[35]

犯罪については窃盗、暴力沙汰だけではなく、ついには阿片事件までも報道された。一九〇七年一〇月一九日、東京朝日新聞「清國人の阿片吸食事件」によれば、科挙秀才の江南省留学生劉炎らが、同国人を集め一回三〇銭で阿片を吸引させていたという。留学生の中から阿片を常用したり、それを商売にする者が現れたのである。しかも、秀才の称号を持つ者であるからその衝撃は大きかったであろう。当然、日本人学生にもこの影響を及ぼす危険性を指摘するのであった。第5章でも述べたが一九〇六年九月一五日の団団珍聞では「阿片艶悩殺日本學生」と題し留学生の間で流行っている阿片が日本人学生を滅ぼすことになるので警察の取締りを強化するよう風刺画で訴えている。[36]

一八九六年から一九〇四年までは概して留学生に対し歓迎ムードであった。しかし、その後は留学生にとって決してよくない内容の記事が多くなる。もちろんこれらの記事に対し留学生側も反論している。例えば早稲田大学の留学生は「清人は淫猥民族に非ず[37]」と反論し、また、早稲田大学清国留学生同窓会幹事林長民は以下のように述べている[38]。

僕等留學生貴國に來遊する既に年あり、而して、今日に至るまで譏誣の言、誣謗の聲、日に耳に入らざるなし、僕等不敏と雖も、猶ほ多少の気概を有す、（中略）顧ふに數年前弊國學生最多の時に當りてや其數殆ど萬を踰えたり、彼皆遠く故鄉の地を離れ驟かに父母の教を去り直に千里の異邦に入る者、其中に幾分の不肖者有りしは自然の勢なりしとは云へ、吾人の眞に以て遺憾とせし所なり。然るに近時は即ち、人數已に減じ、學問稍々進み、監督の法日に益〻周密に、大體を以て之を言へば、皆能く束身自愛する者に庶幾し、然るに貴國の新聞雜誌は徒に一二事を摭拾して其餘を概論し、以て其の全體の感情を傷く、已に無識なること甚し矣。

一部の留学生の為に報道され、その他多数の留学生の気持ちが傷ついていることがわかる。さらに、日本人の中からも徒に好奇心をたきつけるような新聞・雑誌を批判したのであった[39]。しかし、留学生教育関係者からの声は驚くほど少ない。現時点ではこの理由を導くことはできないが、おそらく日本社会とこれ以上の摩擦を避けたいが為黙していたのであろう。

何れにしろ一度貼られたレッテルはそう簡単にはがれるものではない。留学生の騒動や犯罪・生活まで批判的に数多く報じられれば日本社会の目も厳しいものでなっていくのは自然なことであった。多くの留学生は教育機関に疑義を感じ、日本・清国社会からも問題視され、益々身内だけの社会にこもることとなる。それはまるで陸の孤島であり留学生界は孤立化への道を歩むこととなる。そして、留学生は生半可な学問しかせず、素行不良な者であり、すぐに騒動を起こすというイメージとなってしまうのである。やがてこの批判の矛先は留学生だけでなく留学生教育機関にも向けられることになる。

4．留学生教育機関への批判と清国政府の留学生政策転換

何度も繰り返すが明治期清国人留学生教育のセールスポイントの一つは速成教育である。その速成教育に対し批判が出てくる。特に早稲田大学清国留学生部で留学生教育に関わることとなる青柳篤恒は自身の考えを数多く発表しているが、「支那留學生問題」と題した論文では「渠等清國留學生の多くは皆速成を主とし、外に在りて螢雪の功を積むこと僅かに一年半歳、其得る處幾何もなく、芽出度業成り卒業證書を握りて揚々歸鄉の途に就くとも(後略)[40]」と述べている。青柳は「速是能速、成是不能成」という考えを持っていたことからも、速成教育の教育効果に対し疑問を持ち断固反対の姿勢であった。

青柳の速成教育の効果への疑問と懸念は日本社会から意外に早く共鳴されることとなる。それは一九〇六年の第二回帰国留学生登用試験結果である。これは一九〇一年に清国政府が各省督撫に対し帰国留学生の修学科目や程度により登用を奨励したことに始まる。一九〇四年一二月『考験出洋畢業生章程』が制定され、一九〇五年六月に第一回登用試験を行った。受験者一四名は全員日本留学生であり全員合格したので、日本留学は大きく注目されたといってよい。科挙制度の廃止が同年の九月であり、学部も成立されていなかった。したがって、従来の科挙方法も採用されている。まず専攻を文・理科に分けて出題した第一次試験を行い、第二次試験は故宮の保和殿で西太后と光諸皇帝が主催し行われた。『清國時報』第六号に第一次試験問題が掲載されているが、国際公法問題、訴訟問題、財政問題、機械学問題、科学問題と各三問ずつ出題されており、中等・高等教育レベルなら

ば十分に答えることができる。(41)

一九〇五年一二月学部が成立し、翌年四月に留学生奨励試験の方法を具体化した『奏定考験遊学畢業生章程』を公布した。ここで注目すべき点は受験資格を設けたことである。それは留学前に中学校を卒業した者は外国の高等レベル以上の学校で三年間以上勉強した者、中学校を卒業していない場合はまず予科に一年間在学した上、外国の大学及び高等専門以上の学校で三年間以上勉強した者に限るとした。(42) 実際には留学期間二年半でも受験できたが、速成教育を受けていた大半の留学生は受験資格を失ったのである。

試験内容であるが前回と少々変わった。第一次試験は前回と同様専門知識であったが各問題三問を出題し二問を選択し解答させる。選択制というのが前回と違っている。第二次試験は清国文一題と外国文一題である。(43) 科挙廃止後であり、また語学能力を重視したのであろう。

改正後の第一回帰国留学生登用試験が一九〇六年一〇月一九日に行われた。在来の等級を見直し、二回の試験点数(第一次試験は七五点、二次試験は二五点の合計百点満点)の合計で決めたのであった。八〇点以上を最優等の進士、七〇点以上を挙人優等、六〇点以上を挙人中等、それぞれ授与し、五〇点以上を中学部と同等であると証明書が授与され、それよりも成績が劣ると落第としたのである。(44) 受験者総数は四二名であり、その試験結果は進士授与者九名、挙人優等授与者五名、挙人中等授与者一八名、証明書授与者三名、不合格者九名であった。進士授与者九名全員と挙人優等授与者三名は全て欧米留学生、殊に米国留学生に占められたのに対して、日本留学生は挙人優等授与者が二名、挙人中等授与者が一三名という結果であった。(45) 日本留学生が一人も進士及第できなかったことに日本側は驚愕してしまった。例えば『太陽』一二巻一六号は以下のように述べている。(46)

本年進士の試驗に、日本留學生の成績が劣等にして、一人の及第者を出す能はざりし事實は、延て日本の留學生教育の估券に關せざるか。多くの留學生中には、學業に勵精ならず、教科書の棒讀にお茶を濁し、大切なる期間を只淺薄表相の見聞に徒消せる如きも少からざるべく、普通學の素養なくして、直ちに専門の學業を志し、速成を旨とせるが爲めにたとひ勵精勤勉なりし者も、全然見當違ひの問題に接して、不覺を取れるもあるべし(中略)日本教育界の立場より見て、清國留學生教育上の施設に差向き一歩進むるの要なしとするか。都下數十の留學生相手の學校中、只だ學生の歡心を迎ふるに専らにして、其弱點、其好奇心を滿足せしむるの外には能事なきもの随分少なからずと見ゆるが、更らに之れに對する取締りを厳にするの要はなきか。

今回の帰国留学生登用試験の結果が日本の面子をつぶし、その要因が速成教育と一部の留学生教育機関にあるというのである。上述の「都下數十の留學生相手の學校中、只だ學生の歡心を迎ふるに専らにして」というのはさねとうけいしゅうも指摘しているが、一週間で卒業証書を出すような「学店」「学商」と呼ばれる学校であり、これらは確かに存在していた。しかし、このような類のものは教育機関から大きく逸脱しており取り上げること自体おかしい。また、速成教育を受けている留学生にはそもそも受験資格がない上に一週間の講習を受けた者ならば尚更である。詳細な内容を検証しないまま、たった一回の登用試験結果でヒステリックな報道ぶりを見ると相当な深い失望感であったのであろう。それと同時に、前年からの留学生バッシングの風潮から「それ見たことか」のようなものが感じ取れる。当然、この後、「カンニング容認」や「卒業証書売却」等[47]、留学生教育機関にバッシングは続けられることとなり、留学生教育機関のイメージは低下の一途を辿るのである。

ここで留意しなければならない点がある。留学生登用試験は公平性に欠けていたということである。一九〇八年七月二〇日の法律新聞に於いて「清國の新試験」という記事がある。それは登用試験で日本留学生がどれだけ優秀な成績を取っても欧米留学生の上にはいけないという、つまり公平な試験が実施されていないというのである。拓殖局は樋口秀雄に依頼し北清を調査させた。その報告書『北清ニ於ケル諸外國ノ教育上ノ効果ニ關スル調査』に於いて「一　學部ノ考試ニ於ケル採點上ニ存スル學校點」、「二　同上學科點」、「三　東西留學者ノ修業年限ノ長短」の存在があったという。(48)特に「一　學部ノ考試ニ於ケル採點上ニ存スル學校點」は不公平極まるものである。その内容は以下の通りである。(49)

一　歐米ノ官公立大學出身者　九十點
二　日本ノ官立大學及ヒ歐米ノ私立大學出身者　八十點
三　日本官立專門學校及ヒ私立大學正科程度出身者　七十點
四　日本私立大學專科出身者　六十點

試験成績の点数と足して平均点を出し、それが受験生の最終点数となる。その平均点は八〇点以上を取れば進士に及第できる。試験では日本の官立大学出身者は八〇点、日本の私立大学専科出身者は一〇〇点満点を取らなければ進士に及第できないということである、欧米留学生が圧倒的有利に立つことがわかる。この「學校點」の存在は改正後の第一回の試験で発覚し日本留学生は反対し、張之洞も抗議し試験委員会は紛擾となった。しかし、試験制度が終わる一九一一年までこれらを改められることはなかった。試験結果の及第者数から日本留学の質を問題にすることは、これらの事情を考慮すれば早急な結論といえる。逆に日本留学生の優秀さが際立っているといえよう。したがって、留学生登用試験の結果を見て安易に日本の留学教育、留学生、速成教育の質が悪いと決め付けるのは問題である。

では、なぜ登用試験委員は日本留学生に対し不利な条件を課したのであろうか。一九〇七年の『清國時報』の「在日本留學生ヲ全滅スルノ建白」に「聞く民政部某官一ノ建白書ヲ上リテ謂ク革命ノ風潮ヲ杜絶セント欲セハ須ラク日本留學生全部ヲ殲除スヘク然ルトキハ根株ヲ絶チ而シテ隠患ヲ消スニ足ル」と報じている。(50) 周知の通り革命分子と日本留学生の関係を清朝政府は警戒していた。前述したが駐日清国公使蔡均が日本留学を中止させるために密書を本国に送ったことはその代表例であろう。反日本留学を唱える一派が清朝内部に存在していたことも当然であろう。

一部の清朝内部の日本留学生の不穏な動きに対する警戒感に敏感に反応した日本人がいる。早稲田大学の青柳篤恒である。青柳はこの不穏な動きの元凶は速成教育であると主張したのである。青柳は高田早苗と早稲田大学清国留学生部が設立される直前の一九〇五年三月に清国へ渡った。清朝政府の有力者と意見交換した際、「新学」を学んだ留学生が帰国した後、過激に流れることを心配した清朝側に対し、速成による「一知半解」の弊害だと述べたのである。(51) これについて李暁東は高田と青柳にとって営利のための私立学校や速成教育は決して日本に「同情」し、日本を「理解」する学生を養成できないものであり、取り締まる存在にほかならなかったという。理解できないというのは「一知半解」であり、それが過激に流れるというのだが確かにこの論も一理ある。それと同時に理由は他にもあるのではないだろうか。

高田と青柳は徹底した反速成教育派である。しかし、早稲田大学清国留学生部は二年コースの本科があるものの普通科は一年で無試験、特別予科は半年、その他にも六ヶ月で卒業する教育専科や一ヵ年速成師範科が設置されている。(52) 実際行われた留学生教育は速成教育が中心といえよう。ここに矛盾点がある。早稲田大学清国留学生部が設立されたのが一九〇五年九月である。既にこの時期、法政大学や宏文学院など速成教育を中心とする大手教育機関を始め中小の機関に留学生教育市場を占められており新規参入は難しかったといえる。したがって、参入するためには新たなセールスポイントが必要である。そこで清朝側の憂慮を逆手にとって全盛であった速成教育の弊害を訴えることで、既存の留学生教育機関以上に留学生管理と教育の充実さを印象付け、清朝並びに各省から新たな留学生を早稲田大学に派遣されることを狙ったのではないだろうか。現実的には速成教育も施さなければならなかったことは皮肉なことである。

高田や青柳等の働きかけや留学生取締規則への反対運動騒動等から清国側も速成教育に対する批判や日本留学のあり方を見直す声が上がってきた。例えば北清日報は日本留学が清国人にとり便利であると評価するものの、先の登用試験結果を採り上げ「日本留学生の成績宜しからざりしは彼等の多数が専ら速成を事とし完全修業を怠りしが爲なり。（中略）徒に流行に浮かされて速成のみ心掛くるは失敗の因なり」と述べている。[53]日本のマスコミ同様、登用試験の受験資格や不公平な点まで言及しておらず、日本留学のイメージだけで論じている。このような見解が当時の日清両国の一般的なものであったといえよう。

一方、駐日公使の楊枢は「留學生各自皆利祿功名ノ見ヲ以テ日本ニ來リ然モ務メテ苟且ヲ事トシ一知半解ノ學ヲ得テ去ル更ニ文明ニ補ヒナシ此レ臣ガ朝夕殷憂スル所ニシテ言ハザルヲ得ザル者ナリ」とした。[54]日清両国の反速成教育派は「利祿功名」と「一知半解」で見解が一致していることがわかる。この見解は職務上の関係から留学生や留学教育機関の関係者と直接接しているだけに重みがある。楊は留学生が修めた教育に対し「日本學生ハ小學校ヨリ始メ毎試驗皆合格シ大學校ニ入ルに至ルマデ須ラク十四ヶ年ヲ要スベシ學ヲ修ムル此ノ如ク難シ而シテ清國留學生ハ日本ニ居ル事年餘ニシテ又多クハ本國ニ在テ入學ノ豫備ヲ爲サズ甚ダシキハ國文ニモ亦通曉セザルモノアリ」と述べ、今後は慎重に出洋学生を選抜すべきと主張した。[55]この他にも政治考察大臣として海外を視察した端方や載鴻慈等も速成教育を中止し留学資格を厳しくするよう提唱した。[56]

日清両国からこのような声が上がったからには、清朝政府も無視するわけにはいかない。まず行った措置は

一九〇六年二月に「選送遊学限制弁法」であった。主に以下の制限を設けた。(57)

一．高等・専門学校に入学を希望するものは、必ず中学校卒業以上のもので、かつ留学先国の言語に習熟すること。

二．速成科に入学を希望する者は、法政科および師範科のみとし、必ず中学、中文ともにすぐれ、年二十五歳以上で学界、政界での実務経験ある者にかぎる。

これまでの日本留学は資格制限がなく、小学程度でもよく七〇歳前後の高齢留学生も存在しており、それこそ思い立ったら日本留学が実行できる状態であった。無制限に近い状況は日本留学ブームの要因の一つであったが、高等・専門学校に入学希望者にもこれを許すとなると問題であるとようやく気がついたといってよい。また、留学先国の言語に通じているというごく当たり前のこともなかったというのも驚きである。速成科希望者に対し「法政科」「師範科」のみ許可したのは清国での国情を反映したのであるが、実務経験者を設定したことからも再教育の意味合いが強いといえよう。

「選送遊学限制弁法」のわずか半年後の同年八月、清国政府は速成留学生の即時派遣中止を各省に命じた。翌年三月頃には留日学生監督処に指示し「清国留学生教育協議会」を設立させた。この「清国留学生教育協議会」は清国公使館内に設けられ、教育完備、学生管理を徹底させるために組織されたものである。(58)そして教育協議会に指定されたのが宏文学院、経緯学堂、成城学校、東斌学堂、大成学堂、同文書院、東京実科学校、東亜公学、大阪高等予備学校、警監学校、東京警察学堂、東京鉄道学堂、東亜鉄道学堂、実践女学校、法政大学、明治大学、早稲田大学、中央大学、東洋大学の一九校である。さらに清国側は普通科及び師範科の卒業年限を三年以上とし、

以下の事を日本側に要請した。(59)

普通教育速成科及び名は速成に非ざるも、実は即ち速成なる者は、暫く停止を行う。但し、已に設ける者は、仍って平常通り教学し、中輟に庸ること毋く、惟だ畢業を以て限と為すべし。

ここに日本留学の特徴である速成教育は幕を閉じなければならないも同然である。日本留学生、留学生教育関係者、これから日本留学を目指す者達にとっては衝撃的であったであろう。

一九〇七年には留学生登用試験の受験資格を専門学校以上でも清国人特設クラスの卒業生から剥奪した。留学生教育機関だけでなく、清国国内に於ける外国人が創設した教育機関も同様であった。翌年の一九〇八年には私立大学の法律・政治系統の卒業生に対し中学の卒業証書を提出した学生を除き登用試験の前に行う普通学及び留学国の言語の試験に合格することが義務付けられた。この私立大学の法律・政治系統は日本留学生が特に多い。その上、日本留学生数は他国留学生に較べても圧倒的に多い。日本留学体制を整備することによって新たな留学体制を確立しようとしていることがわかる。

これらの措置を行った清朝の狙いは一体何であっただろうか。もちろん前述したとおり日清両国から上がった速成教育の「一知半解」、留学生の不穏な動きを監督・管理を強化、そして新たな留学体制を整えるためであるのはいうまでもない。それから見逃してはならないのが清国での教育状況との関係である。この一連の措置と異なり、留学生の管轄権が中央の総監督に委譲されている。それまでは中央政府が東京に遊学監督処を設置していた。しかし、結局各地方の派遣する監督の学生管轄権を認めており、厳格な統括機関とはいえなかった。そこで一九〇六年、地方の留学生監督を撤廃することにより留学生監督・管理を強化するために学部に集約する中央集権化することとなったのである。学部主導下においたということは清国内の学校教育と留学教育を密接に関係させ整備させることを意味している。一九〇八年、青柳が北京に於いて学部の張之洞等高官らと会談した際、以下の事を要請されたという(60)。

清國に於ては師範學堂・中學堂・小學堂の設備も追々出來たことであるから、特別の機関を設けて教育されると云うことは、之から必ずしも必要はない。日本の學生と同じ様に教育を施して貰ひたい

つまり普通教育を自前で行うと宣言したということである。前述した清国国内の外国人創設の教育機関の応募資格制限等の一連の動きからも、普通教育を施している象徴である日本留学の役割に幕をおろすことで教育権回収を狙ったといえよう。この一〇数年後の一九二〇年代には大陸に於いて教育権回収運動が発生するが、その魁である。しかし、第2章で論じた通り清国の近代教育態勢は実質を伴うものではなく教職員の質の低さ、教材・教具や教科内容の不備などあらゆる面で問題が露呈されていた。したがって、すぐに普通教育を自前で行うことは難しいことであった。

先行研究ではこれまで論じてきた清朝政府の一連の措置を「留学生の量から質の転換」と位置づけている。留学派遣資格等の制限が設けられたのでこの論は的を得ていよう。しかし、清国の教育状況からも近代教育の基礎である普通教育を修学した所謂「質の高い留学生」の派遣を期待するのは難しいことに変わりはない。このことを誰よりもわかっていたのは清国側であったはずである。以上の事から清朝政府の留学政策転換を考察すると単なる「量から質への転換」というよりは「清国の普通教育の自立化への始まり」であり、「留学政策・留学生監督・管理の中央集権化強化」のほうが大きいといえよう。

こうして日本留学生数は一九〇六年をピークに激減し、明治期を代表する速成教育及び普通教育を行っていた留学生教育機関は姿を消していくこととなる。

5. 嘉納の最後の賭け

日清両国から批判され、留学生との関係もぎくしゃくしていた留学生教育機関であるが、ある意味、留学生同様孤立していたといえよう。だからこそ、早急な対応が迫られた。しかし、普通教育、速成教育の維持の声は根強かった。例えば一九〇六年の『教育界』に於いて清朝のある提学使が「中學程度の普通學を終わらざるを以て、外國文化の消化力なきものとなす、亦好個の比喩ならずとせず。されど、若しこの比喩にして議論たるに値すべくば、外國には消化力に乏しき人類の食物は缺乏せりといふ結論も至當なりとせざるべからず(61)」と留学生の資格制限の必要性をほのめかしている。それに対し日本側は「日本は牛乳なき國に非ざるなりと、然り、日本の教育界は、幸いに稍ゝ發達して、中等教育なき支那人にも、よく消化し得べき文明的知識を與ふるを得る國情に在るなり。」と答え普通教育を修めていない留学生の派遣を許可すべきだと勧めている(62)。現実的には清国国内の普通教育はまだ完全なものでないことからも、日本の留学生教育のセールスポイントの一つである普通教育だけは維持したかったのであろう。「清国留学生教育協議会」でも普通教育は維持するとした。

一方、速成教育については「清国留学生教育協議会」に於いても漸次停止を決定した。ここに至るまでは紆余曲折があったと思われる。留学生教育関係者にとって速成教育は普通教育と並んで日本留学の特徴でありそれなりの効果を上げていたと考えていたからである。特に法政大学清国留学生法政速成科(以下、法政速成科とする)の梅謙次郎は速成教育への批判に対して堂々と反駁した。法政速成科は一九〇四年五月、法政大学総理梅謙二郎が、清国人留学生に懇願され、清朝政府の賛同を得て設立したものであり、宏文学院と並ぶ大規模な清国人留学生教育機関であり、また当時法政大学が直面していた経営難を救ったのが、大量に入学した清国人留学生であった。

梅の速成教育に対する姿勢は「一時的必要ニ迫ラレテモデ、固ヨリ不完全ナルモノデアル」とその欠点を認識しており全面的に賛成していたわけではなかった(63)。これは、嘉納治五郎の考えと同様であり、おそらく多くの教育関係者も否定できなかったであろう。それでも梅は速成教育を行った理由をあくまでも清国側からの依頼であって「今清國他ノ文明国ト衡ヲ争ハント欲セハ必ス立法、行政ノ釐革ヲ行ハサルヘカラス随テ之ニ関スル学術ヲ講究スルハ実ニ今日ノ急務ナリ(64)」という清国の情況を考えた上で実行したのであった。短い教育期間であるから、通訳付きで授業をし、夏休みまで返上したのであった。梅は当時を振り返って以下のように述べている(65)。

学年の終わりに規則に従うて試験を行ひました、此試験の成績も必ず不十分であらうと云ふことを私は予期して居つた、ひよつと致しましたらば半数か少なくも三分の一位は落第生を出すことであらうと覚悟いたして居つた所、意外にも試験の成績が宜しうございまして、試験を全科皆受けました人の総数が七十三名ある、其七十三名の中で落第を致しました人は僅かに六名である、本校の試験は随分むづかしいと云ふ評判を取つて居りますが、是まで日本の学生に対して試験を行ひましても此の如き少き割合の落第生を出したることは稀であります、動もすると二割、少くも一割半位の落第生を出すと云ふのが本校の常でありましたので、右申上ぐるが如き種々の点に於て欠点多き諸子の試験が此の如き成績に終わつたと云ふことは実に予想外であつて、寔に意外の愉快を感じたのであります。

速成教育の予想以上の効果を感じることができたのである。当然、速成教育に対する批判を黙って見逃すわけにはいかなかった。そこで梅は「法政速成科ノ寃ヲ雪グ」と題し確かなる教育効果を訴えながら、明治初年に日本の司法省が設けた法学教育の速成科を引合いに出し「若シ往年ノ速成科ガナカッタナラバ、今日或ハ未ダ法典ノ施行ガ出來ナカッタカモシレヌ、（中略）往年司法局及ビ民間有志家ガ速成科ヲ設ケテ數多ノ學生ヲ養成シタ功勞ハ實ニ沒スベカラズト謂ハネバナラヌ」と述べ、さらに司法省の教育が外国人教員であるとともに通訳付きであったと留学生教育との類似点を指摘しつつ「我法政速成科ハ大抵各専門ノ學者デアッテ教授ノ經驗ニ富ンダ人ノミヲ以テ講師トシテ居ルカラ、此點ニ於テハ確ニ我邦ノ當時ノ速成科ヨリ數等優ッテ居ルコトハ予ガ斷言ヲ憚ラザル所デアル」と力説している(66)。

とはいっても、日清両国の大勢は速成教育に対し負のイメージを持っており、その必要性を主張し理解させようというのは難しかった。このような時期であるから留学生教育の中心的存在であった嘉納治五郎としても手をこまねいているわけにはいかなかった。それ以上に危機感を抱いていたであろう。嘉納は「清国留学生教育協議会」設立に先立って一九〇六年、教務主任の大島英助、松本亀次郎、主任通訳の金太仁作、波多野貞之助、棚橋源太郎等による「宏文学院改組委員会」を立ち上げたのである。この狙いは生き残りのためのものであるのはいうまでもない。また他の留学生教育機関に先駆け宏文学院を模範的な教育機関に改組し、留学生教育機関の第一人者として日本留学の新たな姿勢を日清両国に示すためであったと考えられる。この改組を実現させ一気に留学生と留学生教育機関の悪イメージを払拭しようとしたのであろう。

委員会での最重要検討課題は速成教育をどうするべきかであった。講道館所蔵記録によれば、委員の多くは速成教育廃止、普通科と師範科の修業年限の延長、教育課程の改編を主張した。しかし、嘉納の考えは基本的には大方賛成であったが速成教育廃止には反対であった。それは嘉納が駐日公使楊枢に宛てた書簡からわかる(67)。

速成科ニ至テハ之ヲ日本ニ於テスルノ利便ニ顕著ナルヲ見ル速成科ノ性質タル短日月ノ間ニ高尚ナル學術ノ一班ヲ習得セシムルモノニシテ特殊ノ教育方法タリ日本ニ於テハ既ニ多年此種ノ教育ニ従事シ幾多ノ經驗ヲ積メル老練ナル教師ニ乏シカラズ殊ニ學校工場會社其他日新文明ノ學理ヲ應用セル百般ノ器械建造物悉ク備ハルヲ以テ游學親シク之ヲ目撃研究シテ以テ既得ノ智識ヲ確實ナラシムルコトヲ得可キガ故ニ本國ニ於テ單ニ講義及ビ標本ニ就テ學習スルニ比スレバ其優劣瞭然タリ

清国内よりも日本留学のほうが教室内外から学ぶものが多く、経験豊富な優秀な教師が揃っていることからも速成教育の効果があると力説している。嘉納も梅謙二郎と同様速成教育の効果を感じており自信があったのであろう。さらに、嘉納は速成教育と留学生の不穏な動きの関連性に対しては駐日公使と日本の教育家で監督の方法を講究すべきと提案し以下のようにも述べている[68]。

日本ノ學堂一トシテ極端ナル政治學説其他異端邪説ヲ教フルノ處無キハ極メテ明白何ゾ辦ヲ須ヒン游學時ニ泰西ノ新説ヲ一知半解シ以テ異端新見ヲ唱フル者有リトスルモ是極小数《ママ》也蓋シ従来貴國游學ノ多數ナル或ハ時ニ不良學生ノ出ル無キヲ保セズト雖モ日本教育家安ジテ游學ヲ収容シ啓發ノ事ニ任ジテ疑ハザルハ游學ノ大數ハ即チ善良者ニシテ而テ大數ノ善良者能ク少數ノ不良者ヲ制シテ遂ニ害毒ヲ逞シクスルコト有ルヲ得ザラシムルヲ知レバナリ

大多数の留学生は不穏な動きとは関係なく、それを啓発するのは日本の教育内容でもなく一部の不良学生であるというのである。繰り返し述べるが確かに大多数の留学生は立身出世のために留学しており、いかに短期間で修了し帰国するかを考えている。したがって、不穏な動きをする余裕はないはずである。嘉納の見識は正しく、当時の風潮である速成教育と不穏な動きを結びつけることは飛躍していよう。

この論議は数ヶ月続けられた。嘉納は改組委員会に於いてもこれらを力説し、相当激しい論議になった故、容易に結論まで達しなかったのであろう。しかし、改組委員会は嘉納の速成教育継続を却下した。宏文学院として一九〇六年度をもって速成科を全面廃止、普通科・師範科の修業年限を三年と決定した。これらは翌年設立された「清国留学生教育協議会」の決定事項も同様であった。

改組委員会は高等師範予備科、高等予科、高等補修科の設置を検討した。高等師範予備科は東京高等師範学校、高等予科は官公立高等専門学校、高等補修科は私立専門学校へ、それぞれ予備教育を実施する予科である。まだ速成教育に在籍している学生や清国の中学堂卒業者を対象にすれば留学生派遣制限に抵触しない。ましてや東京高等師範学校は嘉納が学校長であり、十分にセールスポイントとして生きてくる。よって宏文学院だけでなく多くの留学生教育機関は生き残れる可能性が出てくるのである。もちろん予備校化を懸念する声もあったがすぐに実施された。しかし、この予科は廃止となってしまった。その要因として五校特約という制度が実施されたことが挙げられよう。この五校特約は一九〇七年に清国の学部と日本の文部省の間で交渉され直轄学校五校（第一高等学校、東京高等工業学校、東京高等師範学校、山口商業学校、千葉医学専門学校）に官費留学生を派遣するというものであった。二見剛史によれば、文部省直轄学校に特設予科を設けることは日本語を中核とする予備教育段階を質的に高め、近代学術を本格的に体得させる仕組みを用意したことは、その後の留学生教育のあり方に強力な方向性を与えることとなったという[69]。これらの直轄学校に入学できれば高等学校つまり帝国大学に通じる近道である。いくら嘉納の宏文学院といえども留学生の気持ちは直轄学校の予科に向くのは容易にわかるであろう。

改組委員会は対応策を早急に練らなければならなかった。そして宏文学院を大学に昇格させる案に至ったのである。それは大学部、高等師範部を中核に付属植物園、各種研究所、理化実験室を擁するものであり、清国人日本留学生史上例のないことであった。理科教育を着眼点としたことは清国教育事情に精通していた嘉納ならではのことであろう。その証左に郭沫若は嘉定の高等小学校に通ったが、数学、物理等といった類のものは担当できる教師がいなかったという。[70] また、清国は国家再建のための人材育成が急務なため、師範、法政に目が向けられていた。その一〇数年後の民国期に科学教育の促進が奨励されるが、嘉納はそれに先立って行おうとしていたことは注目に値する。したがって、理科系教育が遅れている清国に絶好のアピールとなるわけである。

嘉納はこの案に並々ならぬ意欲を示した。しかし、このような遠大な教育事業計画に「嘉納氏は如上の大事業に従事しつゝあれば、寧ろ高等師範學校長の要職を勇退せらるゝ方」[71] という声も上がった。日本の教育界の重鎮である嘉納が高等師範学校長の職を投げ打ってでも留学生教育に従事できるはずがないとわかっており、冷めた目でみていたのであろう。

嘉納は着々と準備を行っていた。この計画を実現するために学外有識者に協力を求め、ついに文部省専門学務局長福原鍊二郎に清国では理科教育が遅れていたこともあり、理化学中心の大学部、高等師範部を設立するという「設立趣意書」を送った。一九〇七年、改組委員会は一万坪の敷地を誇る巣鴨分校にて植物園、清国博物研究所、博物研究会、理化学実験室等の設置案を作成した。清国各地から蒐集した博物標本を陳列し、教育・研究に提供し、さらに調査・採集計画を立て、博物研究会を開催するというものであった。また、計画実行の前に早くも棚橋源太郎を中心に物理・化学実験用の器具を「三〇〇〇円余り」も購入したのであった。[72]

以上を見ただけでも宏文学院は大幅改組し新たな日本留学のシステムを構築しようとし、その案がいかに遠大なものであるかわかるであろう。いよいよ文部省専門学務局長福原鍊二郎の回答が送られてきた。その答えは極めて単純明快であった。「前例がなく困難である」と突き放したのである。[73] 嘉納の遠大な夢は脆くも崩れ去ってしまったのである。ただ、理由が「前例がない」というのは、いかにも典型的な役所仕事であろう。さらに深い事情があるのではないだろうか。

実は蔭山雅博によれば、改組委員会の速成教育廃止した背景に日本政府の働きがあったという。[74] 蔭山はその理由を論じていないが、おそらくその背景に当時の首相は西園寺公望の意向があったのではないだろうか。萬朝報によれば清国公使館員が西園寺を訪問した際、「元來清國が日本へ留學生を派遣するのが大間違だ、本の文明は元々歐米文明の岐流に過ぎぬらか、若し其本流を窮めんとする氣があつたなら、直接歐米に派遣するが當り前であらう」と述べ、それを聞いた公使館員は開いた口がふさがらなかったという。[75]

西園寺の本音が、欧米文明を学ぶならば日本ではなく欧米留学がよいというのも疑問が残る。上述の遣り取りの一ヶ月前、青柳は西園寺が青柳の友人に「日本に於ける清國留學生教育の爲め往々歐米諸國との外交上に紛紜阻礙を來すこと多きは甚だ遺憾なり、余は歐米諸國との外交を圓滿ならしめん爲め、日本に於ける清國留學生教育の一日も早く停止せられんことを望む」と暴露している。[76] 列強諸国は清国人留学生獲得競争をしており、特に米国は日本留学バッシングを繰り広げていたからである。日清関係を全く考えておらず、西園寺はあくまでも欧米諸国との関係を考えていたのであったといえる。したがって、日本留学の主流である速成教育を廃止すれば多くの留学生教育機関は廃校へと追い込まれ、留学生数も激減し、欧米との摩擦も緩和できる。これこそが西園寺の思惑通りとなるのである。

学校制度を預かる文部省ではあるが、西園寺の姿勢を蔑ろにしてまで嘉納の要望に応えるはずもなかった。一八九六年、最初の留学生受け入れを嘉納に相談し依頼したのが西園寺であった。謂わば嘉納の清国人留学生教育は西園寺によって扉が開かれたも同然である。嘉納にとって西園寺は清国人留学生教育・政策のよき同志であったはずである。その西園寺が事もあろうか嘉納の清国人留学生教育の扉を閉めてしまったのである。何とも皮肉な結果であろう。

嘉納の夢を実現すべき一万坪の敷地を誇る巣鴨分校にて植物園、清国博物研究所、博物研究会、理化学実験室等の設置案も金策がつかず中止に追い込まれることとなる。また、肝心な留学生が減少していく。ただでさえ募集人員を定めず不安定な在学生数であり、途中帰国、他校からの引き抜き等で経済的には厳しいものであった。それに対し嘉納は私財を投じするほかなかった。しかし、それも長続きするはずがない。ついに嘉納は最後の決断をするほかなかった。

一九〇九年七月二八日、宏文学院は清国行使胡惟徳、文部大臣代理小泉他来賓を迎え卒業式を行った。[77] それに出席した松本亀次郎は嘉納の挨拶について以下のことを証言している。[78]

其の時嘉納學院長の挨拶に『本院は最初支那から依頼が有つた爲に設けたが、今日は依頼がなくなつたから閉鎖するので、學院として盡すべき義務は、茲に終りを告げたのである』といふ様な趣意の演説をされたが、列席した教職員や我々は、無量の感に打たれたのである。

「今日は依頼がなくなつたから閉鎖する」、この淡々と述べた一言に清国からも日本からも見捨てられてしまった一人の留学生教育者の悲哀と無念至極の想いが詰まっているといっても過言ではない。

短くも一時は分校五校を持つほどの全盛を極めた宏文学院の歴史は幕を閉じたのであった。入学者総計数七一九二名、卒業・修業者総数三八一〇名であった。この後、在籍中の留学生に対し一九〇九年一〇月までは教育を行った。最後の卒業生数はわずか九四名であった。[79]

この後を追うように経緯学堂、早稲田大学清国留学生部等、清国人留学生教育機関も次々と閉鎖していった。怒涛のように過ぎた明治期清国人留学史はこうして終わりを迎えたのであった。

6. まとめ

嘉納と楊度の論議から見えてくる教育機関と留学生との関係、新聞・雑誌を分析し留学生並びに教育機関に対する日本社会のイメージの変化、宏文学院閉校の背景の関係等を明らかにすることによって明治期日本留学の終焉を論じた。

当初、日本側は官民挙げての留学生の受け入れとはいかなかったが、概ね歓迎をしていたといってよい。清国公使蔡鈞の日本留学阻止の密書の件といい、それによって留学生が騒動を起こしても同情的な態度であった。この友好的な態度が変化してきたのは留学生の急増に伴い一部の留学生のために日本側が描いていた留学生像が崩れたことであろう。また、一九〇五年の所謂留学生取締規則反対運動等の実力行使を交えた騒動が度重なったことが大きい。そして、マスコミを中心に留学生活に及ぶまでバッシングが続き、日本社会だけでなく清国国内からも批判が出てくる。留学生界は両国の社会から孤立した存在となっていくのであった。

一九〇六年の留学生登用試験の結果から日本社会は留学生教育機関の教育に批判の声を上げた。特に速成教育は低質なものと断罪されることとなった。しかし、この批判は試験方法の詳細を検証せず行ったものであった。やがてこの声は日本だけでなく清国側に波及しついに速成教育派遣停止となったのであった。事実上、日本留学の終わりを意味するものであった。留学生教育機関も留学生同様、孤立していたといえよう。

本来ならば留学生と留学生教育機関は信頼関係で結ばれなくてはならないが、根本的に超えることができない壁があった。それは嘉納と楊度の論争に集約される。つまり、留学生にとって嘉納を始めとする日本の留学生教育が奴隷教育であるのではないかと疑義を持った。しかし、母国の力では満足な教育や改革ができず、国民が持っている圧制と服従の「悪根性」を治すことさえも日本に求めなければならない弱みもあった。一方、嘉納も真意を理解されなかったが、「支那保全」「唇歯輔車」を軸とした大陸経営のための留学生受け入れの思惑を持っていたというのも事実であり、その姿勢を留学生にはっきりと見せられない事情もあった。お互い完全には切ることができないぎこちない関係であったといってよい。

このような時代の空気に嘉納は一気に日本留学のイメージを一新しようと最後の賭けに出た。速成教育を廃止し、予科の設置を決定した。さらに大学昇格を計画した。しかし、前例のない大学昇格計画に認可が下りず、改組の計画は頓挫してしまったのである。打つ手がなくなった嘉納は宏文学院閉校を決意し、他の留学生教育機関も次々と閉校に追い込まれ、ついに明治期清国人日本留学は終焉を迎えたのであった。

留学生の歓迎から批判、やがて社会から孤立してしまう留学生と留学生教育機関、さらに留学生と留学生教育機関のぎこちない関係、これらの要素が複雑に絡み終焉を迎えたといえよう。

注

1 「支那教育問題」『新民叢報』第二三号～第二四号、藝文印書館、一九〇二年～一九〇三年
2 何漢文他編著『楊度傳』湖南人民出版社、一九七九年
3 本章では北岡正子『魯迅　日本という異文化のなかで─弘文学院入学から「退学」事件まで』関西大学出版部、二〇〇一年、二七一頁～二九六頁と中村義「嘉納治五郎と楊度」辛亥革命研究会『辛亥革命研究』第五号、四一頁～四八頁も参考にする。
4 「清國巡游所感(一)」『國士』第六巻第五〇号、一九〇二年、三頁
5 厳安生『日本留学精神史　近代中国知識人の軌跡』岩波書店、一九九一年、三三頁(尚、一次史料は「支那教育問題」『新民叢報』第二四号、藝文印書館、一九〇三年、一一五頁～一一六頁で確認)
6 同上書、二五頁

7 「盛に海外に出でよ」『國士』第五巻第三九号、一九〇一年、三頁～四頁
8 「清國」『國士』第五巻第四四号、一九〇二年、二頁～三頁
9 同上書、五頁
10 東京高等師範學校・修學旅行團記録係編『遼東修學旅行記』一九〇七年七月、二頁
11 前掲注(5)書、三二頁
12 講道館所蔵「宏文学院関係史料」
13 「記留學日本弘文學院全班生與院長交渉事」『浙江潮』第三期、一九〇三年
14 同上書、一五九頁。日本文訳(意訳)は以下の通りである。尚、日本文翻訳は朱江氏(当時二松学舎大学大学院中国文学研究科)に協力いただいた。

宏文学院側
一 退学者以外、臨時または夏季休暇中の帰国者については、月額六円五〇銭を納入すること
一 洗濯は月三回。毎回は自分の一式の物で、自分で行う
一 病気になった時は、二週間以内の医薬費は学院が支払う。それを越えるものは自弁とする

留学生修正案
一 臨時帰国者は提案の通り。夏季休暇中の帰国者は納入しない
一 洗濯は月四回、シーツ等も洗う。理由は宏文学院と成城学校の学費は同じだが布団代は自己負担であるから
一 診療投薬とも学院が負担する費用は十四回までとする。それ以上は自弁とする

15 北岡正子『魯迅 日本という異文化のなかで―弘文学院入学から「退学」事件まで』関西大学出版部、二〇〇一年、三三四頁
16 前掲注(13)書、一六一頁。日本文訳(意訳)は以下の通りである。尚、日本文翻訳は朱江氏(当時二松学舎大学大学院中国

文学研究科）に協力をいただいた。

一　でたらめな教務幹事と会計を辞めさせること
二　学生は平日に学院長と直接協議ができること
三　特に通学制度を設け、私費留学生の便を図ること。日本の学校の大半は通学の形をとっている
四　各課の課程はみな修正して改良を図ること
五　本校卒業生を各専門学校に推薦入学させ、その推薦にあたって官費生、私費生、通学生、寄宿生の差別なく行うこと
六　学生が修正を要求した二ヶ条の規則を実行すること
七　当初取り決めてあった、学校が教科書を用意するという規則を実行すること

17　同上書、一六三頁。日本文訳（意訳）は以下の通りである。尚、日本文翻訳は朱江氏（当時二松学舎大学大学院中国文学研究科）に協力をいただいた。

一　弘文学院は、寄宿生の他、通学生も増員すること
一　通学生は自費生に限ること
一　通学生の権利と義務は寄宿生と同じであること
一　志望、学力によって、学科学級に編入し、二十名以上の場合は一学級を設けること
一　通学生の定員は暫く設けず、教室に余裕があれば編入すること
一　毎月学費四円を納めることとし、住居、食事、書類、衣服等は自弁とすること
一　通学生は同じ宿舎に一緒に住み、学院長が派遣した者が同居して品行や学業の監督世話をする、その費用は学院が負担すること
一　学院の制服を着用すること
一　通学生が宿舎で必要とする道具は学院ができるだけ貸与し、その費用も立て替えること

18 同上書、一六四頁。日本文訳（意訳）は以下の通りである。尚、日本文翻訳は朱江氏（当時二松学舎大学大学院中国文学研究科）に協力をいただいた。

一 速成師範科を学ぶ通学生は毎月学費四円、住居、食事、書籍、衣服等は自弁とすること。但し、普通科の年限の長い学生で通訳無しの場合は半額とすること

一 通学生は十人以上が同一宿舎に住むこと。但し次々と学生が来て同一宿舎は不便であるから、少数の学生は暫く旅館に滞在してもよいとすること。尚、監督の派遣は学院に委任すること

一 復学式は学院長がまず演説し、その後学生が答辞を述べること

19 前掲注（12）書

20 前掲注（13）書、一五七頁

21 前掲注（15）書、三六五頁〜三六六頁

22 義和団事件（一八九九年〜一九〇一年）をきっかけにロシアは鉄道保護を大義名分として中国の東北地方に出兵し、義和団事件終結後も軍隊を撤兵せず清朝に七項目の要求をした。一九〇三年四月に東京の新聞報道でこれを知った清国人留学生は義勇隊を組織し反ロシアの運動を繰り広げた。

23 周一川『中国人女性の日本留学史研究』国書刊行会、二〇〇〇年、六七頁

24 「第三回清國の留學生來る」『東亞時論』第九号、東亞同文會、一八九九年四月一〇日、四三頁〜四四頁

25 「日華學堂の近況」『東亞時論』一八九九年五月一〇日（近代アジア教育史研究会編『近代日本のアジア教育認識・資料編［中国の部］—明治期教育雑誌所収 中国・韓国・台湾関係記事』第一六巻、龍渓書舎、二〇〇二年、二五頁所収）

26 「清國留學生の待遇に就て」『教育時論』第四七八号、開發社、一八九八年七月二五日、三六頁

27 『女學雑誌』四九三号、女學雑誌社、一八九九年八月一〇日、二頁〜三頁

28 房兆楹『清末民初洋學學生題名録初輯』台北中央研究院近代史研究所、一九六二年、四三頁〜四四頁

29 国府種徳「清人遊學阻止の妄」『日本人』第一六〇号、政教社、一九〇二年四月五日、九頁〜一二頁

30 「清國留學生退去問題」『教育時論』第八二七号、開發社、一九〇二年八月一五日、四二頁～四三頁
31 「蔡公使と清國留學生との衝突」『教育時論』第八二七号、開發社、一九〇二年八月一五日、四二頁～四三頁
32 同上書、二一四頁
33 「清國留學生のマゴツキ」『東京パック』第貳巻第廿弍號、東京有樂社、一九〇六年、三四九頁
34 「清國留學生取締」『教育時論』第七四四号、開發社、一九〇五年、一二月一五日、四四頁
35 「留學生ヘノ訓戒」『東亜同文會報告』第八九回、一九〇七年四月二六日、六三頁
36 「阿片艶悩殺日本學生」『团团珍聞』一九〇六年九月一五日、一七頁
37 『冒険世界』第二巻第三号、一九〇九年、博文館、六〇頁～六一頁
38 林長民「清國留學生を罵れる自稱早稲田健兒團總代暴論を駁す」『冒険世界』第二巻第三号、一九〇九年、博文館、五八頁
39 押川春浪「早稲田學生諸君並びに清國留學生諸君に答ふ」『冒険世界』第二巻第三号、一九〇九年、博文館、六七頁
40 『東京朝日新聞』一九〇五年七月一七日
41 外務省政務局編纂『清國時報』第六号、一九〇五年七月二〇日、三〇頁～三一頁
42 王嵐『戦前日本の高等商業学校における中国人留学生に関する研究』学文社、二〇〇四年、一八八頁～一八九頁
43 外務省政務局編纂『清國時報』第二二號、一九〇六年一一月三〇日、七二頁～七三頁
44 同上書、七三頁～七四頁
45 阿部洋『中国の近代教育と明治日本』福村出版、一九九〇年、一二三頁
46 『太陽』一二巻一六号、一九〇六年一二月、二二頁
47 「留學生學校の堕落」『教育時論』第八二五号、開發社、一九〇八年三月一五日、四五頁
48 拓殖局『拓殖局報第一八　北清ニ於ケル諸外國ノ教育上ノ效果ニ關スル調査』一九一一年、八頁～九頁
49 同上書
50 外務省政務局編纂『清國時報』第三〇号、一九〇七年七月三〇日、一三頁
51 李暁東「近代中国における日本留学と日本の教育者たち―「速成教育」をめぐる論争を中心にして―」大里浩秋・孫安石編『中国人日本留学史研究の現段階』御茶の水書房、二〇〇二年、四一頁

52 黄尊三『清国人日本留学日記 一九〇五〜一九一二年』東方書店、一九八六年、一一一頁
53 「清國留學生成績に就いて」『日本教育』日本教育社、一九〇六年一一月一六日、二頁
54 「楊公使ノ在日清國留學生情況密奏」『東亜同文會報告』第七八回、一九〇六年五月二六日、三〇頁
55 同上書
56 阿部洋「中国近代における海外留学の展開—日本留学とアメリカ留学—」『国立教育研究所紀要』第九四集、一九七八年、一一一頁
57 前掲注(45)書、一二五頁
58 「清國學生指定學校」『東亜同文會報告』第八七回、一九〇七年二月二六日、三七頁
59 細野浩二「清末留日極盛期の形成とその論理構造—西太后の指導理念と「支那保全」論的対応をめぐって—」『国立教育研究所紀要』第九四集、一九七八年、五三頁
60 同上書、五四頁
61 「清國留學生資格制限問題」『教育界』第六巻第一号、金港堂書籍、一九〇六年一一月三日、二頁
62 同上書
63 法政大学史資料委員会編集『法政大学史資料集第一一集(法政大学清国留学生法政速成科特集)』一九八八年、四頁
64 同上書
65 同上書、三〇頁
66 「法政速成科ノ寃ヲ雪グ」『法學志林』一九〇五年一〇月二〇日、四四頁〜四五頁
67 前掲注(12)書。尚、この史料は文章の直しが入っていることから下書きと考えられる。日付は不明。
68 同上書
69 二見剛史「戦前日本における中国人留学生予備教育の成立と展開」『国立教育研究所紀要』第九四集、一九七八年、六三頁
70 小野忍・丸山昇訳『郭沫若自伝二』平凡社、一九六八年、九四頁
71 「嘉納氏の教育事業」『日本教育』日本教育社、一九〇六年九月一六日、二頁
72 前掲注(12)書

73 同上書。尚、この手紙の日付は一九〇六年八月二四日。
74 蔭山雅博「宏文学院における中国人留学生教育の展開―清末期留日教育の一端(二)」『教育の中の民族―日本と中国』明石書店、一九八八年、一四三頁
75 「支那學生減少の一因」『教育時論』第八二七号、開發社、一九〇八年四月五日、三六頁
76 「現政府の対清政策を難んず」『外交時報』第一一巻一二四号(第三号)、外交時報社、一九〇八年三月一〇日、三七頁
77 松本亀次郎『中華留學生教育小史』東亜書房、一九三一年、二五頁
77 同上書、二四頁
78 前掲注(12)書

終章

1. まとめ

本書は明治期に於ける清国人日本留学生教育文化交流史を分析・考察した。当時の清国人留学生教育機関の大本山である宏文学院を中心に、日本留学の成立・展開・終焉の一連の流れを、留学政策、彼等の教育実態、教室外での生活を通しての日本社会との関係、つまり内・外的事項から分析し当時の全体像を再検討し総括した。特に「留学生教育の実態」と「留学生と日本文化・社会との関係」を重点的に補足し明らかにした。ここでは簡単に各章ごとに再説しまとめてみる。

まず第1章では、所謂一八九六年の初の日本留学生誕生までの経緯、彼等への教育効果を中心に論じた。本格的な留学生派遣は日清戦争以降である。しかし、それ以前に見逃してはならないものがある。それは日清修好条規締結後、駐日公使館内に設立した東文学堂の存在である。従来この東文学堂は日本留学と認められず評価もされていなかった。当時は日本に対する知識は思い込みや誤解が多く本格的に日本語、日本文化・事情に接し学習した者は少なかった。わざわざ本国から学生を募集し東文学堂に入学させ日本人教師の下で日本語だけでなく日本文化・事情に詳しい人材を養成できたことは意義がある。この後、所謂一八九六年の初の留学生も東文学堂同様、駐日公使館が主導して誕生させたものであることから、東文学堂は日本留学の実験段階であり日本留学の呼び水となったといえる。

所謂一八九六年の初の留学生を受け入れ教育したのが嘉納治五郎である。この時期、日清両国とも従来いわれているような「清朝国家再建」や「支那保全」等の確固たる留学生政策はなかった。東文学堂同様、外交交渉のための人材養成であった。来日後間もなく日本文化に慣れることができず、また一部の日本社会からの蔑視等もあり、四名は留学を挫折してしまう。その直後、補欠留学生を一名派遣したのであった。

これらの文化的摩擦は後の日本留学生にとっても同様の問題が生じるが、嘉納が行った留学生教育は清国側から評価された。嘉納も留学生教育の成功を感じ、留学生も留学教育に満足し清国国家再建を強く意識するという思想の変化をもたらした。いよいよ到来する日本留学生ブームの契機の要因の一つとなったのである。

この時期の研究は十分になされているとはいえず、特に所謂初の留学生派遣誕生までの経緯、留学生の人数、氏名、卒業後の進路、思想変化が明らかになったことは意義がある。

第2章では、清国が本格的に日本留学に動き出した経緯と日本側の思惑を政策面から論じ、宏文学院の設立経緯、教育理念等を清国の教育事情との関係から分析し考察した。

周知の通り清国での日本留学の大号令は張之洞の『勧学篇』といわれている。ただ闇雲に日本留学奨励したのではなく日本の教育を調査させて「儒教」という共通の倫理道徳に裏付けられた教育が大きな決め手となった。これは嘉納の留学教育の理念とも一致している。しかし、後に日本側が思い描いていた儒教観の中での留学生像は種々の留学生騒動と共に崩されてしまうのであった。近代化のためには科挙制度を崩壊させたい者にとって儒教は時代遅れの産物であり邪魔なもの他ならなかった。そして科挙制度の下で教育を受けた多くの留学生にとって儒教は立身出世のための道具に過ぎず、儒教が本来持つ私利私欲を超越するという教えを実践するまでには至らなかった。嘉納も清朝もそこを誤解していたといえる。

また、「同文、路近、費省、時短」という手軽さという点も日本留学の魅力となった。特に「同文同種」は留学生の日本語学習に対する姿勢に大きな誤解を及ぼした。当然、日本語能力の問題から日本社会に溶け込めず十分な日本文化の理解に至らなかった。

一方、日本側は三国干渉を境に「支那保全」をスローガンとし、欧米列強諸国の勢力に対抗するため安全保障上と大陸進出の思惑から、矢野文雄や陸軍参謀本部等の一部の文武役人が留学生派遣を清国政府に働きかけた。しかし、現実は官民挙げて積極的に留学生を受け入れるまでには至らなかった。当事者である嘉納でさえも当初は確固たる留学生教育の意義を持っていなかった。ましてや当事者でない者にとって留学受け入れの意義を見出せというのは無理であろう。ここに派遣側と受け入れ側の温度差があったといえる。

清国各省は日本留学の重要性を認識しつつあった。嘉納の下に各省から留学生教育の依頼が殺到した。そこで嘉納は一八九九年に亦楽書院を設立し留学生教育に本格的に乗り出すことにした。その二年後、拡張し宏文学院とし、留学生教育機関の大本山となったのである。嘉納は清国の教育視察や留学生教育に携わるうちに徐々に教育理念を築いていったといえる。そして留学生受け入れの意義を「支那保全」「唇歯輔車」に求めていった。

嘉納が特に力を入れた教育内容は「日本語」と「普通教育」であった。日本語の教科書使用や日本社会で生活するためにも日本語は欠かせないものであるので当然である。「普通教育」については、当時の清国の教育事情から急務であったからである。清国はようやく近代教育に着手したばかりである。千年以上にも及ぶ科挙制度の中での教育であったため、近代教育の入り口である「普通教育」は行われていなかったに等しい。かといって、自力で「普通教育」を行うには教員の問題もあり無理であった。嘉納は所謂嚆矢の留学生に対して日本語教育だけでなくも「普通教育」も授けており、一応は成功を収め評価されている。これらの実績も清国側が「普通教育」の重要性に気づき求めていったものであるといえる。

それと並行し清国側は近代国家に衣替えをしなければならなかった。それに伴って人材養成を必要としており、特に師範、法政、警察、軍事の人材が急務であった。基本的に宏文学院は「師範」と「警察」に特化し人材教育を行う趣旨であった。しかし、そのほとんどが速く効果的に人材を養成してほしいとの要求から「速成教育」がなされたのであった。宏文学院では出身の省、在学期間、授業科目を考慮し多種多様の速成クラスを設け、さらに理化速成科、理化専修科、夜学理化速成科、速成音楽科等も設置した。嘉納は速成教育の不備を認識していたが清国の要求を拒否できなかった。多くの留学生教育機関も宏文学院に倣い「速成教育」を行った。こうして「普通教育」と「速成教育」は良くも悪くも日本留学のセールスポイントの一つとなったのである。

清国は教育制度を整えるにあたって日本の学制を範としていくこととなる。近代教育の礎である「普通教育」までも日本側に依頼することは教育権を日本側に握られていたといえよう。

第3章では宏文学院の留学生教育の実態を普通教育と速成師範科、教職員の点から分析し考察した。これらに関する研究は資料の関係から最も滞っている。多少の教育程度の差があるが、講道館所蔵の一八九六年に来日した留学生の答案用紙等から解明を試みた。

普通教育は日本国内での初等中等教育レベルを学習している。一般に留学生は理数系、特に「理科」のレベルに問題があったとされているが、一八九六年の留学生については「理科」の平均点が最もよかった。その一方で「算術」の平均点が最も低い。その原因は日本語能力と論理的思考力の問題であった。特に科挙制度の中での教育環境では暗誦教育が基本であるので論理的思考を要する科目は難しかったと考えられる。ただ「理科」

に関してはおそらく教授法や学びやすい内容であったからこのような結果になったのであろう。

宏文学院に於ける普通教育の成果であるが、当時の留学生は高等教育機関への進学者は極めて少なかった。その一方で宏文学院卒業生の日本の高等教育機関へ高い進学率を誇っている。勿論、入学試験の出題内容は普通教育レベルである。したがって、宏文学院での普通教育は一定の成功を収めたといえよう。また、多くの留学生は一つの学校を卒業後、すぐに帰国する。高い進学率である宏文学院の普通教育は専門的かつ高度な学問を修めたいと目覚めさせた役割も果たしたといえる。

宏文学院の教職員は東京高等師範学校、東京帝国大学、東洋大学等に所属している著名な学者、研究者を招聘している。嘉納の人脈の広さと留学生教育の向上を目指したためといえる。しかし、教職員の在職期間が短期であり、目まぐるしく去就している。この事が能力不足の教員を招き留学生の中から不安の声が上がり、教員変更の直訴もあったのも事実である。また、留学生教育期間の短さも留学生心理を不安なものにしていた。

教育された内容は充実していた。例えばヘルバルト教育学の権威である波多野貞之助から授けられた内容は、帰国した留学生によって大陸にて広められ、清朝が急務であった師範教育の人材養成に貢献している。これらの著名な教職員の下で行った留学生教育に対し留学生は評価しており、彼等は帰国後確実に近代化への原動力となったのはいうまでもない。

第4章では留学教育の基本である日本語教育について、近代日本語、教材、教授法、留学生の学習観、教育効果等の観点から分析し考察した。

当時は初めて日本人が主体となって外国人に日本語教育を行った時期である。日本人の間でも標準語や体系的な文法も定まっていなかった。したがって、どの日本語を選び、どのように教授するのかが問題であった。結果的には留学生に対する日本語教育は国文法に影響を与え、体系的な日本語教科書の礎を作ることができた。さらに、宏文学院日本語教授陣は後に近代日本語となる受身形、可能形等を進化させた標準語をある程度構築し、日本人よりも先に留学生にそれを教授したのであった。つまり、日本人にとって漠然としていた自分達の日本語が留学生から一体何であるかを突きつけられたからこそ、前述したことができたのである。

言語問題は総じて母語と深い関係がある。どの日本語の部分が弱点であるかは所謂一八九六年の初の留学生だけでなく全ての留学生にも共通したものであった。初の留学生の答案から、待遇表現、文のねじれ、活用、長音、語彙等の問題はある。初級レベルの基本的問題も見られるが、中級から上級前半の日本語能力といえる。ただ、彼等の留学期間は三年である。しかも、最初の二年間は日本語教育を中心に行われ少人数のクラスである。一方、宏文学院では半年から一年半の期間であり、五〇名規模のクラス授業であった。したがって、留学生に対する細やかな配慮があったとはいえず、十分な日本語教育の効果はなかったと言わざるを得ない。さらに、留学生の日本語学習観も問題となる。彼等は日本語学習にも速成教育を求めた。留学期間が短期であり、帰国すればオーラル能力は不要であり、読む能力を求めた。それに対し宏文学院ではオーラル能力にも力を入れ四技能バランスよく授けることを目標とした。両者の学習観と教育観の差があったのである。さらに留学生は同文同種の考えから、漢文訓読法で十分であるとし、日本語学習を軽視することとなった。その結果、留学生の歪な日本語能力が日本社会との摩擦の要因の一つとなるのであった。

第5章は留学生の教室外での生活実態を「衣・食・住」の観点から留学生と日本社会との関係を論じた。留学生は服装に対し強いこだわりを持っていた。変法自強の考えからと新しいファッションへの興味からである。しかし、日本の「常識的な時間帯・場所・場面」が理解できず和洋中折衷という不可思議な装いをした者が出現した。日本社会から留学生の服装のこだわりが理解されず、却って奇異なるものとして扱われてしまった。一方、留学生は和服に対し古来の漢民族に通じるものと感じていた。

狭い居住空間、生活音の問題、食文化や習慣の相違、日本語能力の問題、日本文化・社会への誤解や蔑視等から日本社会と摩擦が生じた。その結果、自分たちの習俗に基づいて生活を行うため、必然的に日本社会を拒絶した小さな留学生コミュニティーが誕生していった。つまり、留学生が日本社会で孤立していったといえる。この要因は上述したもの以外にも当時の速成教育の影響も考えられる。せいぜい半年から一年弱の短期留学である。したがって、逸早く学を修め帰国する。無理してまでも日本社会と交流しようとする気は起こらないであろう。これは進んで日本社会・文化を理解することを拒否してしまったことを意味する。

このような留学生界の風潮に対し周作人等の留学生は批判をするのであるが、異文化交流に長けたがゆえの発言であり、極めて少数の声であった。それでも帰国留学生の中から『留学生自治要訓』が作成され、留学生活心得を諭す本も出版される。さらに、蒋介石は清潔運動と規矩運動を中心とする新生活運動を行うが、これはまさに彼が日本留学をしたが故できたものである。

閉鎖的なコミュニティーで繰り広げられる母国の習俗とその行為はあまりにも日本社会と隔たりがあった。マスコミによって留学生の行状が報道された。そして報道されるたびに日本社会も留学生に対し悪感情を持ち、留学生も心を閉ざすという悪循環に陥ってしまうのであった。

第6章では留学生の余暇の過ごし方、日本人女性との交流から留学生活の悩みを論じた。

留学生活の中で留学生を最も悩ませたのは性欲問題であった。大多数は男子留学生である。したがって、極めて少数の同胞の女子留学生と知り合う機会はないに等しい。そこで日本人女性との交流を求めようとした留学生が出現した。一般に留学生は日本人女性に対し憧れの念を持っていた反面、淫売国の日本の商品でたとえられる「日貨」とも捉えていた。しかし、日本社会との断絶から、一般の日本人女性と親しくなるのは極めて難しいものであった。そこで、一番身近な存在である下宿の下女や娼妓と交わることとなった。彼女達とはふざけあうことができ、唯一心が許せる存在になっていく。留学生の中には女言葉を話す者がいたことからも、それだけ彼女たちと深い交流ができ、その存在も大きかったと考えられる。当時は上海等の大陸に日本人娼妓がいたが、日清・日露戦争後、勝利国心理から清国人を相手にしなかった。しかし、国内の日本人娼妓はそのような心理に陥らず差別をせず留学生と交わったことは注目に値する。

このような留学生を専門に妾や娼妓を紹介する業者も現れた。中には性病に罹《かか》った留学生に対し専門病院まで手配する業者もあったほどであった。「業者・娼妓・病院」といった体系ができあがったのである。当然、このような行為を働けば日本社会で目立った存在となった。警察から三大不良学生グループとして取り締まられ、マスコミも盛んに報じた。そして、留学生の母国でも報じられ日本留学そのものが批判にさらされ、ついには外交問題にまで発展してしまったのであった。

第7章では留学生に影響を及ぼした嘉納と楊度の論議の検証と、その後の教育機関と留学生との関係、そして新聞・雑誌を分析し留学生及び教育機関に対する日本社会のイメージの変化、さらに宏文学院閉校の背景の関係等を明らかにすることによって明治期日本留学の終焉を論じた。

嘉納と楊度の論争から留学生と教育機関の間には根本的に超えることができない壁があった。嘉納の「服従」という一言が日本の留学生教育が「奴隷教育」であるのではないかと疑義を持ってしまった。清国は漸進的改革が何より大切であるとする嘉納の考えと、騒動を起こしても急進的に国家を変えるという楊度の考えの相違が招いたものであった。しかし、その後の嘉納の留学教育の姿勢を見ても「奴隷教育」が嘉納の本意であるといえないが、例え失言であろうとも楊度を始め留学生に疑義を持たせてしまったことは間違いない。また、「支那保全」「唇歯輔車」を軸とした大陸経営のための留学生受け入れの思惑を持っていたというのも事実であり、その姿勢を留学生にはっきりと見せられない事情もあった。一方、疑義を持ってしまった留学生であるが母国の力では満足な教育や改革ができず、国民が持っている圧制と服従の「悪根性」を治すことさえも日本に求めなければならない弱みもあった。留学生と教育機関は完全な信頼関係を築くことができず、ぎこちない関係であったといってよい。

当初、日本社会は留学生受け入れを歓迎はしていた。その後、留学生の急増から従来抱いていた留学生像とは違う者が出現し、度重なる留学生の騒動から留学生のイメージはぐらつき始めた。特に所謂「留学生取締規則反対運動」を契機に日本社会の目は厳しくなっていく。さらに日本社会との摩擦を報じるマスコミもそれに拍車をかけた。そして、その矛先は留学生教育機関にも向けられた。その契機は留学生登用試験の結果である。特に明治期の特徴である速成教育に対しては日清両国の留学生教育関係者からも批判の声が上がり、ついに清朝は留学生派遣制限措置等をとった。その結果、留学生教育機関は留学生減少のため経営的に厳しくなってしまった。これらの批判の以前に日本留学生に対する不公平な登用試験の実態、清国の教育事情や要望、速成教育の実態が検証されないまま批判が繰り広げられていたことを見逃してはならない。この批判の背景には留学生の不穏な動きを封じるためや、留学生教育界に新規参入者の目論み、清朝の教育権回収等も考えられる。

このような逆風が吹く中、嘉納は他の留学生教育機関に先駆けて宏文学院の改組を行った。留学生教育機関の第一人者として日本留学の新たな姿勢を日清両国に示し、一気に日本留学のイメージを一新しようとしたのであった。速成教育を廃止し、大学などの高等教育機関に入学するための予科の設置を決定した。さらに、理科教育が遅れている清国教育事情を睨み大学昇格をも計画したのであった。しかし、五校特約の影響や前例のない大学昇格計画に認可が下りず、改組の計画は頓挫してしまったのである。打つ手がなくなった嘉納はついに宏文学院閉校を決意し、他の留学生教育機関も次々と閉校に追い込まれた。こうして明治期の清国人日本留学は終焉を迎えたのであった。

2. 清国人日本留学の特質性

わずか一〇数年の明治期の清国人日本留学史であるが、それはまるで怒涛のごとき過ぎ去っていったといえよう。その流れからもわかるように、清国人日本留学は他国の歴史には類例の見られないような特質なものであるといっても過言ではない。

第一に「日本留学生の誕生」そのものである。駐日公使館の主導であくまでも外交折衝のための人材養成がその始まりである。そういう意味では日本の欧米留学生や清国の欧米幼童留学生等とは違い、国の大きな期待を背負って誕生したのではなかった。また、日清戦争で敗れたとはいえ事実上は李鴻章の北洋艦隊が戦ったのであり、まだ大国の意識を保つことができた。よって発展途上国から先進国へ留学するという意識はなく、近代化の為に日本に学ぶ意義もなかったといえよう。さらに、留学生も主に日本語を修めるためであって、近代化に貢献する為に来日したと思っていたわけではなかった。

このように大きな期待もされていない日本留学生であったが、思わぬ効果が生じ認められることとなる。受け入れた嘉納治五郎が日本語教育だけでなく自主的に普通教育も行ったことで留学生自身が母国の近代化に目覚め、日本に学ぶ意義を見つけたのであった。この教育内容は後の明治期の中国人日本留学生教育の主流になることからも嘉納の先見の目は評価できる。この影響は母国にも伝播し日本留学を本格的に行う契機の一つとなった。

第二に「速成教育と普通教育」である。嘉納治五郎が普通教育を授けたことは清国側に教育改革を導いた一つの要因になったといえる。初の留学生教育の成功は勿論のこと自らも清国高官に普通教育の重要性を訴えたことにより、清国側に普通教育の必要性を理解させたのであった。当時、清国としては普通教育を自力で行える状況ではなく、委託教育の意味合いが強い留学が誕生したのであった。これは、留学生を通じて近代学校教育の礎を築き、日本側が教育権の一部を握ったことといえよう。

文明を受け入れることには長けていた日本であったが異国の留学生を受け入れ教育を授けることに戸惑いを覚えていたことも事実である。当の清国は短期間での人材養成を急務としている。それに応えるには速成教育をしなければならなかった。かつての日本も明治初年に司法省が設けた法学教育の速成科の例もあるので、できないわけではなかった。

清国側は日本留学によって「三年にして大綱成り、五年にして条理加わり、八年にして成果あがり、十年にして雄図定まるでしょう(1)」というように過度の期待を抱いていた。日本が短期間で近代化に成功したのであるから、清国は当たり前のようにできるという思い込みがあったのであろう。それはまるで日本留学こそが近代化の速効能が出る特効薬のように見ていたといってよい。清国の最初の留学先は米国であったがその留学期間は一五年を予定としていた。日本留学に対しあくまでも短期留学を求めたのであった。

日本側は果たして速成教育だけで近代化を推し進めることができる人材を養成できるか不安であった。嘉納も速成教育の不備を認識していた。だからこそ嘉納は当時の著名で優秀な教員を招致し、日本人学生も羨むような教育を行ったのである。つまり、日本教育界のオールスターが留学生を待っていたのであった。

しかし、根本的な不安材料はある。清国では近代教育の礎となる普通教育がなされていないに等しかった。その背景は科挙制度を中心とする教育体系ゆえである。また、新式学堂が設立されても教員のレベルの問題からとても近代教育といえるものとはいえない。日本留学はこのような者を対象に留学教育を行わなければならなかった。しかも留学生の数は多数であった。多くの日本人欧米留学生、特に義和団事件以降の清国に於ける米国を中心とする欧米留学生も少数であり主に専門教育を受けている。よって、日本留学が特異なものであることがわかる。

日本側の教育に対する不安はある程度的中したといえよう。留学生にとって教育は暗記中心のものである。それを論理的思考能力が必要な理数系は教育が困難であった。嘴矢の留学生の記録から教師も留学生も悩んだ跡が見られる。さらに、日本語能力の問題もある。嘴矢の留学生の答案用紙からも問題の意味を理解できないことが明らかになっている。授業でも日本語の理解不足から難しかったであろう。とはいうものの嘴矢の留学生は留学期間が三年ということもあって一応は成功した。しかし、六ヶ月から一年の速成教育の留学生はそれ以上に難しかったといえよう。

確かに日本語能力の問題は大きいものである。それでも速成教育を行わねばならなかった。そこで、師範科や警務科や法政等の専門教育の速成科の留学生には通訳を付けて行ったのである。日清両国が漢字文化圏であるからこそできた日本留学ならではの教育方法である。教師も進んで漢文体を使用し授業をしている。通訳付または漢文体駆使の留学生教育は大陸の留学生予備軍の目に魅力的に映った。留学国の言語に精通する必要もなく、その上短期間で学べるというものであるからである。さらに前述した通り宏文学院では日本教育界のオールスターが待っており高度な教育を提供してくれたわけである。

このような状況の中での速成教育は一定の効果があったと認められてよいだろう。当時の最も大規模で影響力があった嘉納の宏文学院と法政大学創立者の梅謙二郎は教育現場での手ごたえを感じていた。

梅謙二郎の下で教育を受けた留学生は、梅も驚くほどの優秀な成績であり日本人学生と比較しても恥ずかしいものでなかったという。特に法政大学清国留学生法政速成科を卒業した者は地方での活躍が見られ、法政学校での教師や、立憲、自治を宣伝する出版物を刊行している者が多い。また、宏文学院ではヘルバルト教育学の第一人者の波多野貞之助の下で教育を受けた留学生により大陸でそれが広まったほどである。黄福慶も指摘しているが留学生の多くは帰国後教育界に入り、高等教育機関はもとより地方の農村で新式学堂の教員なった者が多い。(2)

特に一九〇七年以降、学部の「奏官費遊学生回国後皆令充当専門教員五年片」によって、全ての官費留学生が帰国後五年間教職に就かなければならない。各地の新式学堂に続々と帰国留学生が教育を行い、教育界に影響を与えたのである。

多くの先行研究では清国人日本留学の意義を語る際、帰国後、歴史の表舞台で活躍した者の数や米国等欧米留学と比較し高等教育機関での学位数等を評価基準にしている。確かに一つの視点としてはよいだろう。しかし、果たして安易にこの方法でいいのかという疑問も生じる。表舞台で活躍した者は留学生数からいっても僅かな者に過ぎない。そのような者だけが母国近代化に貢献した者なのであろうか。また、特に米国が行った義和団事件賠償金での留学生招致は、北京にて普通教育や語学等の予備教育を行ってから米国へ派遣するものである。日本留学のような留学国で普通教育を受けるのと違うのである。日本留学が始まった時と義和団事件賠償金留学生の始まった時とでは教育事情や清国を巡る国際情勢等が違う中で単純に比較し評価を下すことは困難といえよう。さらに、日本留学生が激減しそれにとって代わって米国留学が主となったという傾向もあるが、辛亥革命以降も日本留学生数は米国留学生数よりも多い。そして昭和に入ると高等教育機関から宏文学院のような予備教育機関の重要性を見直す動きが出てくる。[3] 速成教育と普通教育を受けた名もなき留学生は各地方で近代化の窓口となり地道に礎を築いた事実を積極的に評価すべきではないだろうか。

第三に「日本人が目覚めた日本語」である。大方は留学受入国が留学生を通して留学派遣国に影響を与える。例えば清国人留学生の場合も日本留学によって教育、法政、軍事、経済等への近代化の貢献から蒋介石のような新生活運動まで広い分野に影響を及ぼしている。しかし、留学生の存在が受け入れ国側、しかも受け入れ国の言語に影響を与えたことは注目に値する。

留学生が来日した当時、体系的な日本語教育は勿論、共通語としての日本語も日本語が一体何であるかもはっきりしていなかった。したがって、日本語の構造や文法等を吟味し、どの日本語をどのように教授するのから始めなければならなかった。試行錯誤の結果、清国人留学生に対し、一般の日本人よりも先に本格的に近代日本語が教育されたのであった。

後に国文法の大家となる三矢重松や松下大三郎は宏文学院で日本語教育に従事していた。彼等の国文法研究は日本人が無意識に使っている内容を留学生からの質問により考察し実践的なものであると認められている。

宏文学院編集『日本語教科書』は四技能獲得を目指している。現在でも十分に通用する体系的な日本語教科書である。当時既にミニマルペアが実践されていたことに驚かされる。このミニマルペアは現在の日本語教育に於いて盛んに発音指導で行なわれている。戦後の日本語教育は欧米の言語教育からの影響が色濃く残っており、このミニマルペアも欧米から輸入されたという風潮である。しかし、明治期に宏文学院で実践されたいたことは注目に値する。現在の日本語教育の礎を創ったといえる。

以上から清国人留学生によって日本人は自分たちの言葉「日本語」に目覚めたといってよい。

第四に「つもり的相互誤解の文化交流」である。留学生活に欠かせない衣・食・住・言語が想像以上に多くの問題を抱えていた。変法自強のため、そしてファッションセンスと機能性から服装への思いは強い。留学生は新しい服装を「理解したつもり」、「着こなしたつもり」であった。しかし、その思いに反して日本社会の反応は冷たいものとなってしまう。逆に食に関しては留学生が「食べられるつもり」として日本側が食事を提供した。しかし、それが留学生にとっては野蛮な食事、礼儀に反する食事と捉えられ摩擦の原因となった。言語問題も同文同種から日本語を「わかったつもり」が、偏った学習観と日本語能力を生み出した。また、留学生にとって「必要であるつもり」として提供した教育内容が実は彼等の学習ニーズに合わなく魅力的なものではなかった。

さらに、根本的教育観も然りである。清朝政府は近代教育化を行う過程に於いて近代的方法とは別に儒教という伝統的思想を無視するわけにはいかなかった。そこで儒教が色濃く残っている修身教育を重視した日本の教育制度に強く感銘を受けることとなる。これは日本の留学生教育関係者も同様であった。つまり、彼等は留学生も儒教観が共通であると「思っていたつもり」であった。しかし、嘉納と楊度の論議等から判明したが、留学生にとって儒教は近代化にとって邪魔な存在であった。同じく嘉納と楊度の論議では、嘉納が留学教育の真意を「説明したつもり」が「奴隷教育」と捉えられ疑義を抱かせてしまった。楊度も嘉納の真意を「解釈したつもり」だが、やはり違っていた。嘉納が宏文学院を振り返って「支那人教育の学校ほどむつかしいものはない。[4]」と洩らしたことはその証左であろう。留学の中で疑義が生じたのも無理はないが、これが尾を引いて様々な騒動が起こり留学生と教育機関はぎこちない関係となってしまう。

留学生と教育機関をも含める日本留学の悪評も「知っているつもり」の思い込みからである。こういった一連の「つもり」が重なり、結果的に日本社会で留学生は孤立の道を余儀なくされてしまった。逆に留学生は日本を「拒否したつもり」ではあるが、現実には母国での教育よりは日本の教育を選んでしまう。また、日本側も騒動を起こす留学生を「拒否したつもり」が、大陸進出や列強諸国との国際情勢から支那保全の思惑から留学生を完全に切り捨てられない。一九〇六年以降、留学生数が激減すればするほど留学生確保を訴える声が上がってくるほどである。

清末の留学生を通して日清間の文化交流は、お互いの必要性を感じ、握手をしながら共に歩もうとしたことは確かである。しかし、両者ともこの握手はどこかぎこちなかった。それはまるで右手と右手の握手ではなく右手と左手という取り違えた握手のようなものではないだろうか。一応は「握手したつもり」である。だからこそ、なぜ理解してくれないのかという気持ちがお互い出てくる。これが欧米人との交流ならば最初から文化風習が似ておらず、一種の諦めも出てくるであろう。

内藤湖南が日本の文化形成における中国文化の作用を、豆腐を作るときの「にがり」に例えたほどである。だからこそ留学生も日本側も両国の重なり合う文化を「理解できるつもり」であった。深層心理の中に「一衣帯水の隣邦国家」であり、古より多義に亘る「文化交流」をしてきたという考えが刷り込まれているから尚更である。そして、これこそが清国人日本留学生と日本社会が陥った「わかったつもり」「したつもり」のような「つもり的相互誤解の文化交流」であったといえよう。

3. 結論

近代に於ける日中交流史を理解するためにも清国人日本留学生はいかなる示唆を与えるのであろうか。本書で論じてきたように多々問題はあったものの、帰国後の日本留学生の中から著名な政治家・軍人・教育家・文学者になった者達が輩出され、近代化に貢献したことは周知の通りである。その一方、各地方で近代化の窓口となり地道に礎を築いた名もなき日本留学生の存在も忘れてはならない。また、日本語書籍の大量な翻訳活動も着目せねばばらない。留学生は日本で学んだ新知識・文化・思想を紹介しただけでなく、中国の文化教育と印刷・出版事業をも発展させた。日本留学生が主体となって翻訳した日本語書籍は三〇〇余種であり、当時の清国が出した外国語書籍の翻訳書総数の約六〇%を占めていたという[5]。したがって、これらの側面だけを見ても日中交流史の中で清国人日本留学生の果たした役割は大きかったといってよいだろう。

一八九六年の初の留学生一四名が、僅か一〇年後には「日本留学ブーム」が訪れ、その数は一万名〜二万名にまで至った。この「日本留学ブーム」は中国にとって学問から生活習慣に至るまでの幅広い「初の大規模な海外体験」であり、日本にとっても「初の国内での大規模な外国人交流」であった。両者とも初めての体験であるから、手探り状態の試行錯誤が続きその衝撃が大きかったことは想像に難くない。

留学を通しての「初の大規模な海外体験」は新しい考え方と出会い、留学生自身の中で変化をもたらす。特に思想変化はその典型的なものであろう。そして、この変化は自己解体という過程を経なければならない。自己解体は気付かなかった自己と対面し、反省をしていく。例えば魯迅は、帰国後に国民性改造論を行う際、「公共精神の欠如」を指摘した。つまり、中国が遅れている要因の一つには民の公共精神がないからであり、これを反省しなければならないというのである。魯迅が「公共精神の欠如」に至った背景は日本留学体験が大きく影響を及ぼしていると考えられよう。

これについて論じる前に、留学体験とは違った視点で考察した劉建輝の論を無視することはできない。劉によれば、魯迅の「公共精神の欠如」には日清戦争の予想外の敗戦への「反省」が大きく影響を及ぼしているという。そして、中国人自らのアイデンティティを立ち上げる際にその「反省」が不可欠であり、その「反省」の材料は日本の作り出した中国認識であり、また戦勝国日本との比較によって顕在化された様々な「欠点」にほかならなかったと論じている。(6) 日本人が作り出した中国表象には「公共精神の欠如」以外にも「散漫」「懶惰」「不潔」といったものもある。この表象の変遷を「第一波：安政開国直後の文久年間から明治改元」、「第二波：日清戦争後から日露戦争後の一〇年間」、「第三波：大正半ばから太平洋戦争終戦直前」と三つの時代的な波があるとしている。(7) 前述の魯迅のそれは第二波に当てはまる。劉によれば日本人が作り出した第二波の表象は戦地報告や清国に渡って各地方を漫遊した人々によるものであるという。(8)

確かに日清戦争敗戦のショック、戦地報告や漫遊記の影響を否定することはできない。しかし、魯迅のそれは日本留学体験も否定できないといえよう。というのも、日本社会ではマスコミを中心として留学生バッシングが盛んになっており、その多くは日本社会との生活・習慣上の摩擦であった。初の大規模な外国人交流であるから、日本社会にとって衝撃度が大きく、厳しい眼差しを留学生に向けたのも仕方がない。その結果、日本社会に於いて留学生を通して中国人のイメージが新たに形成されていったと考えてもいいだろう。

留学生はそこで初めて日本と自分達の違いを知り、客観視された己の姿を知ることとなる。ここに日本が作り出した中国表象が留学生に受け入れられたといえよう。己の姿を認識した後、留学生は恥を知り、やがて自己反省へと向かっていく。前述した魯迅の「公共精神の欠如」の他にも「散漫」「懶惰」「不潔」といったものも留学生の中に自己反省として入っていく。本書でも論じたように留学生が作った『留学生自治要訓』もこれらのことを指摘し、戒めていることはその証左であろう。反省の後は新たなアイデンティティを立ち上げる必要がある。留学生は己の姿、すなわち己の国家の姿と考えた。帰国後の留学生は、魯迅の主張や蒋介石が起こした新生活運動といった生活習慣の面だけでなく、まささと日本や列強諸国との国力の差を思い知らされ、民族存亡を賭けた国創りに着手していったのも自然な成り行きであろう。

したがって、これらの一連の過程に於いて中国人初の海外体験である日本留学は大きな意味を持つといってよい。この留学体験が中国人としての自己解体と反省に至らせたという意味に於いて国民・国家レベルへの変化の第一歩を踏み出させたのである。ただ、明治期に於ける清国人留学生にとってはこの変化は初歩的なものであり、苦しみと困惑を抱かずにいられなかった。本格的に国民・国家レベルへの変化を遂げるには次世代の留学生に委ねるのであった。

単純に比較できないが、一九七二年日中国交正常化、改革解放後の一九八八年に清朝以来の「日本留学ブーム」が到来した。この時も、中国人留学生は日本留学の体験によって、大陸で感じていた以上に先進諸国との隔たり、母国を自らの手で救うことが困難であると気がつき、自分たちの国が発展途上国であると再認識した。そして、明治期の清国人留学生と同様に自己解体と反省を経て、新たな中国のアイデンティティを構築していったことが見られるのである。その結果、明治期の日本留学生のように激しい主張はないものの、帰国後の大陸での活躍ぶりによって社会思潮、価値観念、政治制度、科学技術に対し大きな影響力を与えた。[9] 自己解体と反省は立ち上がる契機となる。したがって、日本留学体験は大きな意味を持ち、明治期の日本留学の基本パターン「新たな考えと出会い、自己を振り返り、反省し、新たなアイデンティティを構築する」といったものが今日でも継承されているといえよう。

ここで留意しなければならないことがある。厳安生の言説を借りるならば、愛憎のアンビヴァレントという基本パターンも明治期の日本留学を通して誕生するのである。[10] つまり、自己反省を経て新たなアイデンティティを構築する際、日本に対する憧れと嫌悪が生じるのである。このことは今日まで続いているといってよいだろう。例えば日本の製品に対し賞賛する一方屈辱的な心理状態も生じてくる。日本製品は好きだけど日本に対しては頭を下げたくない、どこか侮蔑したいということである。また、日本も中国に対し親近感を感じるが、逆に脅威や反感を感じる。このような基本パターンが日中間で成り立ったのも明治期に於ける清国人日本留学が契機だと考えることができよう。

一八九六年以来行われてきた日本留学は辛亥革命のため、一九一三年には一時的に中止される。その後、翌年から再開される。辛亥革命後の日本留学は明治期のそれに比べ変化していった。明治期の日本留学は皮相的な教育文化交流であったことは一概に否定できることではない。本書でも日本語能力の問題等で日本社会になかなか溶け込めず、その交流は「つもり的相互誤解の文化交流」であったと論じた。しかし、何といっても「初の体験」である。物事を全て順調に進めることを期待するほうが無理な要求である。「初の体験」にしてはその留学効果は評価できよう。

何れにしろ留学生は時間がなかった。学ぶべきものは日本語だけでなく普通学、専門学まで幅広く行わなければばなかった。当然、日本社会と交流し、深く日本を洞察する時間的余裕はない。実はこの教訓が次世代に引き継がれていく。つまり、「留学」ということが一体何であるのか深く考えるようになっていくのである。それは、短期留学でなくしっかりと腰を落ち着けて日本社会と向き合い、教室内だけでなく教室外でも日本社会と交流することが真の留学と考え始めたのであった。これは留学生自身だけが考えていたわけではなかった。日中両国の政府レベル、教育機関レベル、特に所謂「対支文化事業」(11)以降、明治期の教訓を生かし文化関係の緊密化と相互理解の促進を試みることとなるのである。

日本留学は日中戦争期でも途切れることはなく、終戦まで続けられた。国際政治力学が関係しているとはいえ仮にも両国が戦っている最中に日本留学が実施されていたことは注目に値する。また、明治期から今日に於いても外国人日本留学生の内、中国人日本留学生が占める割合が一貫して一番多い。例えば留学大国である米国などは国内外の情勢の影響を受けこのようなことは見られない。日中交流に於いて日本留学生の存在を抜きに語れないといえよう。

今日でも日中関係を「一衣帯水」「悠久の歴史を誇る日中文化交流」「同文同種」「異母兄弟」等と表される。だからこそ未だに「つもり的相互誤解の文化交流」が生じ相互理解は難しい。そして、今後も日中両国は好むと好まざるとにかかわらずお互いを必要とし強く意識していくであろう。日中のこれらの共通点と差異を明らかにし理解させ、両国の交流の役割を担える重要な人材は中国人日本留学生といえる。二一世紀新たな日中交流に向けて今一度、初の海外体験をした清国人日本留学生から教えられることは多いのではないだろうか。

注

1 『原典中国近代思想史』第二冊、岩波書店、一九七七年、一九三頁
2 黄福慶『清末留日學生』中央研究院近代史研究所、一九七五年、二一四頁
3 外務省外交史料観所蔵『在本邦留学生予備教育関係雑件　特設予科関係主任會議』第四巻
4 嘉納先生伝記編纂会『嘉納治五郎』講道館、一九六四年、一八九頁
5 王暁秋著、木田和生訳『中日文化交流史話』日本エディタースクール出版部、二〇〇〇年、一五四頁~一五五頁。因みに一九〇二年から一九〇四年の清国での各国語の翻訳状況は表15の通りである。
6 劉建輝「日本で作られた中国人の「自画像」」愛知大学現代中国学会編『中国21』二二巻、風媒社、二〇〇五年六月、八五頁~八六頁
7 同上書、八六頁~八七頁
8 同上書、八六頁
9 段躍中『現代中国人の日本留学』明石書店、二〇〇三年、三二一頁
10 厳安生「近代中国知識人の三波にわたる来日・留学体験について」『立命館文學』第五九〇号、二〇〇五年、三六頁
11 一九二三年三月に制定され公布された「対支文化事業特別会計法」に基づき、義和団事件賠償金を主たる運用資金として外務省文化事業部の管轄のもとに留学生の受け入れと教育、医療活動、人的交流等を行った。

表 15　清国に於ける各国語翻訳状況（1902 年～ 1904 年）

＊黄福慶『清末留日學生』中央研究院近代史研究所 1975 年 184 頁～ 185 頁より酒井作成

	日本	英国	米国	独	仏	露	その他	合計
哲学	21	9	2	1	0	0	1	34（6.4%）
宗教	2	1	0	0	0	0	0	3（0.6%）
文学	4	8	3	0	2	2	7	26（4.9%）
歴史・地理	90	8	10	0	3	0	17	128（24.0%）
社会科学	83	13	3	7	3	2	25	136（25.5%）
自然科学	73	10	9	0	5	0	15	112（21.0%）
応用科学	24	3	3	14	3	0	9	56（10.5%）
雑録	24	5	2	2	1	0	4	38（7.1%）
合計	321（60.2%）	57（10.7%）	32（6.0%）	24（4.5%）	17（3.2%）	4（0.8%）	78（14.6%）	533（100%）

あとがき

本書は、国立大学法人総合研究大学院大学文化科学研究科国際日本研究専攻に於いて学位を取得した博士論文を基礎とし、若干の加筆と訂正を加えたものである。

筆者が博士課程に入学し学んだ機関は京都にある国際日本文化研究センターである。内外の気鋭の研究者が出入りをしており、研究会での白熱する議論や研究姿勢の鋭さに少々たじろいだことも多々あったが、国際的かつ学際的な環境は研究の素晴らしさと奥深さを身に染みて教えてくれた場所である。

このような環境の中、博士課程在学中には多くの先生方の薫陶を受けた。筆者の博士論文審査の主査である白幡洋三郎先生（国際日本文化研究センター教授）、副主査である井上章一先生（国際日本文化研究センター教授）、厳安生先生（元北京日本学研究センター長）、川島真先生（東京大学教授）、劉建輝先生（国際日本文化研究センター准教授）には多くのご指導を賜った。特に劉建輝先生は筆者の指導教官であり、研究で悩んでいた筆者を叱咤激励してくださり、先生が腰痛で思うようにお身体が動かない時でもわざわざ研究センターにいらっしゃってくださり指導をいただいたことはいくら感謝しても足りない。また、修士課程の時の指導教官であった椎名和男先生（元杏林大学大学院教授）は常に温かい励ましのお言葉をかけてくださった。特にこれらの先生方に深謝申し上げる次第である。

そして、筆者の在学中、入学以来の指導教官であった園田英弘先生（国際日本文化研究センター教授）が自裁された。この突然の訃報に愕然とし茫然自失してしまったが、先生からいただいた深い学恩に感謝し本書を先生のご霊前に捧げご冥福をお祈りする。

紙幅の関係で全ての方々のお名前を記すことができないが、筆者を支えていただいた全ての方々に厚く御礼を申し上げたい。

現在、筆者は中国の長春にある東北師範大学中国赴日本国留学生予備学校に所属し日本留学志願者の中国人に対し予備教育としての日本語教育に従事している。この機関は一九七九年に日中政府間協議で共同事業として設立され、戦後の中国人日本留学の扉を開けた機関として知られている。異国の地で中国人学生と接している中、脳裏に浮かぶのは明治期の嘉納治五郎を始めとする教育者や清国人学生である。最初の清国人日本留学から百十余年経った現在、場所こそは違うが、奇しくも嘉納と同様、筆者自身が中国のエリート学生に対する予備教育に関わり、さらに、現在の所属機関が今年で設立三〇周年という節目に居合わせていることに不思議な縁を感じずにいられない。

そして、この節目に李若柏校長、張群舟副校長、鄭国愛副校長のご指導の下、日中両国の研究者、総勢一三名で中国人日本留学及び所属機関の在り方を精査する共同研究の末席に加えていただく機会に恵まれた。これまでの筆者の研究と重なる部分が多々あることは、大きな喜びであり感謝する限りである。

最後に、我儘に育った筆者を温かく見守ってくれた父と母、毎年美味なる自作のお米を送ってくれる岳父と岳母、そして、研究上の困難に当たり何度も挫折しそうになった筆者をいつも明るく励ましてくれた妻由貴子にこの場を借り感謝の意を表したい。

本書の出版の機会を与えてくださり編集の手間をおかけした、ひつじ書房の松本功社長と編集担当の細間理美さんに御礼を申し上げる。

二〇〇九年七月一日

蓮の花咲く長春にて　酒井　順一郎

索引

【著者紹介】

酒井順一郎（さかい じゅんいちろう）

〈略歴〉国立大学法人総合研究大学院大学博士課程修了。博士（学術）。東北師範大学中国赴日本国留学生予備学校副教授。国際日本文化研究センター共同研究員。

〈主要著書・論文〉「滿洲國政府語學檢定試驗の歴史的意味―日本語試験を中心として―」『日本語教育』第142号（日本語教育学会　2009）、「近代日本語教育黎明期―宏文学院清国人留日学生を通して―」王鉄橋編『国際化視野中的日本学研究』（南開大学出版社　2007）、「もう一つの留学生活―明治期清国人日本留学生と日本社会の関係―」『留学生教育』第11号（留学生教育学会　2006）、「1896年中国人日本留学生派遣・受け入れ経緯とその留学生教育」国際日本文化研究センター編『日本研究』第31集（角川書店　2005）。

清国人日本留学生の言語文化接触

相互誤解の日中教育文化交流

発行	2010年3月19日　初版1刷
定価	4700円＋税
著者	© 酒井順一郎
発行者	松本 功
印刷所	三美印刷株式会社
製本所	田中製本印刷株式会社
発行所	株式会社 ひつじ書房
	〒112-0011 東京都文京区千石2-1-2 大和ビル2階
	Tel.03-5319-4916 Fax.03-5319-4917
	郵便振替 00120-8-142852
	toiawase@hituzi.co.jp　http://www.hituzi.co.jp

ISBN978-4-89476-439-2

カバー装丁者	大熊 肇
カバー写真提供	財団法人講道館